Das Wirtshaus in der Davert

Eva Maaser

Das Wirtshaus in der Davert

Eine Geschichte in sieben Gängen
abgeschmeckt mit Rezepten von
Björn Freitag

Waxmann

1. Auflage September 2012

Postfach 8603, 48046 Münster
www.waxmann.com
order@waxmann.com
Umschlaggestaltung: Anne Breitenbach, Tübingen
Umschlagfoto: © Martin Schlecht; www.fotolia.de
Foto der Autorin: Barbara Schnitger
Satz: Stoddart Satz- und Layoutservice, Münster
Druck und Bindung: Těšínská tiskárna, a.s., Český Těšín
ISBN 978-3-8309-2750-1

Inhalt

Das Wirtshaus in der Davert

Eine wild wuchernde Eibenhecke bedrängte das alte Gasthaus von zwei Seiten, und auf der Schlaglochpiste, die hundert Meter weiter mitten im Wald endete, wuchs schütteres Gras, das an die nachwachsenden Haare von Toten gemahnte. Es hatte ganz den Anschein, als führe der Weg hierhin, aber keinesfalls wieder zurück. Hier und da ragten Steine mit saftigen Moospelzen aus dem Gras und das eine oder andere, von Liebhabern schwüler Träume geschätzte Hexenei, aus dem sich in wenigen Stunden ein Prachtexemplar von Stinkmorchel erheben würde.

Rechts und links am Wegesrand umarmten sich Erlen, Pfaffenhütchen und Tollkirschen, dahinter kündeten ein paar schief stehende Schwarzpappeln verhalten fröhlich von einer wasser- und sumpfreichen Gegend, die Fledermäusen und Eulen idealen Unterschlupf bot und zudem eine Heimstatt für Nachtschattengewächse und alle Wesen war, die es feucht, kalt und schleimig mochten.

Nahe beim Haus lag ein korrekt aufgeschichteter, aber vor Jahren schon vergessener Holzstapel aus kurzgesägten Stämmen und moderte vor sich hin. Aus seinem Innern brachen leuchtende Schwefelporlinge hervor, und im Fäulnisgeruch dieser einsamen Idylle schwangen Aromen mit, an denen jeder ökologisch orientierte Giftmischer seine Freude gehabt hätte.

Aus der Ferne klang das Hämmern eines Waldarbeiters herüber, der mit spitzem Schnabel entweder eine geräumige Spechtwohnung in einem halbwegs morschen Baum einrichtete oder ein paar Maden für sein Abendmahl herausklopfte. Zwei grämliche alte Eichen bewachten den Eingang des Wirtshauses und unternahmen mit ein paar letzten bunt verfärbten Blättern den rührenden Versuch, Herbstgoldstimmung zu verbreiten.

Das Haus war eines dieser kaninchenbauartigen Gemäuer, an die Generationen von Besitzern mit keineswegs übereinstimmendem Geschmack Türmchen, Seitenflügel, Erker und jede Menge rustikale Kamine angeflickt hatten, so dass sich die Front weder einheitlich noch geschlossen darbot. Immerhin hatte sich der Eingang über viele Jahrzehnte hinweg an der gleichen Stelle behaupten können.

Obwohl auf den Buchstaben über der breiten Eichentür eine schillernde, glitschige Schicht aus Moos und Flechten klebte, ließ sich mit genügend Ausdauer im tröpfelnden Nieselregen die ein wenig lückenhafte Inschrift „ZU... SPÖK...NKIE..." entziffern. Wer den Blick dann senkte, entdeckte in der Tür ein kleines ovales Fensterloch mit Butzenscheibchen, das im Dämmerlicht wie ein gefleckter Krötenbauch schimmerte, und noch weiter unten eine nicht sehr fachkundig angebrachte Katzenklappe.

Auf der modrigen Fußmatte lagen fünf angelaufene, verschnörkelte Messingbuchstaben: ein M, zwei Es, ein K und ein R.

Schon von draußen hörte man ein hohl klingendes Ticken, und war man eingetreten, fiel der Blick sofort auf die behäbige Standuhr, die sich mit breit auseinanderstehenden Klauenfüßen wie ein Betrunkener mühsam in der Senkrechten zu halten suchte. Zunächst einmal überraschte die Weitläufigkeit dieser Diele, in der es nach Staub und Mäusekötteln roch.

Schräg gegenüber dem unbesetzten Empfangstresen befand sich ein wackliger Garderobenständer aus ineinandergesteckten Hirschgeweihen, die aus einem bestimmten Blickwinkel wie ein menschliches Gerippe aussahen, das sich selbstherrlich in die Brust warf. Ansonsten war die Halle so gut wie unmöbliert, wirkte aber dadurch umso gediegener. Nur drei angestaubte Sessel mit stark verblichenem Bezug duckten sich in der Nähe der in den oberen Stock führenden Treppe um ein Tischchen mit gedrechselten Beinen. Und natürlich fiel jedem die schneeweiße Gans auf, die den Geländerpfosten bekrönte.

Eine der vielen Türen führte direkt in die Küche. Selbst für ein Landlokal mit übersichtlicher Speisekarte war sie nicht sonderlich geräumig, und die ganze Ausstattung machte einen recht zusammengeschusterten Eindruck.

An einer Anschlagleiste über dem Herd klebten Zettel, die vor Feuchtigkeit Wellen schlugen. Auf den ersten hatte jemand „Kanin. in Rotw.sauce" gekrakelt. Und dieser Zettel bewegte sich unverhofft in einem scharfen Luftzug, als hätte jemand die Haustür geöffnet.

Aus der Diele waren jetzt dumpfe Schritte auf den abgetretenen blassroten Bentheimer Sandsteinplatten zu hören, in der Küche dagegen herrschte Stille, obwohl sich zwei Männer darin aufhielten. Der eine reckte nun sein von Sorgen zerfurchtes Gesicht einen Moment in die Richtung, aus der die Geräusche kamen, zuckte die Achseln und richtete seine Aufmerksamkeit wieder auf den Küchentisch.

Lang ausgestreckt auf der schönen, sauber geschrubbten Buchenholzplatte lag der zweite Mann, gekleidet in das typische weiße Kochgewand mit schwarzen Knöpfen, die Hände untätig über der Leibesmitte gefaltet. Das musste jedem seltsam erscheinen, der den Blick über die Prunkgefäße der Kochkunst schweifen ließ – die Wurstkessel, Henkeltöpfe und wannengroßen Bratreinen, – die zu dieser Uhrzeit mit Grünkohleintopf, Leberbrot oder zumindest einer schönen, in Schmalz schmurgelnden Portion Panhas gefüllt sein sollten.

Der Mann, dem das Haus gehörte, stützte müßig die Hände auf das Stück Tischkante, das der stattliche Körper des Kochs freiließ, seufzte bekümmert auf und schauderte ein wenig, als würde ihm immerhin bewusst, dass die Kühle im Raum sich bedenklich der Gefriergrenze näherte – was in einer Küche immer ein bisschen unnatürlich wirkt. Als dann mit einem energischen

Ruck die Tür aufschwang, schaute er fast erleichtert auf.

Der Besucher, der unruhig hereinspähte, wartete, bis er dem Blick des Wirts begegnete, und trat dann mit raschen Schritten ein. Wuscheliges lohbraunes Haar fiel ihm in die Stirn, was ihn jungenhaft, unkompliziert und fröhlich erscheinen ließ, aber seine Bewegungen hatten etwas an sich, das an herumhuschende Ratten erinnerte.

Leider hörten die Geräusche von draußen mit seinem Eintreten nicht auf, jetzt klang es sogar, als hätte sich eine ganze Gruppe von späten Gästen ins Haus gedrängt – möglicherweise eine Jagdgesellschaft, denn irgendwer trampelte in der Diele richtiggehend herum. Kehliges Gemurmel drang von dort herüber, Husten und Räuspern.

Als die Küchentür erneut aufschwang, traten gleich fünf von herbstlicher Feuchte umwehte Leute herein, was der Theorie des Wirts von der Jagdgesellschaft erst einmal neue Nahrung verlieh. Allerdings hatte sich keine angemeldet, was Jagdgesellschaften sonst immer taten, wussten sie doch, dass schon ein einziger Abschuss von Reh-, Rot- oder Schwarzwild den Appetit anheizte – und die Fehlschüsse noch mehr.

Aber in den letzten Stunden hatte es im Wald weder geknallt, noch war das wilde Getöse einer Treibjagd bis zum Gasthaus gedrungen. Die neuen Gäste sahen sich erst einmal verwundert, fast scheu in der Küche um und näherten sich schließlich zögerlich dem Tisch in der Mitte. Eine hübsche junge Frau in einem knapp sitzenden burgunderroten Wollkostüm und Sneakers aus Reptilienleder, rieb sich fröstelnd die Oberarme.

Auf einmal verschwammen die Konturen der Leute vor den Augen des Gastwirts, während er mit einem unerklärlichen Schwächeanfall rang. „Es tut mir wirklich sehr leid", sagte er mit heiser krächzender Stimme, „und ich schäme mich, es zu sagen, aber da ist wirklich nichts zu machen: Heute bleibt die Küche kalt", fuhr er geradezu gedemütigt fort, so dass er den Gästen leidtun musste.

„Na so was!“, rief einer von ihnen überrascht.

„Wegen des Kochs? Was ist mit ihm passiert?“ Eine solide gekleidete alte Dame trat an den Tisch, betrachtete die lang ausgestreckte Gestalt und tätschelte ihr mit einer sanften, mitfühlenden Geste die Hand. „Er sieht sehr gut aus, nicht wahr? Ich mag große, stattliche Männer“, setzte sie leise hinzu und errötete leicht.

„Ich habe heute nicht mit Gästen gerechnet“, erklärte der Wirt, er wollte noch etwas hinzufügen, stockte jedoch, weil die Uhr in der Diele zu rasseln und zu rattern begann. Stöhnend schlug sie fünf Mal. „Die Uhr“, murmelte er verstört, „hätte auch längst geölt werden müssen.“

Die beiden Damen konnte er sich nicht mit einer abgeknickten Schrotflinte über dem Arm vorstellen, sie wirkten zu städtisch. Auch die Herren schätzte er – bis auf einen – als gediegene Anzugträger ein, die wahrscheinlich einen Dachs nicht von einem Waschbären unterscheiden konnten.

„Was?“, fragte der zuerst eingetretene Gast nach.

„Die Uhr ...“

„Hören Sie bloß mit der Uhr auf!“, wandte der Mann ein und musterte ihn stirnrunzelnd. „Ist das nun ein Gasthaus oder nicht? Also, wie steht's mit ein paar leckeren Happen?“

„Haben Sie keine Augen im Kopf?“, mischte sich die zauberhafte junge Frau in den Sneakers mit kaschmirweicher Stimme ein. Es war eine dieser Sirenenstimmen, die überraschend leicht erotische Fantasien hervorrufen. „Sehen Sie nicht, dass der Koch tot ist? Jedenfalls hält er hier auf dem Tisch bestimmt kein Nickerchen.“

Einer der Herren betrachtete sie so versonnen lächelnd, als habe er überhaupt nicht mitbekommen, was sie gesagt hatte.

„Aber warum denn nicht?“, meldete sich die alte Dame zu Wort. „Vielleicht war er müde“, setzte sie hinzu und streichelte wieder hingebungsvoll die Hand des Kochs. „So eine Tischplatte ist gut fürs Rückgrat, wussten Sie das?“

„Er sieht aus wie Schlachtvieh", warf der zuerst Eingetretene ironisch ein. „Aber mal ehrlich: Ich sehe hier nichts Essbares – oder?"

Verstohlen musterten einige den Koch. Er war butterblond, glatthäutig und schien unter seiner netten Speckschicht kräftige Muskeln zu haben.

Während die Gäste in den Anblick des Kochs vertieft waren, steckte der Gastwirt Kerzen auf zwei makellos weiße Porzellanleuchter, stellte sie langsam und feierlich rechts und links neben den Kopf des Kochs, entzündete sie bedächtig und löschte das elektrische Licht. Lediglich die Neonröhre hinter der Leiste über dem Herd brannte jetzt noch und beleuchtete die Zettel, die erstaunlich große, düstere Schatten auf die Versammlung warfen. Nun konnte niemand mehr leugnen, Zeuge einer Aufbahrung zu sein. Im Kerzengeflacker wirkte das Gesicht des Toten aber recht lebendig.

Für einen Augenblick hatte der Wirt sogar die Leute vergessen. Aber nun holten ihn seine Gedanken wieder ein.

Also keine Jagdgesellschaft ... Gehörten sie zu einem Club, der aus unerfindlichen Gründen hier sein Jahrestreffen abhalten wollte? Warum nur hatten sie sich nicht angemeldet? Diese Frage stellte er sich immer wieder. Hätten sie sich bloß angemeldet! Sie wären hochwillkommen gewesen, ganz egal, ob sie Teufelsanbeter waren oder ein Naturforscherverein, der sich vorgenommen hatte, das Vorkommen von Kammmolchen in dieser Gegend zu kartieren.

Jetzt aber sollten sie aus seiner Küche verschwinden. Gerade wollte er mit klarer harter Stimme eine eindeutige Aufforderung an sie richten, da bewegte sich noch einmal die Tür zur Diele.

Eine pummelige, nachtschwarze Samtpfote von Kater schnürte herein und schritt mit bewundernswerter Unabhängigkeit im Blick der gelben Augen durch die Versammlung. Den Schwanz wie eine Flaschenbürste aufgestellt, strich der kleine Eindringling um den Wirt herum, rieb sich an seinem Bein und erstarrte jäh. Seine Barthaare zitterten, sein Fell sträubte sich. Und mit einem durchdringenden Schrei schoss er wieder zur Tür hinaus.

Derweil hatten alle den Atem angehalten.

„Dummes Vieh", sagte endlich einer der Gäste, ein hochgewachsener Mann, dessen Gesichtszüge ein bisschen wie von Dr. Frankenstein zurechtgebastelt wirkten. Seine kleinen Augen verrieten wenig menschliches Gefühl. Die anderen Gäste hatten sich unmerklich von ihm ferngehalten, nun rückten sie noch etwas mehr ab. Spätestens in diesem Moment wurde dem Gastwirt klar, dass die Leute gar nicht zusammengehörten, da war er einem Irrtum erlegen, und außerdem waren es auf einmal sieben. Irgendwann in den letzten Minuten hatte sich noch ein untersetzter, dicklicher Herr dazugesellt, der den Katzenverächter milde anlächelte.

„Das würde ich nicht sagen. Ich würde sagen: kluges Tier, es riecht den Tod." Der Mann zog seine knollige Nase kraus, als könne er selbst den Tod riechen. In der Küche roch es aber höchstens nach Staub und ganz schwach nach Vanille, ein Hauch wie eine sehr ferne, glückliche Erinnerung.

Plötzlich lachte die junge Frau nervös auf, erstickte aber sofort ihren Heiterkeitsausbruch mit der Hand vor dem Mund. „Ich hätte nicht lachen dürfen. Tut mir leid, das war jetzt nicht gerade passend. Tut mir auch leid, dass wir so einfach hier hereingeplatzt sind. Aber wir haben draußen in der Diele mehrfach gerufen, und keiner hat uns gehört." Sie zuckte mit den Schultern. „Andererseits: Was für eine seltsame Situation! Ich weiß überhaupt nicht mehr, was ich machen soll oder was *wir* machen sollen …" Sie hatte immer leiser und langsamer gesprochen und von einem zum anderen geschielt, als erhoffte sie sich Beistand. Niemand sagte etwas, stattdessen drehten sich nun alle dem Wirt zu, starrten ihn an, die Köpfe leicht schräg geneigt, eindeutig erwarteten sie etwas, und es war diese geschlossene, ein bisschen unheimliche Front, die ihn klein beigeben ließ.

„Etwas“, meldete er sich mit pelziger Zunge, „könnte ich Ihnen immerhin als Trost für das entgangene Abendessen anbieten: Ich habe ein paar gute Flaschen Wein im Keller, die ich Ihnen selbstverständlich auf Kosten des Hauses servieren würde.“

Einige der Gäste sahen sich unschlüssig an, als müssten sie über das mehr als großzügige Angebot erst einmal gründlich nachdenken. Es war einfach nicht schlau aus ihnen zu werden, aber die Reue, die ihn gerade übermannte, kam zu spät. Warum eigentlich sollte er diesen Leuten seine Kellerschätze opfern? Da waren Weine dabei, wie sie niemand in diesem Haus erwarten würde: flüssiges Gold, verstöpselte Glückseligkeit, tintiges Traubenherzblut von außerordentlicher Dichte und feurige Drachenspucke.

„Guter Wein? Hier am Arsch der Welt? Ist ein zwanzig Jahre alter Bordeaux dabei?“, rief plötzlich einer der Männer, der sich bisher noch nicht geäußert hatte. Der Kerl trug Stiefel, ausgelatschte, grobe Lederstiefel mit geflickten Schnürsenkeln, und sie hatten eine breite Dreckspur auf den Fliesen hinterlassen. Die anderen mussten sich die Schuhe sorgfältig abgeputzt haben. Bloß wo? Auf dem morschen Abtreter draußen?

Den Blick fasziniert auf diese eine einzige Spur gerichtet, die so merkwürdig alltäglich wirkte, antwortete der Wirt, ohne zu überlegen. „Kann schon sein.“

„Das überrascht mich aber!“ Der Mann in den Stiefeln schnippte freudig mit den Fingern. „Na dann her damit.“

Jetzt war es für Reue wirklich zu spät, war sich der Wirt im Klaren. Dafür sammelte sich in den schmutzigen Ecken seiner Seele ein bisschen Hass auf diese Leute, und er verfluchte sich innerlich, weil er es nicht fertig brachte, aus der völlig sinnlos gewordenen Rolle als Gastwirt herauszufallen.

„Bitte, gehen Sie ins Jagdzimmer voraus“, bat er mit einer Stimme, in der sein inneres Widerstreben deutlich mitschwang. „Sie finden es auf der anderen Seite der Halle. Es ist ganz gemütlich, jedenfalls brennt schon ein Feuer im Kamin. Ich komme gleich mit den Flaschen und den Gläsern nach.“

„Na ja“, sagte die junge Frau mit einem letzten Blick auf den Koch, „hier können wir ja sowieso nichts machen. Nicht wahr?“

Nacheinander verließen die Gäste in der Reihenfolge, in der sie eingetreten waren, die Küche. Einer tippte an den Zettel mit der Aufschrift „Kanin. in Rotw.sauce“ und murmelte: „Wäre auch zu schön gewesen.“

In der Diele lagen auf dem Tischchen einige Speisekarten, an deren oberster sich die bräunlichen Ränder aufbogen, doch niemand achtete darauf. Die Besucher schoben sich auf die Holztreppe zu. Auf einmal stockte der Erste, er fuhr regelrecht zusammen und starrte wie hypnotisiert die Gans auf dem Pfosten an. Alle blieben stehen.

„Was ist?“, fragte die junge Frau. „Was ist jetzt schon wieder?“

„Die … die Gans!“ Ein Finger deutete auf den Pfosten.

Die Gans hielt den Kopf unter dem Flügel versteckt.

„Ist nicht echt, ist eine Holzgans, du Hornochse“, sagte der Mann in den Stiefeln.

Schweigend warteten die anderen.

Die Gans war weiß und groß und rührte sich natürlich nicht, dennoch näherte derjenige, der sich erschreckt hatte, ihr so zitternd den Finger, als würde sie ihm gleich mit dem Schnabel ins Gesicht hacken, während seine Miene nackte Angst widerspiegelte.

„Da, da ist Staub drauf“, flüsterte er.

„Klar ist Staub drauf, geh weiter, Kumpel.“ Der Mann in den Stiefeln stupste den anderen an und löste damit die plötzlich aufgekommene ungute Spannung.

„Na klar. Sie ist nicht echt.“ Sichtlich verwirrt taumelte der andere weiter.

Jetzt schrie die alte Dame auf.

Wieder stockte die Gruppe.

„Und was …?“ Der Wirt erschien in der Küchentür.

„Dieser Dreck“, tadelte die Dame den Mann in den Stiefeln. „Wieso schleppen Sie den ganzen Dreck herein? Haben Sie denn gar keine Manieren?“

Kaninchenmaultäschchen mit geschmorten Rotwein-San-Marzano-Tomaten

375 g Mehl
375 g Hartweizengrieß
3 Eigelb
2 Vollei
Salz
50 ml Wasser
1 EL Olivenöl

100 g Kaninchenrücken für die Farce
50 ml Sahne
100 g Kaninchenrücken in feinen Würfeln
50 g Parmesan gerieben
1 Bd. Estragon gehackt
1 Eigelb
Salz, Pfeffer

Für die Kaninchenfarce den Rücken in kleine Stücke schneiden und im Froster leicht anfrieren lassen (ca. 10 min) dann in einer Moulinette mit Salz und der Sahne kurz pürieren (ca. 10 sec).

Alle Zutaten für den Nudelteig verrühren und im Kühlschrank (1 Stunde) ruhen lassen.
Mit Kaninchenfarce, Kaninchenfleischwürfeln und Parmesan eine Füllung anrühren und mit Salz, Pfeffer und Estragon abschmecken.
Den Nudelteig ausrollen und mit Eigelb bestreichen.
Die Füllung in kleinen Kügelchen aufsetzen und mit einer weiteren Schicht Nudelteig verschließen. Dann die Ravioli auf einem Raviolibrett ausstechen und in kochendem Wasser ca. 2 min ziehen lassen.

Rotwein-San-Marzano-Tomaten

10 kleine Marzano-Tomaten
1 Bd. Zwiebellauch
1 EL Tomatenmark

2 EL Butter
Salz, Pfeffer

Die Tomaten im Ganzen mit dem geschnittenen Zwiebellauch in Olivenöl scharf anbraten und mit ein wenig Nudelwasser und Rotwein ablöschen. Dann mit dem Tomatenmark ca. 10 min schmoren lassen.

Alle musterten die Spur, die von der Eingangstür zur Küche und von dort zu dem Mann mit den Stiefeln führte.

„Das Schlammloch da draußen, das …"

„… ist die Davert", fiel ihm der Wirt streng ins Wort. „Das Gebiet hier ringsum heißt die Davert, falls Sie das nicht wissen sollten." Warum erklärte er das überhaupt? Er wäre jetzt gern richtig garstig geworden. Aber noch verlor er nicht die Fassung, noch sah er sich regelrecht dabei zu, wie er sich zusammenriss und einigermaßen höflich blieb. „Woher kommen Sie denn? Die Davert ist bekannt für ihre vielen Sümpfe. Früher waren es sogar noch mehr."

„Ist mir ehrlich schnurz. War ja kein Durchkommen da draußen", sagte der Mistkerl mit den Stiefeln.

Die junge Frau lachte weich und wohltönend, und die ganze Aufregung legte sich. Einigermaßen beruhigt, huschten die Gäste ins Kaminzimmer, wo im Feuerloch bläuliche Flammteufelchen gegen die klamme Düsternis ankämpften.

„Ich heiße übrigens Wöller", stellte sich der Mann vor, der als Erster in die Küche eingedrungen war, und beugte sich zum Kamin hinunter.

Der pummelige Herr, der als Letzter angekommen war, flüsterte: „Franz Parkow", und reichte Wöller ein Schüreisen, mit dem dieser im Feuer zu stochern begann.

„Nasses Holz", sagte einer der jüngeren Männer – er stellte sich beiläufig als Meyer vor –, „warten Sie, ich helfe Ihnen."

Gemeinsam machten sich Wöller und Meyer am Feuer zu schaffen, ohne dabei viel zu erreichen. Die Scheite wollten nicht recht brennen.

„Von Feuer habt ihr echt keine Ahnung, lasst mich mal." Der Mann in den Stiefeln wollte um den Kamin herum in die Ecke langen, wo an der Wand ein paar auf Holzbrettchen montierte Rehbocksgehörne wie prähistorische Opfergaben an den Jagdgott übereinanderhingen. Ein lautes Fauchen ließ ihn jedoch zurückfahren. Mit einem Satz sprang der Kater auf den geschwärzten

Eichenbalken, der als Kaminsims diente, und machte einen gewaltigen Buckel.

„Mauritius", rief der Wirt, der eben mit einem Korb voll klirrender Flaschen und einem Tablett mit Gläsern hereinkam, „benimm dich! Wir haben Gäste."

Scheinbar besänftigt, rollte sich Mauritius zusammen, verfolgte aber mit wachsamen Augen, was sich unter ihm tat.

Schließlich saßen alle Gäste in alten, knarzenden Ledersesseln um den rustikalen Kamin, ein Glas in der Hand, das im rötlichen Flammenschein funkelte. Bis auf die alte Dame – Frau Winter – hatten alle Rotwein gewählt.

Die Fensterläden klapperten geräuschvoll, die Fenster selbst sperrten nur mäßig erfolgreich den Wind aus, der draußen durch die triefenden Eiben brauste. An der Wand hing ein Kalender, der den 2. November angab, wobei nicht ersichtlich war, welchen Jahres, der Wochentag jedenfalls stimmte nicht.

„Und was machen wir jetzt?", fragte Wöller eine Spur zu munter, um echt zu wirken.

Die Frage rief beim Wirt ein deutliches Unbehagen hervor. Nicht einer der Gäste hatte vorgeschlagen, wegen des Kochs einen Arzt zu rufen. Ebenso wenig war von der Polizei die Rede gewesen. Außer ihm saßen zwei Frauen und fünf Männer plaudernd um den Kamin herum, und nicht einer bot sich an, „die Dinge in die Hand zu nehmen". Dabei musste das doch ein Fressen für diese Leute sein. Obwohl ihm das Verhalten seiner Gäste nicht ganz ungelegen kam, störte es ihn.

„Tja, und was nun?", wiederholte Wöller und warf ihm einen forschenden Blick zu.

Hatte einer von ihnen heimlich sein Handy gezückt?, grübelte der Wirt. Die hatten doch alle eins, nur bei dem Kerl in den Stiefeln war er sich nicht ganz sicher. Er hatte seine Gäste nicht ständig im Auge behalten können, es war gut möglich, dass die Polizei längst unterwegs war, und falls sie nicht in einem Schlammloch stecken blieb ... Diese Leute machten sich lustig über ihn, sie ließen ihn zappeln, und es machte ihn verrückt, dass keiner von ihnen die naheliegendsten Fragen stellte.

„Sie haben keine Idee?“, erkundigte sich der rundliche Franz Parkow.

„Es gibt ja nicht viel, was wir machen können, während wir Wein trinken, uns aufwärmen und versuchen, nicht ans Essen zu denken“, bemerkte die junge Frau mit einem Anflug von Verwirrung.

„Was das Essen betrifft: Verdrängung funktioniert meist nicht“, entgegnete Wöller tiefsinnig. „Wenn man gebeten wird, nicht an einen blauen Elefanten zu denken, denkt man todsicher an nichts anderes.“ Er stockte und blies sich vorsichtig die rehbraunen Zotteln aus der Stirn.

„Ich denke nie an blaue Elefanten“, wandte Frau Winter ein. „Schade“, Sehnsucht schimmerte in ihren Augen auf, „dass wir keine Bratäpfel haben können. Was würde ich jetzt für einen duftenden, mit Rosinen gefüllten Bratapfel mit Vanillesauce geben!“

Missbilligend knirschte Wöller mit den Zähnen. „Bratäpfel! Ich wüsste was anderes.“

„Wenn Sie uns Ihre Idee nicht verraten, können wir uns nicht dazu äußern“, meinte Meyer trocken und schob eine Hand unters Knie, um schwerfällig ein Bein über das andere zu heben.

Im Gegensatz zu Wöller hatte dieser Meyer Klasse, wieso, hätte der Wirt allerdings nicht genau zu sagen gewusst. Es war eine instinktive Einschätzung, wie er sie viele Male zutreffend vorgenommen hatte und wie sie zur Grundausrüstung eines erfolgreichen Gastwirts gehörte. Diesen, seinen Beruf konnte er ja nun an den Nagel hängen, ging ihm auf, und das machte ihn von Herzen unglücklich. Oder gab es noch irgendeine Chance? Ein Wunder? Einen Wundertäter unter diesen Gästen?

Wenn sie bloß nicht die Küche betreten hätten!

„Ich glaube, ich weiß, was er im Sinn hat“, ergriff die alte Frau

Winter wieder das Wort und äugte eulenhaft zu Wöller. „Dann fangen Sie mal an, es war ja Ihre Idee."

„Ja, zum Henker, womit denn?", polterte der Mann mit dem Frankensteingesicht. Er hatte den schlechtesten Platz erwischt, denn er saß isoliert von den anderen in der Ecke, ein zugiges Fenster im Rücken, halb im Dustern.

Meyer lehnte den Kopf an das dicke Rückenpolster. „Eine Geschichte", sagte er versonnen, „eine Geschichte, die uns träumen oder schaudern lässt und mit einer kalten Küche versöhnt. Ich bin auch dafür, dass Herr Wöller anfängt. Schließlich hat er den Vorschlag gemacht."

Jetzt schlägt's dreizehn, dachte der Wirt. Es würde mich nicht wundern, wenn diese Leute zu einer Vereinigung gehören, deren Mitglieder einen Wettbewerb in Verrücktheit austragen, grübelte er weiter und nahm den ersten, tröstlichen Schluck aus dem Rotweinglas.

Wöller schien mit der Aufforderung gerechnet zu haben, denn er grinste vielsagend. „Einverstanden. Mal sehen, wie's mit dem Appetit steht, wenn ich fertig bin. Übrigens", wandte er sich freundlich dem Wirt zu, „Ihr Rotwein duftet sehr ansprechend nach frischen Kräutern, exotischen Gewürzen und Brombeeren. Genau die richtige Begleitung zu einem großen Braten …"

„Freut mich zu hören", entgegnete der Wirt kühl. Dieses Gewäsch über Wein hatte neuerdings ja jeder drauf.

„… aber nichts für Ihr Kaninchen in Rotweinsauce", schloss Wöller seine Betrachtung.

„Gänseschmalz. Auf eine dicke Brotscheibe mit hausgemachtem Gänseschmalz hätte ich Appetit", tönte es von Frau Winter herüber.

Wöller kniff die Augen zusammen. „Gänseschmalz? Wie zum Teufel …"

„Seien Sie so gut und fangen Sie endlich an. Wie sollen wir sonst bis Mitternacht fertig werden?", unterbrach ihn Meyer. „Erzählen Sie schon Ihre Geschichte."

Mitternacht? Was redet dieser Herr Meyer von Mitternacht?, dachte der Wirt überrascht und versuchte sich zum letzten Mal an einer Einschätzung seiner Gäste. Waren das am Ende Kriminelle, die sich zu einem konspirativen Treffen versammelt hatten? Vielleicht jagte ihm einer von ihnen gleich eine Spritze in den Arm, und er war hinüber, während bereits ein Lastwagen mit heißer Ware auf dem Weg hierher war. Heutzutage sagte das biedere Äußere von Menschen ja gar nichts mehr. Kleingartenbesitzer brachten sich gegenseitig wegen überhängender Äste um, das war die Wirklichkeit! Und die Davert war schon früher ein Ort für Unholde aller Art gewesen. Genau besehen hatten Mord, Raub und Totschlag das einzige tragfähige Geschäftsmodell für diese benachteiligte Gegend dargestellt. Er nahm einen weiteren Schluck Rotwein und äugte abwartend zu Wöller hinüber.

Unschlüssig knetete dieser die Fäuste und starrte auf einmal trübsinnig vor sich hin. „Ich weiß nicht … Vielleicht muss ich ja doch nicht den Anfang machen."

„Mut, Kumpel", raunte der Mann in den Dreckstiefeln. „Gerade wollteste noch und nu …"

Wöller holte tief Luft. „Ja, dann …" Er schielte zum Wirt. „Auf Ihre Verantwortung."

Der Wirt glotzte verständnislos zurück. „Auf meine …, nein, nein, so geht das nicht! Oh nein, liebe Leute, ich spiele nicht mehr mit."

Doch da begann Wöller schon zu erzählen.

I
Vogelgrippe

Wilberts brandneue Jacke mit sechzehn wasserdichten Innen- und Außentaschen aus dem Outdoorladen am Aegidiimarkt in Münster war arktistauglich. Sein Schwager Ronnie hatte mit Blick auf die Jacke vor der Abfahrt gesagt, er habe nichts von einer Nordpolexpedition geahnt, und Wilbert hatte darauf hingewiesen, dass sich Sommer und Winter in Westfalen hauptsächlich durch das Laub an den Bäumen voneinander unterschieden.

Es war nicht ganz einfach gewesen herzufinden, und Ronnie hatte gesagt, dass so billige Navigationsgeräte wie das von Wilbert in Bauerschaften immer schlappmachten, weil sie nicht damit fertig wurden, dass jeder Feldweg in einem zwei Quadratkilometer großen Gebiet den gleichen Namen trug.

Verfahren hatten sie sich nur drei Mal, dann hatte ihnen der Lärm den Weg gewiesen.

Ronnie krempelte die Ärmel seines teuren Leinenblazers hoch, während sie in dem Schneegestöber Einzelheiten zu erkennen versuchten. Und Wilbert zog verstohlen den Reißverschluss der Outdoorjacke auf, obwohl die Temperatur an diesem Junitag deutlich unterhalb des von Wetterkundlern ermittelten zehnjährigen Mittelwerts lag.

Vor ihnen war anscheinend ein Match pubertierender Jugendlicher in Gang, die um eine Schlammkuhle herumtobten, sich gegenseitig ins Wasser schubsten und laut krakeelten, bis eine ältere, schwerfällige Schiedsrichterin von der Seitenlinie ein Machtwort schnatterte. Für einen Moment ebbte der Lärm ein bisschen ab, schwoll dann jedoch sofort wieder an.

Einzig eine ziemlich magere Gans musterte Wilbert misstrauisch aus kleinen schwärzlichen Korinthenaugen.

„Diese gute Luft!“, schwärmte Ronnie ironisch. „Ist doch mal ’ne Abwechslung zum Stadtmief. Es stinkt hier so ganz anders.“

„Hm.“ Wilbert betrachtete aufmerksam den Vogel.

„Nimm die da, die passt zu dir, die sieht so bedröppelt aus“, sagte Ronnie gutgelaunt.

Wilbert ließ Ronnie stehen und pirschte unauffällig am Weidezaun entlang in Richtung auf die junge Gans, aber die machte sich im gleichen Tempo davon. Gänse, soviel wusste Wilbert, galten als gar nicht mal so blöd. Nur schien es ihm kaum vorstellbar, dass die Gans eine Ahnung hatte, mit welch hinterhältiger Absicht er hergekommen war. Er ging rascher. Kurz vor Ende des Zauns gelang es ihm, sie einzuholen. Sobald er ihr gegenüberstand, schlug sie aufgebracht mit den Flügeln und zischte ihn böse an.

Es klickte neben Wilbert, er schrak zusammen und drehte sich halb zur Seite. Ronnie senkte die Hände mit dem Fotoapparat und murmelte: „Scharfes Bild, willst du es sehen? Ich schick’s dir heute Nachmittag auf deinen Rechner. Vielleicht kriegst du ihn ja ohne Panne in Gang.“

Verärgert wandte sich Wilbert wieder der Gans zu. Die kehrte ihnen den Rücken zu, hob die Schwanzfedern und ließ voller Verachtung einen Schiss fallen.

„Die zeigt’s dir aber“, lästerte Ronnie.

Da klebte noch was an ihrem Hinterteil, sie schüttelte ihr Gefieder, und Wilbert meinte, tausend Bazillen aus den Federn aufstieben zu sehen. Jetzt kamen ihm doch Bedenken.

Er ließ seinen Blick über die Gänseweide schweifen, deren Umgebung kaum als Sehenswürdigkeit durchgehen konnte: Weiter hinten zog ein Kleinbauer mit einem knatternden Traktor

Furchen, über sich eine Rotte krächzender Elstern. Ein bisschen stank es nach Gülle.

Wilbert trat den Rückweg in Richtung Gatter an, wo sich bereits eine Familie eingefunden hatte. Der Bauer, mit dem er hier verabredet war, trug eine Gans auf dem Arm. Vertrauensvoll hatte sie ihren Kopf an seine Schulter geschmiegt und genoss es, von ihm gestreichelt zu werden.

„Darf ich?“ Die Göre, die vor dem Mann die Hand hob, mochte neun oder zehn sein.

„Nein!“

„Ich will aber.“

„Liebling, du hast doch gehört, was der Mann gesagt hat“, mischte sich die Mutter ein. „Wir haben doch verabredet, dass du dich heute an die Regeln hältst. Heute ist kein ‚Ich will aber Tag‘.“

Aus einer seiner weiten Taschen angelte der Bauer – Bonenkamp hieß er, fiel Wilbert wieder ein – einen Fußring mit einer Nummer und eine Zange, während die Gans langsam unruhig wurde.

„Heute streichelt er sie, und morgen dreht er ihr den Hals um“, murmelte Ronnie.

Der Gedanke war Wilbert auch gerade gekommen.

„Aber das ist doch jetzt unsere!“, kreischte das Mädchen und fasste zu.

Die Gans ruckte herum, riss den Schnabel auf und ließ ihre dünne rote Zunge wie eine Peitsche nach oben schnellen, während sie gereizt zischte. Erschrocken wich die Kleine zurück, bis sie gegen ihre Mutter prallte, die eins von diesen farbneutralen Ökogewändern trug, das mehr breit als lang war und in das sie ihre Tochter problemlos einwickeln konnte, ohne es auszuziehen.

„Sie hätten uns ruhig warnen können“, tadelte der Vater. Wilbert mochte ihn auf Anhieb nicht.

Er hatte seinen alten Opel Caravan hinter der Karre der Leute geparkt, einem so gut wie neuen Mercedes Geländewagen vom Format eines Kleinlasters, der in Umweltzone vier parken durfte.

Wilberts Schleuder durfte nur in Zone drei, weshalb er morgens den Bus zur Oberfinanzdirektion nahm, wo er als ganz kleines Licht am unteren Ende der mittleren Beamtenebene in quälender Vollzeittätigkeit fast den gesamten Lebensunterhalt für sich, seine nur halbtags arbeitende Ehefrau und zwei Töchter verdiente.

„Ich hab Nein gesagt", erklärte Bauer Bonenkamp gelassen, während er seine Gans beruhigte. Dann befestigte er den Ring mit der Zange und warf die Gans in die Luft. Flügelschlagend segelte sie über den Zaun und landete in der Wiese.

Wilbert hatte die Gänseherde nicht aus den Augen gelassen. Wenn ihm jemand gesagt hätte, es handele sich um Schwäne, hätte er es anstandslos geglaubt, so viel tat sich da seiner Meinung nach nicht. Schwäne und Gänse waren beides große Viecher und vor allem das massenhafte Weiß auf der Wiese beeindruckte ihn. Nicht nur die Gänse strahlten in Ultraweiß, sondern überall lagen ihre weißen Federn herum, und überall auf dem Gras klebte Tretmine an Tretmine weißlicher Gänsedreck. Die Gänse latschten da einfach durch, und Wilbert fing an, sich vor soviel Ökologie zu ekeln.

Aber zugeben musste er schon, die Gänse hatten wache Augen. Und eine davon würde er Weihnachten in die Bratröhre schieben.

Diese Entscheidung stand fest. Die ganze Zeit hatte er die magere junge Gans, die inzwischen auf dem Teich herumschwamm, nicht aus den Augen verloren.

Bonenkamp verabschiedete erst noch die Familie, nachdem er die Ringnummer auf einen Wisch notiert, diesen ausgehändigt und eine stattliche Summe im Voraus kassiert hatte, die bewies, dass es sich um zertifizierte Outdoor-Biogänse der Mercedes-Klasse handelte, dann wandte er sich seinem neuen Kunden zu. Als Wilbert den Preis gehört hatte, war er unmerklich in die Knie gegangen. Eine Biogans von Lidl wäre sehr viel günstiger gewesen, doch die stellte auch kein Prestigeobjekt dar.

„Ich möchte die da!“ Während Wilbert auf die Gans deutete, musste er sich einen abschätzenden Blick des Bauern gefallen lassen. Wahrscheinlich überließen die meisten Kunden lieber Bonenkamp die Wahl unter den Todeskandidaten.

Bonenkamp hakte ohne ein Wort das Gatter auf, schritt durch seine Herde, stakste in Gummistiefeln in den Pfuhl und holte Wilberts Gans heraus. Vorsichtshalber hielt er sie in die Höhe und ließ sich mit einem Nicken bestätigen, dass er die Richtige erwischt hatte. Bis zur Wade im Wasser stehend, markierte er den Vogel und ließ ihn frei. Die Gans schoss über den Teich davon und kreischte, als hätte ihr Bonenkamp schon jetzt mit dem Schlachtbeil gedroht.

Unterdessen schlappte der Bauer in den morastbedeckten Stiefeln zu Ronnie und Wilbert zurück und schrieb die Ringnummer auf die Quittung.

„Und eine Verwechslung ist ausgeschlossen, wenn ich die Gans holen komme?“, fragte Wilbert misstrauisch und kramte langsam seine Brieftasche heraus. Hoffentlich hatte er genug Bares dabei, denn dem Bauern auf der Wiese hier draußen mit der Kreditkarte zu kommen, ging wohl nicht. Und Ronnie anzupumpen und zu erleben, wie dieser grinsend ein paar Scheine für seinen bedürftigen Verwandten hinblätterte, noch weniger. Zur Not könnte er ja sagen, er überlegte sich's noch mal und überhaupt wären ihm die Gänse zu öko, wenn sie den ganzen Tag hier in der Scheiße waten würden.

Bonenkamp schaute leicht unwirsch drein. „Der Ring bleibt am Fuß, Sie kriegen ihn mit der geschlachteten Gans.“

„Bezahl schon und komm endlich“, mischte sich Ronnie ernüchtert ein. „Falls du's noch nicht bemerkt hast: Hier stinkt's gewaltig.“

„Einen Augenblick noch“, sagte Wilbert langsam und wandte sich wieder an Bonenkamp, der das Geld achtlos in die hintere Tasche seiner schmutzigen Hose steckte. „Was ist, wenn meiner Gans was zustößt?“

Bonenkamp deutete auf das Geflügel. „Wenn sie vorzeitig krepiert? Ein paar behalte ich in Reserve. Sie bekommen auf alle Fälle eine Gans."

Auf der Rückfahrt sah ihn Ronnie lauernd von der Seite an und rieb dabei seinen Oberschenkel.

„Du hast gerade einen Haufen Knete dafür bezahlt, diese spezielle Gans eines Tages umbringen zu lassen, um sie anschließend zu essen. Das ist schon anders, als so ein anonymes Tiefkühlteil zu kaufen und in den Ofen zu schieben. Ist doch irgendwie pervers – oder?"

„Willst du Brust oder Keule?"

„Was?"

„Du kommst doch Weihnachten zum Essen?"

Bevor sie sich verabschiedet hatten, hatte Wilbert sich erkundigt, ob er seine Gans gelegentlich besuchen dürfe. Die Bitte schien Bonenkamp nicht ganz fremd zu sein. Und doch hatte Wilbert in seinem zögerlichen Nicken Widerwillen gespürt, als befürchtete der Bauer, dass sich durch weitere Besuche bei den Gänsen am Ende die Geschäftsbeziehung verkomplizieren würde.

Wilbert fragte sich, was ihn an eben dieser Gans so angezogen hatte.

In der darauffolgenden Woche überreichte ihm Ronnie zwinkernd einen großformatigen Abzug des Fotos, das er von dem Tier geschossen hatte. Das Foto war toll, wirklich toll und so scharf, dass es fast wehtat. Aber irgendetwas störte.

Erst bei genauerem Hinsehen entdeckte Wilbert die Besonderheit. Egal aus welchem Winkel er das Foto betrachtete, die Gans schaute ihn eindeutig vorwurfsvoll an.

„Das hast du manipuliert", sagte er trocken.

„Ich bin nur mit Photoshop drübergegangen, geil, was?"

Der kalte Juni ging in einen regnerischen Juli über. Ende des Monats trat die Vogelgrippe auf der Krim auf. Wilbert sah im

Fernsehen, wie schwer vermummte Männer gegen Berge von Tierleichen ankämpften. Sie stopften Kadaver in Säcke und verbrannten sie, und bestimmt stank es gotterbärmlich zum Himmel.

Den ersten Besuch bei seinem zukünftigen Weihnachtsbraten trat er mit einem Feldstecher bewaffnet an. So brauchte er nicht lange, um seine Gans zu identifizieren, auch ohne die Überprüfung der Ringnummer hätte er sie erkannt. Denn sie suchte wieder das Weite, sobald er am Zaun auftauchte.

Früher hatte sich Wilbert immer einen Hund gewünscht, so ein kumpeliges Flauschtier, das sein bester Freund sein wollte. Jetzt hatte er eine Gans.

Einige Gänse widmeten sich nach kurzem hektischem Geschnatter wieder ihren Alltagsgeschäften, die hauptsächlich aus gruppendynamischem Fressen bestanden. Andere veranstalteten eine Treibjagd auf eine besonders mickrige Schwester, an der sich auch seine Gans gut hätte beteiligen können, aber sie hielt sich raus. Vermutlich wollte sie sich nicht bei einem so asozialen Gebaren erwischen lassen. Während er sie durch das Fernglas studierte, stellte er sie sich am ersten Weihnachtstag vor: die Beine mit Garn zusammengezurrt, die Haut mit flüssiger Butter eingepinselt, eine würzige Füllung im Bauch, die Flügelstummel adrett gefaltet. Ronnie hatte recht: Es hatte etwas Gruseliges, sich die lebende Gans, die er hier direkt vor Augen hatte, als Braten vorzustellen. Und noch während er sich das Bild der brutzelnden Gans ausmalte, ruckte ihr Kopf in seine Richtung. Vorwurfsvoll wie auf dem Foto starrte sie ihn an.

Zwei Wochen später hatte sich die Schlammzone um den Teich ausgeweitet, denn die Enten und Gänse hatten das Gras dort abgeweidet. Wilbert fand mehr beringte Tiere vor, es dauerte diesmal länger, bis er seinen Vogel gefunden hatte. Nr. 345 nahm flügelschlagend Reißaus, sobald er dicht an den Zaun herantrat.

Da erkannte ihn dieser Vogel doch tatsächlich wieder! War

das zu fassen? Wussten Biologen, dass Gänse einen wiedererkennen konnten? War das mal untersucht worden? Seit er den Hund von seiner Wunschliste gestrichen hatte, hatte er sich nicht mehr mit Tieren beschäftigt, aber nun packte ihn ein unwiderstehlicher Drang, mehr über Gänse zu erfahren. Er kaufte in der Buchhandlung Poertgen-Herder ein schweres, teures Biologiebuch, das sich als bilderreich, jedoch nicht sehr auskunftsfreudig zum Thema Gänse erwies. Darin stand nur etwas über das tägliche Bad der Tiere, was er allerdings putzig fand. Gänse hatten Hygienebewusstsein, kackten aber ihre eigene Wiese voll!

Von den Bonenkampschen Biogänsen hatte Wilbert von seinem Abteilungsleiter erfahren, einem der alten Platzhirsche, der sich im Eingang zur Kantine mit einem anderen Abteilungsleiterhirsch darüber unterhielt. Wilbert war nur stummer Zuhörer gewesen, hatte indes schnell begriffen, dass Bonenkamp-Gänse auf Abteilungsleiterebene als hübsche kleine Statussymbole gehandelt wurden. Was für Wilbert den eigentlichen Charme ausmachte, war der Preis, der mutmaßlich deutlich unter dem von Ronnies Porsche lag.

Als er Anfang August darüber nachdachte, wie er bei einer der nächsten Unterredungen mit seinem Abteilungsleiter unangestrengt einfließen lassen konnte, auch eine Bonenkampsche Weihnachtsgans geordert zu haben, musste er hören, dass sich sein Vorgesetzter wegen Kalk in der rechten Schulter krankgemeldet hatte, und das auch noch für längere Zeit. An den Kalk glaubte Wilbert, hätte ihn aber nicht in der Schulter vermutet.

Beim nächsten Besuch auf der Gänseweide brachte er einen Sack Trockenfutter aus dem Landhandel mit, obwohl solche Sekundärkosten – die Schwarte über das deutsche Tierlieben war ja auch nicht billig gewesen – das Unternehmen Weihnachtsgans allmählich investitionsmäßig in die Nähe eines mehrtägigen Skiurlaubs im Sauerland rückten.

Ungeduldig riss er den Sack auf. Das Zeug sah aus wie Hasenköttel. Wilbert betrachtete es zweifelnd. Nach Auskunft des Landhandelverkäufers sollte es eine Art Wunderwaffe in der Gänsemast sein. Voller Misstrauen stopfte sich Wilbert damit die Taschen seiner Outdoorjacke voll und stieg über den Zaun. Sofort formierten sich die Gänse zu einem Kampfgeschwader und fielen über ihn her. Eine hatte sich in sein Hosenbein verbissen, als es ihm endlich in einer wilden Anstrengung gelang, eine Handvoll Köttel auszustreuen. Augenblicklich ließen die Gänse von ihm ab und machten sich über die angebliche Wunderwaffe her.

Nur Nr. 345 hielt sich wieder mal abseits. Immerhin ließ sie ihn auf drei Schritte an sich herankommen. Er streckte ihr auf der flachen Hand ein paar Köttel entgegen. Sie reckte den Kopf und musterte ihn aus feindselig glitzernden Augen.

Plötzlich überkam ihn ein Schaudern, während er tiefer und tiefer in ihren Blick eintauchte. Wieder hatte er das unheimliche Gefühl, bis zum Grund seiner schwarzen Seele von ihr durchschaut zu werden. Erst eine Bewegung von links und rechts ließ ihn aufschrecken und machte ihm bewusst, dass die anderen Gänse gleich wieder angreifen würden. Als er sich umwandte, um zum Gatter zu rennen, hackte ihn Nr. 345 blitzschnell ins Bein.

Berichte über einen landesweiten Gammelfleischskandal flackerten über den Fernsehschirm und tauchten in allen Zeitungen auf, aber irgendwann war das Thema abgehandelt, und selbst die in Asien grassierende Vogelgrippe kam in den Nachrichten kaum noch vor.

Anfang September trugen beinahe alle Gänse einen Ring, sie waren jetzt deutlich gewachsen. Wenn sie auf dem Teich herumdümpelten, glichen sie altertümlichen Schlachtschiffen unter vollen Segeln. Wilbert wurde inmitten ihrer Schar jedesmal mulmig zumute, obwohl er sich mit den Kötteln längst ihr Wohlwollen erkauft hatte. Sogar Nr. 345 akzeptierte mittlerweile das Futter, wenn er sich nur weit genug entfernt hielt. Inzwischen fand er sie ziemlich sympathisch, bemühte sich aber, nicht sentimental zu werden. Nach all dem finanziellen Aufwand sollte sich an ihrem Schicksal nichts mehr ändern, das wäre einfach nicht zu rechtfertigen, Sympathie hin oder her.

Eines Tages fragte ihn Ronnie nach einem gemeinsamen Besuch bei den Gänsen: „Und wie heißt deine?“

Wilberts Frau Margot fand die Idee, einem Festtagsbraten einen Namen zu geben, abartig. Dabei hätte er die Gans gern Helmut Kohl genannt, damit sie sich mal anstrengte, was die Gewichtszunahme betraf. Doch das kam wegen des falschen Geschlechts nicht in Frage. Und was das richtige betraf, war die Zickigkeit seiner Gans ziemlich eindeutig. Es dauerte tatsächlich bis Ende September, bis sie ihn endlich an sich heranließ.

Sie rannte nicht weg, als seine Finger langsam über die langen, geschmeidigen Deckfedern glitten. Die Gans hielt auf eine süße, mädchenhaft schüchterne Art still, nur die Federspitzen zitterten nervös, während Wilbert eine prickelnde Erregung befiel. O ja, er mochte sie, jetzt konnte er es ruhig zugeben.

Vorsichtig ließ er den Rand des linken Flügels wieder durch die Finger gleiten, und kurz bevor er die Spitze erreichte, durchzuckte ihn eine teuflisch gute Idee.

Er brauchte nur ein bisschen Druck auszuüben, und schon hatte er die letzten Federn geknickt. Er glaubte nicht, dass die Gans viel gespürt hatte. Aber jetzt hatte er ihr ein Zeichen verpasst, an dem er sie selbst aus einer größeren Menge todsicher erkennen konnte. Ganz ohne Feldstecher.

Voller Hass hackte ihn Nr. 345 in die Hand.

Wilbert leckte sich die blutende Wunde, sobald er wieder auf der anderen Seite des Gatters stand und stellte sich ausführlich die Gans in der Bratröhre vor, das beruhigte ihn. Auf der Rückfahrt überlegte er sich, die Gans nach seiner verstorbenen Schwiegermutter Martina zu benennen, einer Frau mit Charakter. Die hatte wirklich Haare auf den Zähnen gehabt.

Zuhause überraschte ihn Margot mit einer Mitteilung.

„Du“, sagte sie, „ich glaube, Ronnie ist frisch verliebt.“

Vor zwei Jahren war Ronnie die Angetraute nach einem gewaltigen Ehekrach weggelaufen, und Wilbert meinte damals, dass es auf der ganzen Welt keine passende Frau für einen Schnösel wie ihn gab.

„Na wenn schon“, bemerkte er uninteressiert und dachte darüber nach, ob er ausreichend gegen Tetanus geimpft war. Der Finger, in den Martina gehackt hatte, sah nicht gut aus.

„Doch, ganz bestimmt, ich erkenne die Anzeichen.“

„Er ist in sein neues Auto verliebt.“

Ronnie hatte seinen Porsche verkauft und fuhr nun eine Art Tyrannosaurus Rex auf vier Rädern.

„So ein Blödsinn. Da ist eine Frau im Spiel, glaub mir, mir kann er nichts vormachen.“

„Hauptsache, er bringt sie Weihnachten nicht mit.“ Ronnies letzte Flamme war ein Gerippe gewesen, das jede Erbse auf dem Teller einzeln zählte. So eine Appetitverderberin würde er dieses Jahr Weihnachten nicht dulden. Dann fiel ihm ein, dass ihn sein Schwager seit wenigstens zwei Wochen nicht mehr angepflaumt oder auf die Palme gebracht hatte. Außerdem ließ er sich nicht mehr so häufig blicken. Das stimmte Wilbert auf einmal milder. „Na, ja“, räumte er ein, „vielleicht ist es ja besser, er fummelt an was anderem herum als am Vergaser seiner Donnerkiste.“

Beim letzten Besuch auf der Gänseweide waren sie mit Ronnies neuem Auto gefahren, und diese Fahrt hatte er wegen des Kravalls, der ihm noch nachträglich in den Ohren dröhnte, in schlechtester Erinnerung. Ronnie hatte sich gegen eine aufdringliche Gans wehren müssen, die hartnäckig den Kopf durch das Gatter steckte und ihn zu erreichen suchte. Obwohl Wilbert sich eingedenk der Höllenfahrt wünschte, dass sein Schwager gebissen wurde, warnte er ihn vor allzu großer Nähe.

„Ja, ich weiß“, hatte Ronnie verlegen gemurmelt und war vom

Zaun zurückgetreten. „Die Viecher können ganz schön hinterhältig sein."

Danach war Ronnie nie mehr mitgekommen.

Anfang Dezember standen die Vögel zentimetertief im leicht angefrorenen Schlamm, von der Grasnarbe war nichts übrig geblieben, das schien die Tiere aber kaum zu bekümmern. Sie bewegten sich ruhig und majestätisch, die schneeweißen Brüste mächtig vorgewölbt, ein wundervoller Anblick.

Eines Abends berichtete ein Nachrichtensprecher im Fernsehen, dass in Norditalien Fälle der Vogelgrippe aufgetreten seien.

Acht Tage vor Weihnachten rief Ronnie an.

„Hör zu", flüsterte er heiser, „auf einem Geflügelhof bei Borken sind Tiere über Nacht verendet. Man vermutet Vogelgrippe. Die Bestände hier im Münsterland müssen wahrscheinlich alle vernichtet werden. Ich wollte es dir nur sagen." Aus seiner Stimme klang so viel Furcht und Entsetzen, dass Wilbert hellhörig wurde.

„Und woher weißt du das?", erkundigte er sich reserviert. Er hielt es für durchaus denkbar, dass ihm Ronnie nur zum Spaß Angst einjagen wollte.

„Warum fragst du?", gab Ronnie ärgerlich zurück. „Glaubst du mir nicht?"

„Na, komm schon, es wäre ja nicht das erste Mal, dass du mich auf den Arm nehmen willst."

Ronnie schnaubte angewidert durchs Telefon. „Glaub's oder lass es. Einer meiner Kunden hat es erzählt. Er ist Amtstierarzt. Morgen kannst du alles in den Westfälischen Nachrichten nachlesen, aber dann schlägt bereits das Veterinäramt zu." Ronnie verdiente ziemlich viel Geld als selbständiger Versicherungsmakler, zu seiner Kundschaft gehörten nur gutbetuchte Leute.

Zunächst wusste Wilbert nicht, was er mit der Information anfangen sollte. Margot war im Grunde genommen immer gegen das Gänseprojekt gewesen. Seine beiden Töchter hatte er einmal aufgefordert, ihn zur Gänsewiese zu begleiten, aber sie wollten ihren Weihnachtsbraten nicht herumlaufen sehen. Außerdem wünschten sie sich einen Dackel.

Fast schien es, als würde sich das problematische Unternehmen Superökoweihnachtsbraten von selbst in Luft auflösen. Unverhofft überkam ihn Erleichterung, als würde er von einer Zwangsneurose befreit. Nun mussten sie doch auf einen Vogel aus dem Supermarkt zurückgreifen. Aber je länger er darüber nachdachte, desto weniger konnte er sich damit abfinden. Die Gans würde sterben, das war klar. Aber doch nicht so! Allmählich packte ihn eisige Wut. Wie in Trance ging er in die mit Gartengeräten und Campingkram vollgerümpelte Garage, suchte die Axt und eine mit Stirnband am Kopf zu befestigende Taschenlampe heraus und traf noch einige weitere Vorbereitungen.

Gegen neun Uhr abends machte er sich auf den Weg.

Hinter Davensberg sah er einen Polizeilaster, von dem Wegsperren abgeladen wurden. Damit schwand jeder Zweifel, den er an Ronnies Warnung noch gehabt hatte. Der Großangriff auf die Geflügelhöfe stand unmittelbar bevor.

Zum Glück war der Feldweg bis zur Wiese noch frei. Wilbert packte die Axt und stieg wild entschlossen aus dem Wagen. Unter vollem Kriegsgeschrei rotteten sich die Gänse zu einem rauflustigen Empfangskomitee zusammen, beruhigten sich aber, sobald er anfing, Futter auszustreuen.

Und dann wogte Martina auf ihn zu. Er erkannte sie sofort an dem schwankenden Gang, den ihr die gebrochene Flügelspitze eingetragen hatte. Ihr weißes Gefieder schimmerte geradezu überirdisch im Mondenschein, eine reine Lichtgestalt, die sein Herz vor Freude stolpern ließ. Dann begrüßte sie ihn mit leisen, schnalzenden Lauten, die er noch nie von ihr gehört hatte. Es klang so überaus zärtlich. Einen Moment lang ergriff ihn eine seltsame Entrücktheit, es kam ihm vor, als steckte in diesem Tier mit dem seelenvollen Blick eine verzauberte Prinzessin, die sich gleich zu erkennen geben würde, doch ein Teil von ihm – die

Hand mit der Axt – machte sich selbständig. Bevor er sich besinnen konnte, holte er zum Schlag aus.

Der Schwung riss ihn so mit, dass er im Matsch der Wiese den Halt unter den Füßen verlor und die Gans unter sich begrub. Im gleichen Moment stürzten die übrigen Gänse von allen Seiten herbei und hackten auf ihn ein. Herumwirbelnde Daunenfedern gerieten ihm in die Augen und die Atemwege. Er sah nichts mehr, er bekam keine Luft mehr, er drohte unter den massigen Leibern zu ersticken. Panik überkam ihn. Verbissen kämpfte er sich auf die Knie, ergriff Martina am Hals und rannte, die Axt im weiten Bogen als Abwehrwaffe schwingend, zum Rand der Wiese und hechtete über den Zaun.

Er warf den schlaffen Vogel in den Kofferraum und raste auf dem leicht mit Eis überzogenen Feldweg davon. Nach zehn Minuten verlangsamte er das Tempo, nach weiteren fünf stieg er auf die Bremse und riss das Steuer herum. Ihm war etwas eingefallen. Die Räder blockierten, wie auf einem Eiskanal schoss er vorwärts, drehte sich dann um hundertachtzig Grad und bekam sein Fahrzeug wieder in den Griff. Schlotternd vor Schreck fuhr er zurück.

Vor dem Wiesengatter erhaschten seine Scheinwerfer die vergessene Axt und mitten in der Wiese eine Gestalt, die im Licht erstarrte.

Es war Ronnie!

Ronnie hielt eine Gans fest umklammert und blinzelte gegen das Licht an. Sollte er ihn rufen? Sich ihm zu erkennen geben?

Wilbert löschte bei laufendem Motor die Scheinwerfer, sprang aus dem Auto, duckte sich und holte im Schutz der Dunkelheit die Axt. Ohne Licht fuhr er wieder an, und erst als er sich fünfhundert Meter von der Wiese entfernt hatte, schaltete er es wieder ein.

Inzwischen fragte er sich, ob er wirklich Ronnie gesehen hatte oder nur jemanden, der ihm ähnlich sah. Was wollte Ronnie denn mit einer Gans? Das gemeinsame Weihnachtsessen hatte er abgesagt. Wollte er allein eine gebratene Gans verputzen? So ein Riesentier? Kaum denkbar. Dann fiel Wilbert Margots Bemerkung über Ronnies neue Flamme ein. Das war es also. Ein Liebesmahl. So ein Heimlichtuer!

Nach einer ganzen Weile bog Wilbert in einen kurvenreichen Waldweg ein, hoppelte ihn ein Stück entlang und hielt schließlich am Rand einer sumpfigen Lichtung neben einem großen flachen Stein, der wie ein urzeitlicher Opferaltar in die Landschaft ragte. Wilbert zögerte auszusteigen. Einen bangen Moment befiel ihn die Angst, Martina könne auf dem Plastiksack hinten im Wagen hocken und ihn anfallen, sobald er den Kofferraum öffnete, denn er wusste nicht, ob er sie mit der Axt getroffen hatte und ob der Schlag auch tödlich gewesen war. Irgendwo über ihm im Gezweig beschwerte sich ein Vogel über die nächtliche Ruhestörung, und ein milchiger Mond lugte tadelnd in die kleine Lichtung. Wilbert kam sich sehr einsam und verloren vor.

Als er sich endlich zum Heck seines Wagens bewegt hatte, öffnete er mit bangem Herzschlag die Klappe.

Die Gans war mausetot. Wilbert schluchzte auf und hielt sich am Heck fest. Also doch! Er hatte Martina umgebracht. Jetzt gab es kein Zurück mehr.

Nachdem er ihr auf dem Feldstein mit mehreren stümperhaften Hieben den Kopf abgetrennt hatte, war auch seine letzte Energie so gut wie aufgebraucht. Dennoch ließ er die Gans am weit ausgestreckten Arm ausbluten, wobei ihm der widerliche Blutgeruch den Magen umdrehte. Das ganze Unternehmen war viel brutaler, als er jemals gedacht hatte. Während er mit dem Gänseblut im fahlen Mondlicht den Waldboden tränkte, horchte er angespannt auf Geräusche. Es fehlte nur noch, dass zufällig ein Förster daherkam und ihn wegen Wilderei festnahm. Am liebsten hätte er den Kadaver ins Gebüsch geworfen und wäre nach Hause gefahren.

Stattdessen kramte er für die weitere Zubereitung einen Gaskocher und einen großen Aluminiumtopf aus dem Kofferraum.

Wasser hatte er in einem Plastikkanister mitgebracht. Obwohl er sich sehr beeilte, brauchte er fast zwei Stunden, um den Vogel zu überbrühen und anschließend zu rupfen.

Und dabei horchte er ständig in den Wald hinein. Nur zu genau spürte er, dass das hier kein aufgeräumter Stadtwald für Naturentwöhnte war. Dieser Wald lebte sein eigenes, urtümliches, unergründliches Leben. Etwas Ungreifbares, Uraltes zog unsichtbar durchs Gebüsch und legte sich mit jedem Atemhauch Wilbert schwer auf die Brust. Es schien ihm, als wollte der dunkle Wald ihm seine Meinung aufdrängen zu dem, was er, Wilbert, hier tat.

Unrecht!

Aber wenn es doch seine Gans war?

Den Wald kümmerte das nicht.

Er fuhr fort, Wilbert mit Grausen zu erfüllen.

Dabei hatte dieser das Schlimmste noch vor sich: das Ausweiden. Während er das scheußlich klebrige Geschlinge aus der Bauchhöhle räumte, hielt er krampfhaft die Luft an. Das, dachte er grimmig, sollten seine Töchter mal miterleben, das würde sie Respekt vor Schnitzel, Steak und Brathuhn lehren.

Irgendwo knackte ein Ast, und der Wald seufzte.

Wie konnte dieser Wald seufzen? Das waren bloß Bäume und Gebüsch um ihn herum, dachte Wilbert, was ihn verunsicherte, war doch nur die Nacht. Er war noch nie bei Nacht draußen im Wald gewesen, warum denn auch? Welcher Mensch, der noch bei klarem Verstand war, ging nachts in den Wald? In diesen Teufelswald!

Wilbert riss sich zusammen, bis ihm der Bauch wehtat vor lauter Zusammenreißen.

Endlich lag Martina ausgebreitet auf dem Plastiksack und sah ohne ihr Federkleid klein und hässlich aus. Schwer nagte die Betroffenheit an Wilbert. Und irgendwie brachte er es dann nicht fertig, das Stück Bein mit dem Ring abzuknipsen.

Er fuhr aus dem Wald heraus, als wären Gespenster hinter ihm her.

Erst als die Gans, in eine riesige Mullwindel gewickelt, in der Garage hing, fielen die Nervosität und Anspannung der letzten Stunden von ihm ab, dafür meldete sich eine Erinnerung. Und wenn der Mann auf der Wiese doch Ronnie gewesen war?

Ronnie wohnte wie er in Münster. Aber während er nur ein schlichtes Reihenhaus in Münster-Coerde besaß, residierte sein Schwager in einem Villenviertel am Aasee in einem schmucken, eineinhalbstöckigen Einfamilienhaus mit Kupferregenrinnen und Dachterrasse. Sein Turboauto stand im Carport, als Wilbert vorfuhr. Wilbert ging um den Wagen herum und schaute hinein, auf der Suche nach verräterischen Blutflecken.

In den Fenstern der Vorderfront war kein Licht zu sehen, deshalb schlich er am Carport vorbei ums Haus bis zum erleuchteten Esszimmerfenster und spähte durch einen Spalt zwischen den Vorhängen.

Ronnie saß am Tisch und aß etwas, das wie Steak aussah. Neben ihm hockte eine große weiße Gans mit angelegten Flügeln auf einem Kinderhochstuhl, vor sich einen Teller, von dem sie manierlich Futter aufnahm. Der Vogel war gigantisch. Wilbert fragte sich auf einmal, ob die Mastköttel, die er so freigebig auf der Gänseweide verteilt hatte, mit Anabolika aufgepeppt waren.

Ab und zu wandte sich die Gans zur Seite und schnatterte mit ihrem Gastgeber. Ronnie legte das Messer beiseite und tätschelte den Vogelkopf, der sich vertrauensvoll in seine Hand schmiegte. In Gedanken setzte Wilbert der Gans eine Lockenperücke auf und hängte ihr einen Büstenhalter um. Dabei erinnerte er sich recht gut an die Gans, die so hartnäckig durch die Gatterstäbe geangelt und Ronnie in Verlegenheit gebracht hatte.

So leise, wie er gekommen war, schlich Wilbert zurück zu seinem Wagen.

Nachdem er gründlich darüber nachgedacht hatte, entschloss er sich, Margot weder etwas über die abartigen Neigungen ihres Bruders zu verraten noch über die gefüllte Mullwindel in der Garage, die er mit einem alten, nach Schmieröl stinkenden Overall getarnt hatte, so dass sie nicht ins Auge fiel. Eigentlich schade, dass er Margot nichts zu sagen wagte, dabei hätte er gut und gern ihren Rat gebrauchen können.

Wild musste abhängen, hatte er undeutlich im Kopf, also nahm er an, dass auch die frisch geschlachtete Gans abhängen musste. Nur wie lange?

Drei Tage später kaufte er zusammen mit Margot eine Tiefkühlgans, die allerdings nicht annähernd das Gewicht von Nr. 345 hatte - solche riesigen Gänse waren nirgendwo im Angebot –, zögerte aber weitere zwei Tage, die Vögel auszutauschen.

Am sechsten Tag trieb ihn die Neugier in der Mittagspause wieder zu Ronnies Haus. Vorsorglich hatte er bereits am Morgen den Ersatzschlüssel, der seit Ronnies Scheidung bei ihnen aufbewahrt wurde, eingesteckt.

Bevor er die Haustür aufschloss, streifte er sich Lederhandschuhe über. Im Haus herrschte abgründige Stille. Hatte Ronnie den Vogel inzwischen doch geschlachtet?

In der Küche standen ein Teller und eine große braune Tasse, die beide die Aufschrift „Elfriede“ trugen. Verblüfft betrachtete Wilbert das Geschirr. Ronnies geschiedene Frau hieß Elfriede. Im Badezimmer schwammen in einer flachen Wanne Flaumfedern, und auf einer Seite des Ehebetts lag eine Flauschdecke, die noch den Abdruck eines großen, ovalen Körpers trug.

In den vergangenen Tagen hatte Ronnie nur einmal seine Schwester besucht.

„Tut mir leid, jetzt hast du deine teure Gans doch verloren“, hatte er mit einem sondierenden Blick gesagt und ihm betont mitfühlend auf die Schulter geklopft. „Bonenkamps Hof hat's inzwischen auch erwischt, das weißt du ja bestimmt, ich hatte dich gewarnt.“ Kurz blitzte etwas wie eine Frage in seinen Augen auf, Wilbert schüttelte stur den Kopf.

„Ich hab die Gans abgeschrieben. Der Ersatz liegt schon in der Tiefkühltruhe.“

„Na dann!“ Ronnie schien ein bisschen verwirrt. Wilbert

klopfte ihm nun seinerseits auf die Schulter, er war mittlerweile sicher, dass ihn Ronnie an dem Abend, als er wegen der Axt zur Wiese zurückgekommen war, im Dunkeln nicht erkannt hatte. Dafür hatte er auch viel zu überrascht und entsetzt gewirkt. „Du wirst keinen Unterschied schmecken, das garantiere ich dir. Und dieses Jahr brate ich die Gans selbst, nur das du das schon mal weißt."

Ronnies Blick flackerte verdächtig. „Ich steh gar nicht mehr auf Gänsebraten."

„Das ist ja das Neueste", mischte sich Margot ein. „Wie heißt sie denn?"

Ronnie erbleichte. „Wer?", röchelte er.

„Deine Neue, wie heißt sie?", legte Margot nach. „Wenn du sie Weihnachten mitbringen willst, bestehen wir darauf, dass ihr beide von der Gans esst."

Ronnie stieß pfeifend den Atem aus. „Versteh schon, ich komm allein, das verspreche ich euch."

Als Ronnie gleich darauf gegangen war, wandte sich Margot an Wilbert: „Hast du das gehört? Er hat wieder so eine Spinatwachtel erwischt, die mit spitzem Schnabel im Essen rumstochert. Wo treibt er die immer auf?"

„Möcht ich auch gern wissen", antwortete Wilbert scheinheilig.

Auf einmal war doch ein Geräusch zu hören, Wilbert tappte leise ins Wohnzimmer. Auf dem Boden lag Spielzeug verstreut, aber er beachtete es nicht. Da war das Geräusch wieder. Langsam drehte er sich um. Die Gans hatte die riesigen Schwingen voll ausgebreitet, funkelte ihn boshaft an und hackte voller Wucht von außen gegen die Glasscheibe der Terrassentür.

Noch am gleichen Abend vergrub Wilbert Nr. 345 unter zwei Kilo Broccoli und drei Schachteln Spinat in der Tiefkühltruhe. Die Gans aus dem Supermarkt warf er in die Mülltonne.

Zehn Stunden später fiel der Strom aus. Die ganze Nacht über hatte sich Eisregen an den Überlandleitungen festgesetzt, so dass die Masten schließlich unter dem Gewicht zusammenbrachen. Auch am nächsten Tag hielt der Regen an, und das Glatteis auf Straßen und Zuwegen behinderte nachhaltig die Reparaturarbeiten. Heiligabend musste Wilbert mit seiner Familie bei Kerzenschein und Butterbroten verbringen.

In der Nacht zum ersten Weihnachtstag war der Strom wieder da. Wilbert bemerkte es als Erster, als er gegen vier Uhr morgens zur Toilette musste. Er harrte noch drei Stunden im Bett aus, dann holte er die angetaute Nr. 345 aus der Tiefkühltruhe. Ein merkwürdiger Geruch verbreitete sich in der Küche, noch bevor er die Gans zu füllen und zu würzen begann. Wilbert riss kurz das Fenster auf und quetschte den fertigen Vogel in den Backofen.

Nach eineinhalb Stunden gewannen die Aromen der Röststoffe, die aus dem Ofen in die Küche entwichen, die Oberhand. Wilbert begoss die Gans in regelmäßigen Abständen mit geklärter Butter und Bratensaft.

Nach vier Stunden war die Gans braun und knusprig.

Nachdenklich betrachtete Wilbert sein Werk. „O, Martina", nuschelte er hin- und hergerissen zwischen Euphorie und Schuldgefühl, „wenn du dich so sehen könntest."

Bevor er den Braten auf der Servierplatte anrichtete, steckte er den Beinenden zum Schmuck schneeweiße Papiermanschetten auf. Gerade als sich alle zu Tisch setzen wollten, traf Ronnie ein, um ihnen frohe Weihnachten zu wünschen, wollte aber nicht mitessen. Wilbert zuckte die Achseln, nahm das große Tranchiermesser zur Hand, schnitt die Gans mit einer energischen Bewegung vom Hals, das Brustbein entlang bis zum Bauch auf und zerlegte sie in handliche Stücke, die er auf die Teller verteilte.

Margot spießte ein Stück Fleisch auf die Gabel und schnupperte genießerisch daran, bevor sie es in den Mund schob.

„Und?"

„Heiß!" Mit schmerzerfüllter Miene jonglierte sie den Bissen im Mund.

Mitfühlend reichte ihr Wilbert ein Glas Wein.

Margot griff danach, stockte, spuckte den angekauten Fleischbrocken zurück auf den Teller und sprang auf.

Eine der Töchter rannte, die Hand vor den Mund gepresst, zum Klo, Margot stürzte ihr nach.

Wilbert wartete, bis die beiden grünlich bleich im Gesicht zurückkamen. „Was soll das?", fuhr er sie an.

Margot nahm die Platte mit der Gans und wuchtete sie auf die Anrichte zurück.

„Das kann man nicht essen. Was hast du bloß mit der Gans gemacht?" Sie roch daran. „Sie stinkt."

Wilbert war beleidigt. „Stellt euch bloß nicht so an. Ich esse doch auch, was du kochst. Ich lobe dich sogar, selbst wenn's mir nicht schmeckt. Ich hab nur ein bisschen scharf gewürzt", erklärte er stoisch.

„Das schmeckt", keuchte seine jüngere Tochter gequält und spuckte etwas Matschiges auf ihren Teller, „wie marinierte Hundescheiße."

„Wann hast du die das letzte Mal gegessen?", blaffte Wilbert.

Ronnie lehnte mit leerer Miene an der Esszimmervitrine und klimperte mit seinem Schlüsselbund. „Ich hole Pizza, irgendeine Bude hat sicher geöffnet."

Wild schaute Wilbert von einem zum anderen. „Ich lass mir von euch nicht den Appetit verderben. Haut doch alle ab, wenn ihr wollt."

„Machen wir", sagte Ronnie und wich seinem Blick aus.

Wilbert hätte nicht gedacht, dass sie wirklich gehen und ihn allein lassen würden.

Während ihrer Abwesenheit vertilgte er eine Brusthälfte, den größeren Teil eines Schenkels und eine Portion von der Füllung, etwas zwang ihn, sich weit über die Sättigungsgrenze hinaus Gänsefleisch einzuverleiben. Bissen für Bissen würgte er es hinunter, dabei hatte er Martina vor Augen, wie sie ihm zärtlich und vertrauensvoll entgegengewackelt kam, bevor er sie erschlagen hatte.

Das Essen wurde zum Fressen und zur selbstauferlegten Bestrafung.

Dann begann das Magendrücken, gegen das er mit Metaxa ankämpfte, Ronnie hatte eine Flasche davon mitgebracht. Der Fusel brachte kaum Erleichterung, deshalb ging er zu Jim Bean oder Beam – oder wie das Zeug hieß – über, auch ein Geschenk von Ronnie.

Mitten in der Nacht war sein Bauch zu einem gigantischen, höllisch schmerzenden Ballon angeschwollen, verzweifelt drückte er darauf. Aus seinem Innern drang ein Ächzen wie von einem kranken Blasebalg. Wilbert wurde ohnmächtig.

Bei der Einlieferung ins Krankenhaus lebte er noch, er starb erst, als die Ärzte versuchten, ihm den Rest der Gans aus dem Magen zu pumpen.

Er starb *nicht* an der Vogelgrippe.

Bei der Untersuchung der Überbleibsel von Nr. 345 stellte sich heraus, dass die Gans völlig unsachgemäß geschlachtet worden war. Ein Teil der Galle war im Korpus verblieben, das allein hatte das Tier bereits ungenießbar gemacht. Dazu kam eine zu lange ungekühlte Lagerung, die das Fleisch in pures Gift verwandelt hatte, das dank des reichlich genossenen Alkohols nur noch schneller wirkte. Es wurde ein Promillegehalt von 1,6 ermittelt.

Ronnie sah keine Veranlassung, etwas zur Aufklärung beizutragen. Hatte er doch, bevor die Restgans konfisziert worden war, den Ring mit der Nummer 345, der unter der hübschen weißen Papiermanschette gesteckt hatte, heimlich entfernt.

Mit seiner Elfriede II., der angenehmsten und zärtlichsten Gefährtin seines Lebens, verbrachte Ronnie unbehelligt glückliche Jahre bis zu ihrem natürlichen Ende.

* * *

Einen Augenblick herrschte Stille im Jagdzimmer. Von draußen hörte man den Wind seufzen, als hätte er zugehört, und der Regen klopfte an die Fenster und bat um Einlass.

Wöller verschränkte die Arme und lehnte sich zufrieden zurück. Erst ganz zum Schluss hatte seine Stimme ein bisschen angespannt und heiser geklungen.

„Wenn Männer doch bloß aufhören würden, die Größe ihrer Autos und die Länge ihres ... ihres ... Dings zu vergleichen", bemerkte Frau Winter tiefsinnig.

„Bei Autos hat schon ein Umdenken eingesetzt", entgegnete die junge Frau, deren Füße in dunkelroter Echsenhaut steckten.

Der Wirt merkte, wie er die Sneakers der jungen Dame anstarrte. Die Schuhe sahen aus, als hätte sie sie eben erst aus dem Seidenpapier des exquisiten Schuhladens, aus dem sie stammen mussten, gewickelt. Objekte für Schuhfetischisten. Was die wohl gekostet hatten? Und damit war sie draußen durch den Matsch der Davert gestapft, ohne sich schmutzig zu machen? Irgendwie seltsam.

Dieser Wilbert war auch in der Davert gewesen, dort hatte er die Gans geschlachtet.

Als der Wirt an diesem Punkt seiner Überlegungen angelangt war, stöhnte Wöller laut auf, um endlich die allgemeine Aufmerksamkeit auf sich zu ziehen.

„Mehr fällt Ihnen dazu nicht ein?", blaffte er enttäuscht die Damen an.

„Seien Sie nicht gleich gekränkt", entgegnete Frau Winter heiter. „Nein wirklich, Sie haben schön lebendig erzählt, das klang wie selbst erlebt", lobte sie bereitwillig. „Irgendwann fiel mir ein, dass ich auch noch nie eine Gans geschlachtet habe. – Aber wer hat das schon heutzutage?"

Erstaunt musterten alle die alte Dame.

„Verstehe", sagte Meyer amüsiert, „es soll ja Kinder geben, die glauben, Milch wird in Tetrapacks erzeugt. Wir sind inzwischen ziemlich weit entfernt von allem, was da kreucht und fleucht."

„Bevor es in der Pfanne landet?", hakte die hübsche junge Frau ein und lief rosig an, als sich die Aufmerksamkeit nun auf sie richtete. Sie hatte sich neben Frau Winter gesetzt, als müssten sie eine weibliche Front gegen die männliche Übermacht bilden. „Ach ja", sie fuhr sich durch die brünetten Haare, die ihr glatt und schimmernd bis zum Kinn reichten, „ich hab mich noch nicht vorgestellt: Ich heiße Dachs." Nach einem koketten Blick in die Runde, sprach sie weiter. „Ehrlich gesagt, Gans wäre nach dieser Geschichte das Letzte, worauf ich Appetit hätte, nicht einmal ein Brot mit Gänseschmalz könnte mich jetzt reizen. – Wie sieht Galle denn überhaupt aus?" Sie klimperte mit ihren langen Wimpern.

„Geflügelgalle ist, glaube ich, grün", antwortete Meyer nüchtern und fuhr fort: „Aus Geflügel mach' ich mir nicht so viel, ich ziehe Wild vor, in Rotwein geschmort ..."

„Ich bitte Sie!", rief Frau Winter. „Nichts geht über eine wunderbar braun und kross gebratene Gans zu Weihnachten."

Im Handumdrehen kam eine Diskussion über die schmackhafteste Zubereitung von Gänsen in Gang, und Wöller wirkte enttäuscht, weil von seiner Geschichte nicht mehr die Rede war.

Auf einmal begann der Mann in der Ecke lauthals zu lachen. Er schlug sich auf die Knie und rutschte in seinem Sessel nach vorn, so dass sein Gruselantlitz besser zu sehen war. Sein weit aufgerissener Mund war ein großes, dunkles Loch mit einem Rand, der sich wie ein Saugtrichter nach außen stülpte.

Mauritius schob sich rückwärts den Kaminsims entlang und fauchte leise, bis jemand „Scht" sagte. Der Kater kroch ganz in sich zusammen, wie eine kleine schwarze Pelzkugel hockte er auf dem Sims, den Mann in der schummrigen Ecke im Visier.

„Und was finden Sie so komisch, Herr ...?", fragte Meyer reserviert.

Die Augen des Mannes leuchteten auf. „Karrack", antwortete er mit harten Knacklauten. „Mich amüsiert Ihr Geschwafel über Gänsebraten", fuhr er eilig fort. „Sie haben alle nicht richtig zu-

Geschmorte Gänsekeule auf süßen Senf-Knödel-Scheiben

4 Gänsekeulen frisch
1 Bd. Beifuß
2 Äpfel
2 Zwiebeln
1 Sellerie
1 Prise Lebkuchengewürz
schwarze Pfefferkörner
1 EL Gänseschmalz
½ l Rotwein lieblich

½ Ciabattabrot
1 Laugensemmel
½ l Milch
50 g Butter
2 Eier
50 g Paniermehl
Salz, Pfeffer, Muskatnuss
2 EL süßer Senf

Äpfel, Zwiebeln und Sellerie in grobe Würfel schneiden und im Schmalz anrösten, dann die Gänsekeulen dazugeben und mitbraten. Mit dem Rotwein und Wasser auffüllen und im Ofen bei 180°C ca. 2 Stunden schmoren. Die Sauce passieren, einköcheln lassen und mit den Gewürzen verfeinern. Dann mit etwas Stärke abbinden.

Die Milch aufkochen und über das geschnittene Brot gießen. Alles gut verkneten und abschmecken. Die Eier und das Paniermehl untermischen und die Masse in ein Tuch wickeln. Dann in heißem Wasser 20 min ziehen lassen. Den erkalteten Knödel dünn aufschneiden und die Scheiben in etwas Butter rösten, anschließend unter der Gänsekeule anrichten.

gehört. Die eigentliche Pointe ist Ihnen entgangen. Bedenken Sie mal, wie sich dieser Ronnie verhalten hat: Sein Zusammenleben mit der Gans Elfriede hat was durch und durch Poetisches, das ist bei Wöllers Erzählung sehr gut rausgekommen. Ich sehe die beiden freundschaftlich plaudernd am Tisch sitzen. Verstehen Sie? Ronnie redet mit einem *Braten*! Das ist pure Poesie." Karrack klang, als hätte man ihm die Stimmbänder geröstet.

Verblüfft schwiegen alle, nur Parkow strahlte, als ob er sagen wollte: Sehen Sie, auch dieses frankensteinsche Ungeheuer hat etwas Nettes zur Konversation beizutragen und spricht in grammatisch richtigen Sätzen. Karrack war allerdings noch nicht fertig. „Und dann die Passage, wo Wilbert die Gans aß. Das hat was, dieses Sich-einverleiben, wenn man an seine verquere Beziehung zu Nr. 345 denkt. Zum Thema ‚Einverleiben' könnte ich ..."

„Das führt uns doch jetzt nicht weiter", fiel ihm Franz Parkow liebenswürdig, wenn auch streng ins Wort. Karrack duckte sich, als hätte ihm Parkow eins mit der Nudelrolle übergezogen, und verschwand wieder in seiner düsteren Ecke. „Wir haben viel zu wenig über diesen Wilbert erfahren", fuhr Parkow einschmeichelnd fort. „Was war er von Beruf? Finanzbeamter?" Umständlich knöpfte er sich das Jackett auf, darunter umspannte eine dunkelrote, mit Goldknöpfen besetzte Samtweste seine kugelige Gestalt. Ein wenig sah er nun wie ein noch nicht fertig angekleideter Hobbyweihnachtsmann aus.

Meyer legte die Fingerspitzen aneinander und dachte laut nach. „Könnte passen. Ein von der Jagd auf Steuersünder frustrierter Beamter, der sich an Gänsen schadlos hält."

„Vor allem", bekräftigte Frau Dachs Meyers ungünstige Sicht auf Wilbert, „ist er neidisch auf Ronnie. Auf sein Auto, auf sein Haus, einfach auf alles. Scheußlicher Typ, kann ich nur sagen!" Frau Dachs hatte sich nett in Fahrt geredet.

„So sehen Sie Wilbert?", fragte Wöller betroffen. „Und zu Ronnie sagen Sie gar nichts? Diesem Angeber? Dabei kann er's nicht mit Frauen."

„Nur mit Gänsen." Meyer lachte auf, hatte aber keine Gelegenheit, noch etwas zu sagen, der Kerl mit den Stiefeln kam ihm zuvor.

„Ich halte Wilbert für ein Arschloch", sagte er schroff. „Ist doch wahr", ergänzte er mit Blick auf die alte Dame, die bei dem Schimpfwort zusammengezuckt war. „Tschuldigung, Muttchen, falls ich gerade Ihr Feingefühl verletzt hab'. Mein Name ist übrigens …" er stockte, als fiele ihm sein Name nicht sofort ein, „Harry Hirsch. Was ich sagen wollte …"

„Lassen Sie nur, junger Mann", hakte Frau Winter ein, „Sie waren schon recht deutlich. Dabei geht's doch nur um eine Geschichte. Mir tut der Koch leid. Er muss sehr plötzlich gestorben sein – oder?" Fragend schaute sie zum Gastwirt, der sich bisher nicht geäußert hatte und den Blick auf sein Glas gesenkt hielt.

Gerade hatte er intensiv darüber nachgedacht, wie er die ganze Gesellschaft endlich rausschmeißen könnte. Das Angebot mit dem Wein war ein Kardinalfehler gewesen, fraglos würde ihm diese Bande alles, was von seinem Wein noch übrig war, wegsaufen. Und außerdem ging die Sache mit dem Koch nur ihn etwas an. Schade, dass die alte Frau wieder darauf zurückgekommen war. Doch damit hätte er rechnen sollen. Wahrscheinlich hatte sie sich nur für die unangenehmen Fragen warmgeredet.

„Bitte?" Vergrätzt schaute er auf.

„Litt Ihr Koch an Kreislaufstörungen?"

Abweisend schüttelte er den Kopf. „Nicht, dass ich wüsste."

„Vermutlich Schlaganfall", warf Wöller munter ein, „wenn ich an seine Wampe denke, kann ihn bei dem Übergewicht gut und gern der Schlag getroffen haben." Wöller nickte in eine bestimmte Richtung, als wollte er andeuten, dass die leere Küche vor allem der Gefräßigkeit des Kochs zu verdanken war.

Alle warteten auf einen Kommentar des Wirts, aber es kam keiner.

„Bei der leeren Küche muss ich an Vatel denken", sagte Meyer langsam, als die Stille unangenehm zu werden drohte.

„Ach ja“, strahlte Parkow auf, „das könnte passen. Sehr poetisch, wie unser Freund“, er nickte zur Ecke, „sagen würde.“

„Ich sag gar nichts“, meldete sich Karrack brüsk aus der Dunkelheit, „solange ich nicht weiß, worum es geht.“

„Monsieur Vatel“, begann Franz Parkow mit weicher Stimme, „war Chefkoch von Ludwig XIV. Ein Perfektionist, dem die Kochkunst heilig war, einer, der wusste, dass im Vorgang des Essens mehr steckt als bloße Nahrungsaufnahme. Eines Tages stand ein wichtiges staatstragendes Dîner an, und die Lieferung der bestellten Fische verzögerte sich dermaßen, dass der Fischgang nicht oder nicht rechtzeitig serviert werden konnte. Vatel musste auf abenteuerliche Weise improvisieren, was die meisten Gäste freilich gar nicht bemerkten. Nur der König. Zumindest nahm Vatel das in seiner Einfalt an, er glaubte das Gleichgewicht zwischen ihm, dem König der Kochlöffel, und Ludwig, dem Herrscher Frankreichs, sei so grundsätzlich gestört, dass er sich in tiefster Verzweiflung umbrachte. Ein Selbstmord als letzter Ausweg, seine Ehre zu bewahren.“

Wie eine Figur in der Geisterbahn schob sich Karrack wieder ins Licht und applaudierte eifrig. „Ich möchte da was aufgreifen.“ Er schielte abwartend zu Parkow, der ihm gnädig zunickte, dann fuhr er fort: „Wenn der Satz ‚Du bist, was du isst‘ stimmt, haben Köche eine enorme Macht über uns. Haben Sie darüber schon einmal nachgedacht? Nein? Um Ihnen diesen Gedanken zu veranschaulichen …“

Er hatte sich vorgebeugt. Mauritius war, sobald er angefangen hatte zu sprechen, auf dem Sims herangeschlichen, plötzlich langte er mit einer Pfote herunter und versetzte Karrack mit ausgefahrenen Krallen einen Schlag.

Karrack griff sich mit beiden Händen an den Kopf. Als er dann anklagend den anderen eine Hand hinhielt, zeigte sich darauf eine schwache rote Spur.

„Ich muss mich für den Kater entschuldigen“, sagte der Wirt steif. Mauritius sprang elegant vom Sims herab und stolzierte hinaus. Alle bis auf Karrack und den Wirt sahen ihm belustigt nach, Frau Dachs kicherte sogar, als hätte endlich einmal jemand einen Witz gemacht.

Überraschend stand Frau Winter auf und wandte sich an Karrack, ein Hauch von Mitgefühl in der Stimme. „Brauchen Sie ein Pflaster? Bestimmt finde ich eins in der Küche."

„Sie würden sich allein in die Küche trauen?", fragte Frau Dachs ungläubig.

„Warum nicht?", gab Frau Winter zurück. „Eine leere, kalte Küche erschreckt mich nicht."

„So leer", wandte Meyer bedeutungsvoll ein, „ist sie ja nun auch wieder nicht. Doch eine Küche, in der es nicht nach Essen duftet und in der nichts auf leibliche Genüsse hindeutet, ist ... Was ist eine leere, kalte Küche, kann mir das jemand sagen?" Er lächelte die aufregend hübsche Frau Dachs an, die mit einem Fuß wippte, so dass auf dem glänzenden Schlangenleder des Schuhs Irrlichter funkelten.

„Das wollen Sie von *mir* wissen?", fing sie den Ball auf. „In zwei Worten geht das nicht. Ich könnte Ihnen dagegen eine Geschichte über eine kalte Küche erzählen. Ja, ich kenne eine sehr gut passende Geschichte." Sie lächelte Meyer auf eine verführerische Weise an, die die übrigen ausschloss. „Wollen Sie sie hören?", schnurrte sie weich.

Frau Winter setzte sich wieder, augenblicklich hatte sie die Schramme auf Karracks Wange vergessen.

„Ja, gern", sagte sie mit leuchtenden Augen.

Einen Moment musterte Frau Dachs sie, als müsste sie nachdenken, wer diese störende Alte sei, dann ringelte sie sich mit unterschlagenen Beinen in ihrem Sessel zusammen. Meyer schaute wohlgefällig auf ihre runden Knie.

Der Wirt stöhnte innerlich auf, war aber froh, dass er das Schlangenleder nicht mehr sehen musste. Sein Anblick hatte eine ganz verheerende Wirkung auf ihn, warum wusste er nicht. Vielleicht, weil Schlangen etwas mit Erbsünde zu tun hatten?

Wer solche Schuhe trug, dem waren eine Menge Sünden zuzutrauen, und sie hatten alle mit Sex zu tun.

Frauen gehörten sowieso zu jenen Lebensrätseln, die sich nie befriedigend lösen ließen und die man daher meiden sollte. Was sollte er jetzt tun? Wie konnte er der Dachs Einhalt gebieten? Da fiel ihm etwas ein, was er noch unbedingt erfahren wollte. Er wandte sich an Wöller:

„Sagen Sie mal, dieser Wilbert hat seine Gans in der Davert geschlachtet, stimmt's? So ein Zufall, ausgerechnet hier in der Davert!"

Meyer grinste belustigt und wandte sich an die anderen: „Da hab ich doch gedacht, der hört gar nicht zu, dieser Wirt, der hält nur seine Nase ins Weinglas." Dann drehte er sich zu ihm um. „Meinen Glückwunsch, Sie haben wirklich aufgepasst."

„Na schön", bemerkte Frau Dachs. „Da wir das geklärt haben, kann ich ja mit meiner Geschichte beginnen …"

II
KÜCHENGESCHICHTE

Da stand nun die neue Küche in all ihrer Pracht und roch nach Tod.

So ungesund dürfte nicht mal eine chemische Düngefabrik riechen, dachte Hermann entsetzt. War es Formaldehyd? Ein Hauch von Phenol? Es hätte auch Benz-Chlormethyl-Isothiazolinon oder ein isoparaffinisches Kohlenwasserstoffgemisch sein können, so genau kannte er sich da nicht aus. Er dachte darüber nach, während er zu den neuen Schränken hinüberschielte und am Ende sein erstes Urteil zementierte: Es roch nach Tod.

Dabei sah das Holz ganz nett aus, echte Kirschfronten, und die Krönung der Küchenzeile war die farblich sorgfältig abgestimmte graurosa marmorierte Granitplatte, die Arbeitsfläche. Die sah besonders edel aus.

Marion strahlte, blieb aber wachsam. Er schwieg und ließ sie mit ihren vielen Anweisungen die zwei Männer nervös machen, die die Pracht zusammenmontierten, während er unschlüssig mit etwas in der Hosentasche klimperte, was er gerade noch rechtzeitig aus dem Verpackungsgerödel aufgelesen hatte, bevor es draußen im Müllcontainer bei der alten Küche gelandet wäre.

Einer der Monteure brachte eine Kranzleiste an, die wie die Regentraufe an einem mittelalterlichen Dom weit in den Raum hineinragte, es fehlten nur noch die dämonischen Wasserspeier. Der andere setzte in die Unterseite punktförmige Strahler ein, die mahnend auf Hermann herabschauten wie lauter allsehende Augen Gottes. Den ganzen Schnickschnack brauchte er so nötig wie eine Toilettenspülung mit Musikautomat. Eine Küche nach seinem Geschmack hatte vor allem eins nötig: verführerische, kulinarische Düfte, dachte er in einem trotzigen innerlichen Aufbegehren. Denn mit jedem Fortschritt, den die Sache nahm, wurde ihm das Verhängnis, das sich hier anbahnte, deutlicher bewusst.

Als sich die beiden Küchenmonteure an diesem Freitagnachmittag endlich verabschiedeten, hielt er einen verrußten Tontopf in den Armen, wiegte ihn wie ein schlummerndes Kind und wartete darauf, dass die Haustür zuklappte. Nun war der Moment gekommen, der neuen Küche wenigstens ein Stückchen Seele von der guten alten einzuimpfen. Abwägend ließ er den Blick zwischen neuer Mikrowelle, Gasherd und Spüle schweifen und streckte schließlich die Hände aus, um den Topf erst einmal abzustellen. Ein scharfes Kommando ließ ihn innehalten.

„Nein!“

Flehend schaute er Marion an, die in der Tür lehnte, nachdem sie die Küchenmonteure hinausbegleitet hatte.

„Der Topf zerkratzt die neue Platte, mach das ja nicht“, tadelte sie.

Das Flehen in Hermanns warmen braunen Augen wurde stärker.

„Er passt auch nicht in die neue Küche, sieh das doch ein“, ergänzte sie etwas nachsichtiger im Ton.

„Und ich dachte, wo nun alles fertig ist, könntest du …“ Mit zaghaftem Optimismus hielt er den Topf ein Stück in die Höhe.

„… heute noch backen? Hermann“, sagte sie müde, „bring bloß den scheußlichen alten Topf in den Keller.“

Hermann gehorchte widerstrebend.

Einen Abend zuvor hatte er nach Dienstschluss die alte Küche eigenhändig abmontiert und bis auf zwei Schränke draußen in den Container geworfen. Beim Kauf der alten Küche hatten sie vor acht Jahren als Dreingabe die Spuren von zwei Vorbesitzern erhalten. Damals hatte er sich Frauen vorgestellt, die ihre

Ehemänner mit fetttriefendem Nudelauflauf und duftendem Gewürzbrot beglückten, es waren angenehme Spekulationen gewesen, die ihm die erforderlichen, eigenhändig durchgeführten Umbauarbeiten leicht gemacht hatten.

Der eine von den zwei übrig gebliebenen alten braunen Unterschränken, die er in den Keller geschafft hatte, sollte in seinen vier Schubladen Schrauben und Nägel aufnehmen und der mit der Tür die Winkelschleifmaschine. Nun steckte er den Kopf in diesen Schrank, um zu sehen, warum sich beim Umzug in den Keller die Rückwand verzogen hatte. Eine vergessene Muskatnuss lag in einer Ecke. Überrascht und sonderbar beglückt sog er den Duft ein und geriet unversehens ins Träumen. Erinnerungen wurden wach, denen er jetzt lieber nicht nachhängen wollte.

Eine der Schubladen im anderen Schrank enthielt drei Rosinen. Jetzt meldeten sich die Erinnerungen schon wieder, er versuchte ein kleines Ablenkungsmanöver, in dem er intensiv an Schraubenschlüssel dachte. Vergebens, der Geruch der Muskatnuss verband sich hinterhältig mit dem leicht staubigen Aroma der Rosinen.

Konnte man nicht auch Sultaninen sagen?, dachte Hermann. Leichtsinnig ließ er die steinharten Früchtchen auf dem Handteller herumrollen und geriet nun endgültig in Fahrt. Sultaninen klang nach Orient und Harem, nach Lust und Leidenschaft.

Nun war er gänzlich in seiner Erinnerung gefangen, die sich selbst mit einer letzten heroischen Anstrengung, an Inbusschlüssel und Wasserwaage zu denken, nicht mehr vertreiben ließ.

Eigentlich hatten sie zum Baden und Picknicken an den Kanalübergang fahren wollen, kurz KÜ genannt, eine von der Stadt nicht autorisierte Freizeitzone für Münsteraner, der seit einigen Jahren ein etwas schummriger Ruf anhaftete, seit sie sich als Domäne für alleinstehende Männer etabliert hatte, die lieber unter sich blieben. Als Marion sich daran erinnerte, hatte Hermann ein anderes Ziel ansteuern müssen, ihm selbst wäre die Konkurrenz, die ja keine echte war, egal gewesen.

Sie waren sehr lange herumgefahren, und er befürchtete schon, dass aus seinen Plänen überhaupt nichts mehr würde, denn natürlich hatte er welche, die er Marion gegenüber bloß nicht erwähnt hatte. Das Unternehmen stand auf der Kippe, nur weil Marion etwas gegen Männer hatte, die sich an heißen Tagen gern am KÜ tummelten und sich dabei nicht die Bohne für Außenstehende interessierten. Das Plätzchen, das er nach langem Herumsuchen fand, lag an der Werse, in die an dieser Stelle ein Bach mündete, der durch eine blumenübersäte, ziemlich gut gewässerte Wiese floss. Im Werseufer staken die Reste einer halb im Wasser versunkenen Betonmauer, auf der es sich wunderbar picknicken ließ.

Wegen der Hitze hatte Marion ihren Rock bis zu den Oberschenkeln hochgezogen und ihre prachtvollen wunderbar molligen Schenkel entblößt. Beim Anblick dieser Schenkel war er ganz schwach vor Begehren geworden.

Dann hätten beinahe die Mücken, die er etwas zu eifrig auf ihren weißen Schenkeln erschlagen hatte, die Stimmung verdorben. Aber es war noch einmal gutgegangen, sie hatte sich überreden lassen, zu bleiben und als er eine Decke auf der Wiese ausgebreitet hatte, hatte sie wegen der Hitze schon bald den Rock ausgezogen und dann noch die Bluse, und er hatte ihr schön gemächlich die gerötete Haut auf den Schultern eingecremt. Es sah sie ja keiner, die Gegend war so abgeschieden, dass sich außer den Mücken, ein paar Teichhühnchen und einigen dumpf quakenden Fröschen kein Lebewesen hierher verirrte.

Unauffällig hakte er ihr den BH auf.

Als sie sich auf einmal umdrehte, traf ihn fast der Schlag vor Ergriffenheit, denn ihre Brüste glichen gut aufgegangenen Hefesemmeln. Ohne hinzuschauen, spritzte er sich Sonnencreme in die Hand und machte sich wieder ans Werk, diesmal gründlicher. Ihr Bauch wabbelte unter seinen Bemühungen verlockend wie Götterspeise, und als er sich dann endlich in feuchte Vertiefungen vorgearbeitet hatte, hatte er mit einer Hand in den mitgebrachten Tontopf gelangt und angefangen, den Rest des Gewürzbrots zu zerkrümeln. Schwindlig vor Glück, wollte er es ihr in die Muschel streuen, um es von dort aufzuschlecken. Doch da schreckte sie schreiend auf.

Wie sich herausstellte, hatte eine Biene sie in den Po gestochen. Da ging nun gar nichts mehr. Und wegen des Bienenstichs hatte sie die Stunden an der Werse nicht in so guter Erinnerung behalten wie er und sich geweigert, nochmals im Freien ihre Kleider abzulegen.

An die Gewürzbrotkrümel hatte er immer wieder einmal gedacht.

Nach acht Jahren Ehe wusste er, dass dieser nette, kleine erotische Traum, ausgebrütet auf einer sumpfigen Wersewiese und neuerdings eingesperrt in eine alte Schublade, ein Traum bleiben würde.

Eigensinnig brachte er den Topf wieder mit herauf. Marion wischte gerade die Granitplatte staubfrei, kritisch sah er ihr dabei zu.

„Zwei Türen hängen schief", murmelte er dumpf.

„Was?" Marion schreckte auf.

Er deutete auf zwei der Hängeschränke.

„Schief", sagte er nur. Einen kurzen Moment hoffte er, dass die schiefen Türen eine Handhabe boten, den ganzen schimmernden Klimbim wieder loszuwerden.

Marion brauchte die neue Küche, um endlich einmal ein paar wichtige Kollegen aus dem Büro nach Hause einladen und stilvoll bewirten zu können. Solange sie die hässliche alte Küche behielten, die zu ihrem neuen Haus etwa so gut wie ein Landstreicher zu einer Luxuslimousine passte, ginge das nicht, hatte sie erklärt, das wäre ihr zu peinlich.

Ihm war diese Küche peinlich, sie erschreckte ihn geradezu.

Mit dem Putzlappen in der Hand war Marion neben ihn getreten und musterte ebenfalls die Türkanten.

„Du hast recht", sagte sie seufzend. „Aber das kannst du bestimmt richten, nicht wahr?"

Fragend zog er die Brauen hoch. Die alte Küche war auf dem Weg in die Vernichtung, und ihn beschlich das Gefühl, das sie einiges dorthin mitnahm, was ihm unendlich wichtig war.

„Wie sieht es denn mit der Gewährleistung aus, wenn ich an den Türen herumfummle?"

Sofort gab sie sich geschlagen.

„Das ist auch wieder richtig. Na macht nichts, die Monteure müssen sowieso noch mal kommen. Sie konnten die Granitplatten nicht richtig an der Wand befestigen. Irgendwas hat gefehlt."

Sie hatten die Kacheln abgeschlagen, die dort erst seit drei Jahren klebten, denn Marion hatte passend zur Arbeitsplatte auch den Spiegel, den Wandstreifen zwischen Unter- und Oberschränken, mit Granit verkleidet haben wollen.

Am Wochenende durfte in der neuen Küche wegen der Reklamation und der ausstehenden Befestigung der Granitplatten, die nur lose an der Wand lehnten, nicht gekocht werden. So blieb auch der Gestank nach Formaldehyd in voller Stärke erhalten.

Einen kleinen Sieg hatte Hermann aber dennoch am Freitagabend erfochten. Er hatte den Tontopf auf einen feuchten Putzlappen in die Ecke neben der Mikrowelle gestellt, ein kleines, mutiges Zeichen der Hoffnung, dass noch nicht alles verloren war.

Pünktlich um zwei am nächsten Freitagnachmittag, als Hermann gerade sein Fahrrad über den Plattenweg zum Haus schob, kamen die zwei tatenfreudigen Männer vom Küchenstudio, um den Rest in Angriff zu nehmen. Marions tägliche Anrufe hatten endlich Wirkung gezeigt. Die Monteure richteten im Nu die Türen gerade, hatten jedoch die Befestigungsklammern für die Granitplatten vergessen. Nach einer halben Stunde waren sie verschwunden. Hermann zog das Trockenblumengesteck, mit dem Marion den Blick von dem schwarzbraunen Tontopf abgelenkt hatte, aus dem Topf und stellte ein paar Einkäufe daneben: Mehl, Eier, Trockenhefe, eine Zwiebel …

„Was machst du da?" Marion war hinter ihn getreten.

„Ich dachte, wir können endlich die Küche einweihen. Der Backofen funktioniert", sagte er und legte ein Päckchen Rosmarin zum Mehl.

„Ach, Hermännchen." Marion umfing von hinten die Rettungsringe um seine Taille und schmiegte den Kopf an seine massige Schulter. „Du und dein Tontopf, dabei ist es doch meiner, ich sollte das Ding schleunigst wegschmeißen."

„Nicht, bevor du darin noch mal das Gewürzbrot gebacken hast, dann kaufe ich dir einen neuen Blumentopf, einen größeren."

Dass Marion sich anschmiegsam gab, wertete er als vielversprechend. Ihr Kinn drückte auf seine Schulter, und ihr Zeigefinger erschien neben seiner Nase.

„Siehst du den Kratzer an der Tür? Eine richtige Macke. Warst du das?"

Hermann schaute nicht von seiner Einkaufstüte auf und angelte die restlichen, für das Gewürzbrot benötigten Zutaten heraus. Er wollte nicht abgelenkt werden, denn er hatte eine Wette mit dem Schicksal abgeschlossen: Wenn es ihm gelang, dass Marion das Gewürzbrot buk, dann …

„Ich seh' keine Macke."

„Ich schon, da ist eine Schramme. Die war vorher nicht da."

Sie löste die Arme von seiner Taille, um an die Küchenzeile heranzutreten. Das war schlecht, ganz schlecht, diese neue Küche war sein Feind. Nun schaute er doch auf. Zuerst fuhr sie mit der flachen Hand und anschließend mit einem Finger über die Schranktür.

„Dann müssen es die beiden vom Küchenstudio gewesen sein."

„Zwei für eine Macke?", wandte Hermann zweifelnd ein und ordnete niedergeschlagen seine Backzutaten.

„Also leugnest du nicht mehr, dass die Schranktür einen Kratzer hat. Ich will eine neue Tür", sagte Marion resolut und beäugte kritisch seine Einkäufe. „Und räum das weg. Wir warten, bis alles fertig ist. Ich will nicht, dass das ganze Zeug hier herumkrümelt. Schau dir mal das Mehl an. Die Tüte ist nicht dicht. Ich hasse diese Krümelei."

Mit einer Schlacht ist noch nicht der ganze Krieg verloren, das musste er sich vor Augen halten.

Marion verbannte den Tontopf samt der Backzutaten auf die Fensterbank.

Am Samstag und Sonntag gingen sie Pizza essen, Montag früh telefonierte Marion mit dem Küchenstudio. Ihre Stimme wurde zunehmend scharf, während sich Hermann leise zur Haustür hinausstahl.

Am Montag hatte niemand vom Küchenstudio Zeit, außerdem war nun sicher, dass die Haken für die Befestigung der Granitplatten erst noch bestellt werden mussten. Marion hatte diese Informationen für Hermann auf einen Zettel geschrieben und ihm außerdem mitgeteilt, dass sie später nach Hause käme und er den Rasen mähen solle.

Folgsam schob er den Mäher über das Rasenstück, das wie eine Klammer das Haus von drei Seiten umfing. Ein Reihenendhaus, darauf hatte Marion bestanden, während seinem Gefühl für Symmetrie mehr eins der Mittelhäuser entsprochen hätte. Ein Mittelhaus für Leute von gesunder, warmer Mittelmäßigkeit.

Vielleicht hätten sie sich sogar ein freistehendes Haus gekauft, wenn Marion drei Jahre früher Chefsekretärin geworden wäre. Er war Werkmeister geblieben, den Posten eines Oberwerkmeisters gab es in seiner Metallkleinteile herstellenden Fabrik nicht, und die sporadischen Gehaltserhöhungen glichen nicht einmal die Inflationsrate aus. Die Firma wechseln wollte er trotzdem nicht, wie Marion ihm dringend geraten hatte. Alteingesessene Familienunternehmen boten ihren Mitarbeitern eine nette, auf gegenseitigem Vertrauen beruhende Arbeitsatmosphäre, auf die große Firmen längst nicht so viel Wert legten.

Für eine neue Küche hatten sie wegen der dritten freien Hausseite kein Geld mehr gehabt.

Im Lauf der Woche räumte Hermann die Backzutaten in den alten Unterschrank im Keller, in dem noch eine Schublade frei geblieben war. In den anderen lagen inzwischen Nägel, Schrauben und ein Satz ungebrauchter Stahlhaken. Der Tontopf stand weiterhin als einsamer Wächter auf der Fensterbank in der Küche.

Am Donnerstag musste Marion mit ihrem Chef bis zum Wochenende auf Dienstreise gehen, das kam seit einem Jahr hin und wieder vor.

Der Chef war ein Herr Mitte vierzig mit drahtiger Figur, vollem Haar und Maßanzügen. Wie bei Führungspersönlichkeiten üblich, war er verheiratet, und auch sonst stimmte alles an seinem familiären background: Er hatte eine neunzehnjährige Tochter, die gerade Abitur machte und Flöte spielte, und einen zehnjährigen Sohn, der seit kurzem das Gymnasium besuchte, ein kleines mathematisches Genie war und an Neurodermitis litt.

Auf einer Betriebsfeier hatte Hermann Herrn van Geulen kennengelernt oder besser besichtigt: Dieser Mann sprach zwar zu seinen Leuten, aber nicht mit ihnen, nicht mal auf dieser Feier, und als Hermann Marion darauf ansprach, sagte sie, diese biedere westfälische Leutseligkeit sei nichts für jemanden, der sein Handwerk im Frankfurter Bankenviertel gelernt habe. Fragte sich nur, woher Marion die Details über sein Privatleben wusste. Nach einigem Nachdenken stellte Hermann sich vor, wie die beiden auf Dienstreisen morgens beim Hotelfrühstück oder abends an der Hotelbar korrekte Konversation trieben, die aber wegen etwaiger Lauscher unter den anderen Gästen nichts Geschäftliches enthielt.

Abends an der Bar, das wollte ihm gar nicht mehr aus dem Kopf gehen.

Als er Donnerstagabend in den Keller hinabstieg und an die Dienstreise dachte, war er sich bewusst, dass er Gefahr lief, sich endgültig auf gewisse unheilvolle Gedanken zu versteifen.

Zufällig sah er am Samstagnachmittag aus dem Küchenfenster, als Marion gerade dem Taxi entstieg. Eilfertig kam der Taxifahrer um den Wagen herum und holte ihr Gepäck aus dem Kofferraum und stellte es auf den Gehweg. Marion trug ein schlichtes, graues Business-Kostüm, dessen hautenger Rock die Knie freiließ. Und dazu neue violette Stöckelschuhe, deren Anblick Hermann unversehens einen Schlag versetzte. Was für Absätze! Auf einer Dienstreise! Und sie hatte lilafarbenen Lippenstift aufgelegt.

Inzwischen hatte sie den Griff ihres Rollköfferchens gepackt, dem Fahrer freundlich-herablassend zugenickt und strebte mit schwingenden Hüften und dem selbstzufriedenen Gesichtsausdruck einer Katze, die heimlich an der Milch genascht hat, auf die Haustür zu.

Vor acht Jahren hatten ihre Knie Grübchen aufgewiesen, und überall war seine Liebste rund und mollig gewesen, und so wollte er sie zurück. Nicht so sehr, weil er all die Pfunde zugelegt hatte, die ihr jetzt fehlten. Sondern weil sie so rassig und elegant bis in die manikürten Fingerspitzen nun gar nicht mehr mittelmäßig wirkte.

Und er? Er war nur noch ein übergewichtiger Trauerkloß!

Der Taxifahrer war stehen geblieben und starrte ihr mit unverhohlener Bewunderung nach. Jäh durchzuckte Hermann ein Stich von wilder Eifersucht. Vor lauter Aufregung krallte er die Hand in die Küchengardine und riss sie fast herunter.

Marion musste die Bewegung am Fenster bemerkt haben. Aber statt zu ihm hinzuschauen, sank sie in sich zusammen.

„Wie war die Reise?“, erkundigte er sich stockend, nachdem sie ihm die Wange zum Kuss hingehalten und ihm über den Kopf gestreichelt hatte wie einem braven Hund, der sein Herrchen bitter vermisst hatte.

Mit den hohen Hacken war sie deutlich größer als er. Hätte sie ihn gefragt: „Und wie geht's dir?", hätte er geantwortet: „Dreckig, sehr, sehr dreckig."

Sie wischte sich über die Stirn als Zeichen der Erschöpfung.

„Frag mich nicht, wenn ich kaum durch die Tür bin. Ich brauche jetzt einen Kaffee." Kaffee war immer das Erste, nach dem sie bei einer Heimkehr von Dienstreisen verlangte, als wäre sie übermäßig mit strapazierenden Dingen beschäftigt gewesen.

Auf dem Weg zur Küche, den sie zielstrebig vor ihm eingeschlagen hatte, stimmte er sich auf sein weiteres Vorgehen ein.

„Also, wie war's?", wiederholte er beharrlich.

„Wo ist der Kaffee geblieben?", fragte sie ungeduldig.

Ein paar Utensilien für Frühstück und kaltes Abendessen standen seit gut zwei Wochen auf einem fahrbaren Beistelltisch oder auf der Fensterbank. Marion hatte sich strikt geweigert, die neue Küche voll in Betrieb zu nehmen, bevor sie nicht für die Endabnahme bereit war.

Der Kaffee war von der Fensterbank verschwunden.

„Entschuldige", murmelte Hermann, „hab ihn wohl in einen der Oberschränke gestellt, das war dusselig von mir."

„In den da?" Marion wies auf einen Schrank, der den ersetzt hatte, in dem früher Kaffee und Zucker untergebracht waren.

Hermann starrte auf ihre lila lackierten Fingernägel und rang um innere Festigkeit. „Muss wohl - ich kann den Kaffee kochen", bot er an, rührte sich aber nicht von der Stelle.

„Lass nur, du machst ihn mir nie stark genug, ich brauche was wirklich Kräftiges."

Er sah genau, wie die lila Nägel leuchteten, als sie die Hand nach dem Türgriff ausstreckte.

Im nächsten Augenblick schrie sie auf und betrachtete entsetzt ihre heftig blutende Hand. Und obwohl sie sie zur Faust ballte, quoll weiter Blut hervor, Lila und Dunkelrot gingen eine unheilige Allianz ein. Hermann eilte herbei und hielt ihre Hand geistesgegenwärtig über die Spüle, damit das Blut den jungfräulichen Granit nicht noch mehr befleckte. Vorsichtig bog er ihr die Finger auf.

„Sieht schlimm aus", sagte er zerknirscht. Er rannte ins Badezimmer, um Verbandszeug zu holen, rang seine Abscheu vor Blut nieder und wickelte fürsorglich Mull um die zwei tiefen, quer über die Innenseite der Finger laufenden Schnitte.

„Dieser Griff ist ja rasiermesserscharf", stöhnte Marion verstört auf.

„Ja", kommentierte Hermann. „Ich könnte die Kanten ein bisschen beifeilen", fügte er zuvorkommend hinzu.

Da wurde sie zornig.

„Auf gar keinen Fall! Diese bekloppte Küchenfirma soll mich richtig kennenlernen. Am Montag kriegt sie einen geharnischten Brief von mir, in dem ich ankündige, dass wir die Rechnung für die Küche wegen der Mängel und der Verzögerungen um fünfzehn Prozent kürzen. Gut, dass wir bisher nur eine Anzahlung geleistet haben. Die Kürzung ist vollkommen gerechtfertigt. Das macht man so." Aus ihr sprach die erfahrene Chefsekretärin, deren Ausführungen Hermann unumwunden zustimmte.

Eigentlich, dachte er reuig, war er mit dem scharf gefeilten Griff ein bisschen zu weit gegangen. Dabei steckte nicht einmal eine klare Strategie hinter seiner Attacke, sie lief letztlich nur auf Verzögerung hinaus. Vielleicht sollte er aufgeben.

Am späten Nachmittag, als ein Strauß Rosen eintraf, revidierte er seine Meinung. Den Blumen war ein hübsches Kärtchen von Herrn van Geulen beigefügt, auf dem er sich in charmanten Wendungen für die von Marion auf der letzten Geschäftsreise geleisteten Extradienste bedankte. Für den üppigen Strauß hatten sie nicht einmal eine passende Blumenvase im Haus, ohnehin befanden sich alle Vasen, die früher in dem Hängeschrank über dem Herd standen, sorgfältig in Zeitungspapier gewickelt, in einem Pappkarton im Keller. So oder so stellten die Rosen ein Problem dar.

Da Marion gerade in der Badewanne lag, schnippelte Hermann die Rosen mit einer Drahtzange klein und vergrub sie tief in der Grünabfällen vorbehaltenen Mülltonne.

Am Dienstagabend um halb sechs standen zwei etwas angestrengt lächelnde junge Monteure vom Küchenstudio vor der Tür und brachten gleich für alle Schränke Ersatzgriffe mit. Leider konnten sie immer noch nicht mit den Befestigungshaken für die Granitplatten dienen, die Zulieferfirma lieferte nicht. Hermann heuchelte Empörung, dabei hätte er die beiden über die Sache aufklären können. Schließlich war es seine Firma, die diese Haken herstellte. Das wusste er, seit er die Dinger aus der Verpackung geklaubt hatte. In seiner Firma stand die Bürotür immer offen, es war also keine große Sache gewesen, die kleine Bestellung des Küchenstudios zu finden und verschwinden zu lassen. Bloß ewig ließ sich die Verzögerung mit den Haken nicht aufrechterhalten, deshalb grübelte er nun doch über Alternativsabotagen nach. Er brauchte Zeit.

Bevor die beiden Küchenexperten gingen, warnten sie noch davor, die losen Granitplatten anzurühren, wahrscheinlich hatte ihnen der Unfall mit dem scharfkantigen Griff zu denken gegeben. Sie boten sogar an, die Platten wieder herunterzunehmen und stoßsicher zu verpacken. Marion lehnte kategorisch ab, sie wollte sich wenigstens am Anblick erfreuen, wenn sie schon nicht den Nutzen hatte.

Abends, als sie zum Kegeln mit Freundinnen entschwunden war, kam Hermann auf die Idee, das alte Vorhaben mit dem Gewürzbrot selbst in Angriff zu nehmen um damit den Bann zu brechen, der so schwer auf ihm und Marion lastete. Mit aphrodisischen, kulinarischen Düften wollte er sie in eine nachgiebige, zärtliche Stimmung locken, die früher bei ihr nicht so rar gewesen war, und vielleicht ergab sich sogar der rechte Augenblick, um das im Tontopf gebackene Gewürzbrot mit einer Hand zu zerkrümeln und … Er glaubte nicht, dass Herr van Geulen ähnlich phantasievolle Einfälle hatte wie er vor acht Jahren auf der

Wersewiese. Die van Geulens dieser Welt überraschten allenfalls mit Gucci-Handtaschen und lila Stöckelschuhen.

Nur fehlte ihm das Rezept, das, wie er wusste, auf einem angeschmuddelten, ins Kochbuch eingelegten Zettel stand. Zunächst suchte er an den wahrscheinlichen, danach an den weniger wahrscheinlichen Orten, zu denen auch die Schublade in Marions Schreibtisch gehörte. In einem Ledermäppchen fand sich ein Porträtfoto von Herrn van Geulen. Warum, fragte sich Hermann ironisch, sollte Marion nicht ein Foto ihres Brotgebers in der Schreibtischschublade aufbewahren? Vielleicht holte sie sich beim Betrachten des Fotos den nötigen Schwung für die Wochenendschreibdienste, zu denen sie gelegentlich für zwei, drei Stunden in den vermutlich menschenleeren Bürotrakt ihrer Firma befohlen wurde.

Manche Chefsekretärinnen hatten Zusatzpflichten, grübelte er selbstquälerisch, die den ganz normalen kleinen Sekretärinnen erspart blieben. Auch die hässlichen kamen dafür nicht in Frage, holte er weiter aus. Nur die Attraktiven, die auf Dienstreisen nach Wien, Zürich und Como am Comersee neben ihren Chefs und deren Geschäftsfreunden in stimmungsvollen Bars, in denen es früher nach Cubazigarren und heute nur noch nach Maltwhisky roch, etwas hermachten.

In Marions Kalender fand sich der Zettel auch nicht. Dafür eine Eintragung, der er entnahm, dass in vierzehn Tagen das erste, perfekt gestylte Abendessen mit besonderen Gästen stattfinden sollte. Einen hatte sie erwähnt. Der Name in Großbuchstaben schoss ihm wie ein Springteufelchen entgegen und traf ihn als Faustschlag mitten ins Herz.

Hermann sah sich in einem Anfall von Verzweiflung vor Herrn van Geulen geistig und moralisch in die Knie gehen, von Verdächtigungen ausgehöhlt, mit Blödheit geschlagen, wenn er unter Marions strengem, aufforderndem Blick etwas Schlaues zur Weltwirtschaftslage äußern sollte.

Den Teig knetete er, was die Mengen betraf, aus dem Gedächtnis zusammen. Unter großer Vorsicht hatte er das Mehl gesiebt, großzügig Hefe zugefügt und die Butter auf dem neuen Herd geschmolzen. Am Ende presste er den bereits nach Dill, Anis und Fenchel duftenden Klumpen in den Tontopf.

Damals hatte es in der Werseaue betörend süß nach Wiesenkerbel und wildem Fenchel gerochen. Es war ihm gelungen, die schöne Erinnerung an diese Stunden über alle Fährnisse zu retten, sie sollte der Schlüssel sein, um Marions Herz wieder für ihn aufzuschließen.

Bereits nach zwanzig Minuten wuchs der Teig über den Topf hinaus und blähte sich dann zu einem wunderbaren, weichen Ballon auf, mit dem Hermann sehnsuchtsvoll und mit sanfter Lüsternheit Marions Bauch, den Po und die Brüste assoziierte, so rund und prall, wie er sie von den Stunden auf der feuchten Wiese im Gedächtnis behalten hatte.

„Nein, bist du blöd“, schimpfte Marion eine halbe Stunde später, lächelte aber amüsiert und trat an das Teigkissen heran, unter dem der Topf vollkommen verschwunden war.

„Ich räume alles wieder auf, du wirst keinen Fleck entdecken, ich versprech's dir.“ Der Teig bedeckte auch die schwach rosa Blutflecken, die der Unfall mit dem Griff hinterlassen hatte.

„Du kleiner Dussel, du.“ Marion legte ihm die Hände an die füllige, von einer Küchenschürze umhüllte Taille und rieb die Nase an seiner. „Kannst du es wirklich nicht erwarten, dass ich wieder backe und koche? Die paar Wochen reduzierte Kost tun deiner Figur bloß gut.“ Hermann bezweifelte das, stillte er doch seinen Hunger öfter als früher an Bratwurstbuden. „In zwei Wochen gebe ich unser erstes festliches Essen, dann ist auf alle Fälle Schluss mit dem Hungern.“

Hermann versteifte sich.

„Und wenn die Küche bis dahin nicht fertig wird?“

Er war ein Einfaltspinsel, weil er immer noch auf Verzögerung setzte, doch ihm fiel nichts Besseres ein.

Nur das Gewürzbrot.

„Das macht nichts. Ich lass das Essen vom Partyservice kommen. Ich habe schon alles abgesprochen." Sie wandte sich um und tupfte den wabbeligen Teig an, der langsam in die Breite ging. „Ist das ekelhaft!"

Er hätte gern widersprochen. Der Teig war von seiner Hoffnung so aufgebläht.

Vielleicht hatte der Teig die Granitplatte erreicht und drückte dagegen, oder Marion hatte am Unterschrank geruckt, das konnte Hermann später nicht mehr aus seiner Erinnerung rekonstruieren. Sie bückte sich, um in das erleuchtete Innere des vorgeheizten Backofens zu spähen. In diesem Moment klappte die eine von drei Granitplatten um, traf auf den butterweichen Teig und rutschte wie auf Filzpantoffeln über die Kante des Unterschranks. Seinem Ermessen nach hätte Hermann den Fall aufhalten können, er hätte vorpreschen, die Platte mit bloßen Händen ergreifen, sich ihrem Gewicht entgegenstemmen müssen, stattdessen schaute er versteinert zu, wie sie auf Marions gebeugten Nacken traf. Ihr Genick knackte einmal laut. Schon als sie zu Boden stürzte, samt der Platte, die auf den Küchenfliesen in drei Teile zerschellte, begann er zu schluchzen. Und konnte nicht mehr damit aufhören, während er neben der Toten kniete und ihren Kopf in seinen Schoß bettete.

Vom Unterschrank tropfte Teig.

Nach einer Weile legte Hermann unendlich behutsam den Kopf zurück auf den Boden, erhob sich, wühlte aus dem Teigflatschen den unversehrten Tontopf heraus und stellte ihn mit dem, was er noch an Restmasse enthielt, in den Backofen. Schon bald durchzog tröstlicher Duft die Küche, es roch nach süßem Fenchel, selig machendem Anis, feuriger Muskatnuss, und alles zusammen vermengte sich zu konzentriertem Liebesaroma.

Gewürzbrotkrümel würde Marion, als Hermanns letzten Gruß, tief in ihrer Muschel versteckt, mit ins Grab nehmen.

* * *

Im Schein des flackernden Feuers warfen die Gehörne und Geweihe lebhafte Schatten an die Wände. Ab und zu war es in der letzten Stunde so erschienen, als klatschten all die tierischen Totenschädel mit ihren Stangen und Schaufeln Beifall, wenn ihnen die eine oder andere Passage der Geschichte besonders gut gefiel.

Mauritius war wieder hereingetappt, hatte mit einem Sprung seinen alten Platz auf dem Sims eingenommen und spielte selbstvergessen mit einer mumifizierten Maus, die er irgendwo aufgelesen hatte.

„Brillant!“, äußerte Meyer, sobald Frau Dachs geendet hatte. „Wie Sie die Geschichte aus der Perspektive dieses Hermann erzählt haben, meine Hochachtung vor soviel psychologischem Gespür.“

„Da ist doch nichts dabei. Männer sind leicht zu durchschauen“, entgegnete Frau Dachs erstaunt und strich sich über ihre glänzenden Seidenstrümpfe.

Frau Winter seufzte. „Haben Sie das Rezept für diesen Gewürzkuchen? Sie haben mir richtig Appetit darauf gemacht“, sagte sie sehnsuchtsvoll. Sie blickte versonnen ins Feuer, seufzte noch einmal tief auf und straffte sich ein bisschen. „Mit Hefe hab ich nicht die besten Erfahrungen“, fuhr sie nüchterner fort, „aber dieser Gewürzkuchen klingt nicht so kompliziert. Ich mag Rezepte, die immer gelingen.“

Meyer grinste. „Und ich habe gedacht, Sie bedauern jetzt diesen armen unglücklichen Einfaltspinsel Hermann.“

„Wieso?“, fragte die alte Dame erstaunt. „Er war acht Jahre in seine Marion verliebt, der Mann ist ein Glückpilz. Die Ehe war bestimmt nie so langweilig wie die meisten Ehen, die sich nach ein paar Jahren in der Alltagsroutine totlaufen. Und sicher hat er sich eine bittersüße Erinnerung und einen hübschen Schuldkomplex bewahrt, an dem er für den Rest seines Lebens herumknabbern kann, wann immer ihm danach zumute ist. Viele Männer leiden ja gern“, fügte sie mit einem Seitenblick auf Meyer hinzu. „Ich liebe Romantik, vor allem, wenn sie in einem so tragi-

Früchte-Nuss-Brot

900 g Mehl
100 g Haselnussgrieß
60 ml Karamell-Wasser aus
30 g karamellisiertem
Zucker mit 30 ml Wasser
abgelöscht
1 TL Salz
42 g frische Hefe
500 ml lauwarmes Wasser
2 Sternanis gemahlen
1 Prise Zimt
½ TL Muskatnuss gerieben
Getrocknete Früchte, Nüsse und
Kerne nach Geschmack
(insgesamt ca. 1-1,5 kg)

Hefe im warmen Wasser auflösen und mit den restlichen Zutaten, bis auf Nüsse, Kerne und Früchte, vermischen, sodass ein homogener, glatter Teig entsteht.
Nüsse hacken und Früchte in kleine Würfel schneiden, beides in den Teig einkneten, bis dieser keine weiteren Früchte und Nüsse mehr in sich aufnehmen kann.
Teig in Form bringen und die Brotstangen (bei einem Durchmesser von ca. 5 cm) bei 180°C 20-30 min backen.

schen Unglücksfall oder, sagen wir mal, netten kleinen Mord endet." Sehr zufrieden mit ihrer Darlegung wandte sie sich an Frau Dachs: „Oder was meinen Sie?"

Frau Dachs starrte sie an, als wäre sie ins Gesicht geschlagen worden. Ihre Augen öffneten sich weit und füllten sich mit Trauer und Schmerz. „Mord? Glauben Sie, es war vorsätzlicher Mord?"

„Ich würde sagen, ein Mord aus Versehen. Und wenn schon. Macht doch im Ergebnis keinen Unterschied", antwortete die alte Dame amüsiert.

„Ich fand es sehr mutig von Ihnen, diese Geschichte zu erzählen", sagte Meyer leise zu seiner Nachbarin.

„Wirklich?" Die Blicke der beiden tauchten ineinander. Frau Dachs rieb sich den Nacken, gleichzeitig hob auch Meyer die Hand und fasste sich hinten an den Hals, eine ihnen beiden wohl kaum bewusste Übereinstimmung. Man konnte richtig spüren, wie die beiden innerlich aufeinander zurasten.

„Hat Hermann öfter in Marions Schreibtisch herumgewühlt?", fragte Meyer behutsam.

„Immer, er war notorisch eifersüchtig", antwortete die Dachs verträumt und neigte sich Meyer zu, während sich ihr Blick verschleierte und ihre Lippen röter und voller wirkten.

Gleich werden sie sich vor aller Augen küssen, dachte der Wirt und spürte, wie ihm die Galle hochkam.

„Ich finde diese Sache mit den Befestigungshaken lächerlich", störte Harry Hirsch mit rauer Stimme die intime Stimmung zwischen den frisch Verliebten. „An Hermanns Stelle wäre ich in das Büro von diesem Dingsbums marschiert und hätte ihm wegen der Dienstreisen mit meiner Frau mal die Meinung gegeigt."

„Das heißt", schloss Wöller süffisant, „wir sollten davon ausgehen, dass Hermann nicht zu Unrecht eifersüchtig war. Oder?", wandte er sich herausfordernd an die Dachs. Er saß zwei Plätze weiter, an Meyers anderer Seite.

Frau Dachs schrak zusammen und lachte verwirrt auf, fasste sich jedoch recht schnell.

„Das geht Sie überhaupt nichts an", sagte sie schnippisch.

„Ach, lassen wir doch die Geschichte, ich finde, damit sind wir durch. Eifersucht ist immer ein unbehagliches Thema. Oder was sagen Sie dazu?" Frau Winter sprach den Wirt an. Er zuckte die Achseln.

„Ich war nie verheiratet."

„Na macht nichts", sagte Frau Winter, „mal abgesehen davon, dass man nicht unbedingt verheiratet sein muss, um Erfahrungen mit der Eifersucht zu sammeln. – Kennt einer von Ihnen die Symptome eines Schlaganfalls?" Sie schaute in die Runde.

Wöller meldete sich. „Einen Kollegen von mir hatte es im Büro erwischt. Eine interessante Sache. Ich hab mich nachher noch mit den anderen darüber unterhalten. Die häufigsten Anzeichen sind Bewusstlosigkeit, ein stark gerötetes Gesicht und ein verlangsamter Puls. Beim Ausatmen hat mein Kollege jedesmal die Backen wie Blasebälge aufgebläht. Ach ja, und die Pupillen waren ganz klein."

Alle lugten zum Wirt, er begriff erst einmal gar nicht, was die Leute von ihm wollten. „Ja?", fragte er.

Wöller wurde ungehalten. „Ihr Koch! Hat er wie ein Blasebalg geatmet? War sein Gesicht gerötet?"

„Offen gestanden", antwortete der Wirt nach kurzem Besinnen, „weiß ich das nicht. Als ich ihn fand, hat er nicht mehr geatmet. Und auf die Gesichtsfarbe hab ich nicht geachtet. Er ist bei der Küchenarbeit meistens ziemlich rot angelaufen."

„In dieser Küche wurde heute bestimmt nicht gearbeitet", sagte die Dachs streng. „Fragt sich, wie lange der Koch schon tot war, als wir dazukamen."

„Nicht lange", erklärte Frau Winter ruhig. „Als ich seine Hand angefasst hab, war sie noch warm. Und was die Küche betrifft, mir schien es so, als wäre doch gekocht worden, aber nicht viel. Nur eine Kleinigkeit."

Einen Moment schwiegen alle.

Wöller zupfte an seiner Unterlippe. Meyer beugte sich vor,

zog einen mit Leder bespannten Hocker heran und legte die Füße hoch. Wie die Dachs trug er sehr elegante, glänzende Schuhe, in denen man sich beinahe spiegeln konnte.

„Prima Treter", murmelte Harry Hirsch, der das Manöver beobachtet hatte. Nach einem neidischen Blick schlug er sacht die Hacken aneinander, damit sich mehr von dem Dreck an seinen Stiefeln löste. „Was nun?", fragte er träge.

„Wir könnten uns die Pupillen des Toten ansehen", schlug Franz Parkow vor.

„Das ist es!" Wöller schnippte mit den Fingern und stand tatendurstig auf. „Wer kommt mit?" Fragend schaute er seinen Nachbarn an.

Meyer schüttelte den Kopf. „Ich nicht."

„Wohl keinen Mumm, was?", fragte Wöller eine Spur aggressiv und schielte zur Dachs hinüber.

„Warum gehen Sie nicht allein?", fuhr die ihn an. „Sie sind doch so begeistert von der Idee. Sehen Sie nicht, wie erschöpft er ist?"

„Das ist es nicht, Marion."

Marion? Hatte er etwas nicht mitbekommen?, fragte sich der Wirt, der nur mit halbem Ohr der Unterhaltung gelauscht hatte. Waren die beiden schon beim Du angekommen? Aber was kümmerte ihn das! Diese Leute gingen ihn gar nichts an, abgesehen davon, dass sie ihm furchtbar lästig fielen, fast schon bedrohlich lästig. Er schielte zu Meyer hinüber.

Der trug einen teuren, locker sitzenden Anzug mit einigen Knitterfalten, alles in allem sah es so aus, als wäre er in seinem Anzug seit Jahren vor sich hingeschrumpft. Ein Anflug von elegischer Hinfälligkeit umwehte den eigentlich noch jugendlichen Meyer, aber gerade nur soviel, um seiner Attraktivität einen Schimmer von Geheimnis zu verleihen. Auf eine entschlossene Frau wie die Dachs wirkte so eine Ausstrahlung todsicher anziehend. Abgesehen davon wiesen sowohl der Anzug als auch die sicher handgenähten Schuhe und die Platinuhr am Handgelenk Meyer als Mann mit Geld aus, und für Geld hatte die Dachs bestimmt einen gesunden Instinkt. Diese Frau war dem Wirt zu scharfkantig, er konnte sehr gut verstehen, dass dieser Hermann sich seine Marion gemütlich rundlich wünschte.

Jetzt dachte er tatsächlich über diese Geschichte von der Dachs nach! Hatte sie damit irgend etwas Bestimmtes sagen wollen? Zumindest hatte sie nichts mit der Davert zu tun. Aber eine Verbindung musste es geben, das sagte ihm sein Instinkt. Bloß welche?

Er hoffte nur, dass Meyers Ablehnung Wöller entmutigt hatte, in der Küche Nachforschungen zu betreiben.

In dem Moment erhob sich Harry Hirsch und stapfte langbeinig zur Tür.

„Komm, Kumpel", sagte er und winkte, „packen wir's an."

Der Wirt hob die Hand, um zu protestieren, ließ sie aber sinken, von unerklärlicher Furcht erfasst. Ihm ging auf, dass die beiden sich nicht aufhalten ließen, er hatte hier gar nichts mehr zu melden. Besser er verhielt sich still und ruhig, wie Karrack in seiner finsteren Ecke, der sich regelrecht unsichtbar machte.

Als Marion Dachs eine gedämpfte Unterhaltung mit Meyer begann, entspannte sich der Wirt ähnlich wie gejagtes Wild bei einer kurzen Verschnaufpause des Jägers, die gerade so lange dauerte, wie dieser brauchte, um erneut durchzuladen.

Die anderen schwiegen und starrten in die schüchternen bläulichen Flammen, von denen nur wenig Wärme ausging. Die kühle Luft hing im Raum wie ein klammes Leichentuch.

Mauritius war eingenickt, eine Pfote auf der Maus, und machte die Augen erst wieder auf, als die beiden Männer zurückkamen. Die Enttäuschung war ihnen anzumerken. Harry Hirsch schlurfte auf seinen Platz zurück und fummelte aus einer Jackentasche eine zerdrückte Packung amerikanischer Zigaretten heraus, richtig altmodische Sargnägel. Mit zitternden Fingern steckte er sich eine an. Niemand protestierte.

Der Wirt wollte auf das Rauchverbot in seiner Gaststätte hinweisen, ließ es aber. Irgendwie gefiel ihm das Gestänkere sogar, es erinnerte ihn an glücklichere Zeiten.

Wöller ließ sich schwer in seinen Sessel fallen. „Sag du's, Harry", meinte er nur.

Harry Hirsch inhalierte tief und stieß Rauchkringel aus. „Ja, also", – er stockte –, „noch mal mach ich das nicht, einen toten Kerl anfassen." Er schüttelte sich.

„Wie fühlt er sich denn für Sie an?", fragte Frau Winter interessiert. „Ich hab nämlich keinen Unterschied festgestellt."

Die Uhr in der Halle rasselte und klapperte wieder, Wöller wartete, bis die dumpfen Schläge verhallt waren.

„Das ist nicht der Punkt", sagte er. „Fakt ist, dass wir an den Pupillen nichts haben feststellen können." Es schüttelte ihn ebenfalls. „Tote Augen! Das ist das Schlimmste, was man sich vorstellen kann. Es deprimiert einen, in tote Augen zu gucken."

„Sie machen mir richtig Angst", flüsterte Marion Dachs übertrieben furchtsam und griff nach Meyers Hand.

„Ich glaube", verkündete Frau Winter, „wir brauchen zur Ablenkung eine neue Geschichte."

Mir reicht's eigentlich mit den Geschichten, dachte der Wirt gallig und wurde sich wieder der Anspannung bewusst, unter der er seit dem Auftauchen der Gäste stand. Hätte endlich einer nach dem Arzt oder der Polizei gefragt, hätte er das sehr in Ordnung gefunden.

„Wir sind uns schon einig geworden", sagte Meyer und lächelte die hübsche Marion an. „Ich übernehme die nächste Runde, wenn niemand Einspruch erhebt."

Keiner meldete sich, selbst der Wirt hielt den Mund, weil er die Leute immer noch nicht einschätzen konnte. War das doch ein Geheimclub? Hatte er mit der Gegend zu tun? Die Davert steckte ja voll übelster Geschichten, da brauchte man gar nicht lange nachzubohren. Diese ganze Truppe roch nach finsterer Verschwörung, von ihrem freundlichen Getue ließ er sich nicht täuschen. Irgendetwas Apokalyptisches bahnte sich hier an. Mit zitternden Fingern füllte er sein Glas auf, düster blinkte ihm der Wein entgegen, tintiges Herzblut, mit unheilvollen Ahnungen gesättigt.

„Sind alle bereit?" Meyer schloss die Augen, um sich voll auf seine Geschichte zu konzentrieren. „Also dann …"

III
Lieber keinen Fisch mehr

Auch für einen gut geschulten Beobachter wie Daniel gab es mindestens eintausendundzwei Möglichkeiten, den Tag zu beginnen, nur fielen ihm auch heute morgen lediglich zwei davon ein. Er wertete das als gutes Zeichen, dass da noch tausend Möglichkeiten im Verborgenen lauerten, die es bloß zu entdecken galt. Irgendwann einmal, er hatte ja Zeit.

Er erwog die beiden ihm bekannten: behielt er die Tür oder die Uhr im Auge? Als dritte Möglichkeit – das fiel ihm gerade ein – konnte er auch die Augen geschlossen halten, aber da er das bereits die ganze Nacht gemacht hatte, war er für Abwechslung.

Er starrte die Tür an.

Fast 7:30 Uhr mutmaßte er, als sich endlich die Klinke bewegte und die Tür zögerlich aufschwang. Allein dieses Zögern ließ sein Herz schneller schlagen, er genoss es, wie sich die Tür Zentimeter um Zentimeter bewegte, es fehlte lediglich eine die Dramatik anheizende Hintergrundmusik.

Exakt in diesem Moment begann die Uhr zu schlagen, das war toll, die Uhr und die Tür gleichzeitig, da rauschte ihm das Blut regelrecht durch die Adern vor so viel *action*.

Und nun sein Mondkind! Da stand sie mit ihrem wunderbar verschwommenen Blick, lugte zu ihm hin, trat näher, und er begann sich darauf zu konzentrieren, ihren Blick einzufangen.

Doch Irene schielte gekonnt an ihm vorbei.

Daniel strengte sich noch ein bisschen mehr an, bis er spürte, wie ihm auf der Stirn eine Ader anschwoll. Er stellte sich vor, wie sie sich unter seiner Haut schlängelte, prall vor Blut und Leben, das hätte er zu gern gesehen, wie ihm diese Ader anschwoll, wie einem Bauarbeiter, der sich einen vollen Speiskübel auf die Schulter wuchtete.

Irene, seine Irene, vermied es immer noch, ihn anzuschauen.

Armes Luder.

Was sollte denn Unanständiges daran sein, dass sie Treppen steigen und Türen öffnen konnte? Da war doch nichts dabei. Aber das schien sie nicht begreifen zu wollen.

„Wie hast du geschlafen?", wisperte sie auf ihre übliche ängstliche Art. Sein Blick schweifte weiter bis zur Uhr. Tatsächlich 7:30 Uhr, darauf hatte er die ganze Zeit getippt, während er das Mondkind beobachtete.

Mies, dachte er belustigt, ich habe mies geschlafen, mein Schätzchen, wie jede Nacht. Und schon machte sich zentnerschwere Müdigkeit breit. Bloß jetzt nicht schlappmachen. Da war ja noch so viel drin in diesem *eigentlichen* Tagesanfang.

Irene beugte sich über ihn, ihre Lippen streiften seine.

Er hielt den Atem an, eine Welle von Zärtlichkeit ließ die Haut an seinen Wangen prickeln.

„Du riechst gut", murmelte er *sotto voce* mit Robert-de-Niro-Timbre und hoffte auf zwei Sekunden mehr, die sie Wange an Wange verharrten.

Er schnupperte gierig. Ihr warmer Atem roch wieder einmal nach gewöhnlicher Zahnpasta, Pfefferminze, inzwischen hasste er Pfefferminze, doch dann nahm er den zarten Hauch von Bergamotte-Duschgel wahr, Bergamotte erinnerte an Sonnencreme auf heißer Haut. Heiß, wirklich heiß dieser Geruch.

Schöner wäre es, sie würde triefen vor Schweiß. Er musste sie dazu bringen, gleich nach dem Joggen zu ihm heraufzukommen, wenn ihr Herz vor Anstrengung noch hart und heftig pumpte. Und dann würde sie ihn küssen und nach Schweiß riechen. Nasser Schweiß wäre viel viel aufregender als Bergamotte-Duschgel.

„Wer hat dich heute morgen versorgt? Peter? Oder der Neue?" Merkliches Interesse klang nicht in ihrer Frage auf, und das konnte er so gut verstehen. Die Pfleger kamen und gingen, besonders lange hielt er es mit keinem aus. Es war viel schwieriger, den richtigen Pfleger zu finden als das richtige Auto. Die meisten waren Pfeifen, wobei das Spektrum von totaler Unfähigkeit bis zu …

„Wie ist der Neue?"

Hatte er schon geantwortet? Er wusste es nicht, das passierte ihm jetzt öfter. Mit vierzig schon Alzheimer im Frühstadium, dachte er ironisch, das musste an der Unbeweglichkeit liegen.

„Sag's mir!"

Das klang ja wirklich nach Interesse, wenn nicht gar nach Liebe, das überraschte ihn, und ein warmes Gefühl der Dankbarkeit überrieselte ihn.

Und dann die Ernüchterung.

Wie sollte *er* Irene immer noch lieben? Liebe bedeutete Hingabe, aber diese Hingabe gestaltete sich mittlerweile ziemlich schwierig, eigentlich aussichtslos. Marsilio Ficino, ein Renaissance-Philosoph, hatte behauptet: „Es stirbt, wer da liebt, einmal in sich, indem er von sich lässt." Vor zwei Jahren hatte Daniel zwangsweise von sich gelassen. Es kam ihm so vor, als verweste er seitdem innerlich still vor sich hin, allerdings viel bewusster, seit ihm einer von seinen Vorlesern den Ficino-Spruch vorgetragen hatte, der sich wie ein Angelhaken in sein Hirn gebohrt hatte. Es gab da die Theorie, hatte er von dem Nebenerwerbsvorleser und hauptberuflichen Philosophiestudenten erfahren, dass ein Mensch erst in der Paarbeziehung zum Individuum heranreife. Daran hatte Daniel mächtig zu kauen. Als Individuum existierte er nämlich nur noch rudimentär. Um genau zu sein: bis zur Halskrause. Abwärts war da ein empfindungsloses Ding, an dem täglich mehrere Menschen herumhantierten, während er versuchte, von diesen Geschäften so wenig wie möglich mitzubekommen.

Auf die Befriedigung menschlicher Grundbedürfnisse wie Nasebohren und sich am Hintern kratzen musste er gänzlich verzichten.

An Intimität war gar nicht mehr zu denken.

Nicht einmal Irenes Kuss bot Intimität, vergeblich öffnete er die Lippen, für die Intimität stand ja nur noch die Mundhöhle zur Verfügung, in die Irenes Zunge aber nicht eindrang. Das machte ihn traurig.

Wie hieß der neue Pfleger gleich noch?

„Ist heute Fischtag?", fragte er und konnte den Missmut nicht aus seiner Stimme verbannen.

„Wenn du möchtest", antwortete sie überrascht und reserviert zugleich. Wahrscheinlich fand sie ihn ungezogen, weil er auf ihre fürsorglichen Fragen nicht einging. Sie rückte immerhin einen Stuhl heran und setzte sich auf die Kante, als würde sie noch etwas bleiben.

„Fragt sich, welcher Fisch", dachte er laut.

Irene berührte seine Hand, allerdings die falsche, wie ihm ein Blick verriet, aber das machte nichts, die Geste zählte. Nur in der rechten Hand war eine Spur von Gefühl zurückgeblieben. Die Ärzte hofften, dass er sie eines fernen Tages wieder bewegen könnte, es gab ja täglich unglaubliche Fortschritte in der Medizin, und da würde sicher für ihn etwas abfallen, wenn er nur lange genug durchhielt. Wie lange hielt man als reiner Kopfmensch durch? Sicher gab es da ein paar Berechnungen, die ihm seine Ärzte verschwiegen, sie sprachen lieber routiniert von Hoffnung und bloß nicht aufgeben, sie selbst konnten ja alle noch laufen. Zum Glück brauchte er keine Beatmungsmaschine, die Querschnittslähmung, irgendwo in den unteren Nackenwirbeln, hatte diese eine Schwachstelle, die ihm das Kribbeln in der rechten Hand und das – zwar ein bisschen mühsame – selbständige Atmen bescherte.

Während der Erörterung der Mittagsmahlzeit bemerkte er, wie tief Irenes weit auseinanderstehende Augen heute in den Höhlen lagen. Armes Kind, das lag alles an ihm, sein Leiden machte sie so unglücklich, nicht der Thunfisch, den er unbedingt haben wollte.

Er wollte sein Thunfischsteak gebraten haben.

„Sag der Köchin, sie soll es panieren. Wie willst du deins?"

Irritiert wandte sie den Kopf ab. Das hieß, sie würde kein Steak essen.

„Ich weiß nicht, ob diese Frau Schlegel Fisch zubereiten kann. Willst du dir das mit dem Fisch nicht noch mal überlegen?"

„Hering käme auch in Frage", antwortete er beschwingt. Hering hatte ziemlich viele Gräten, war ihm eingefallen.

„Oder vielleicht ...", er stockte. „Frau Kellermann ist endlich in Urlaub gefahren?" Im ersten Stock war er weit weg vom Geschehen in der unteren Etage.

Irene nickte. „Für vierzehn Tage ins Allgäu, das habe ich dir erzählt." Frau Kellermann hatte sich sogar von ihm verabschiedet, aber diese Mathilde Schlegel, die Aushilfsköchin, hatte sich nicht bei ihm vorgestellt, das nahm er ihr kreuzübel. Vielleicht dachte diese Schlampe, dass er mit dem Geh- auch das Denkvermögen verloren hatte. Er brütete kurz über Rache nach.

Irene leistete ihm beim Essen Gesellschaft und sah mit Samaritermiene zu, wie ihn der Pfleger Peter fütterte, der sich, derart unter Kontrolle stehend, besondere Mühe gab. Trotzdem bemerkten beide die Gräte nicht. Sie reckte sich aus der Panade wie ein winziger, freudig wehender Fahnenmast empor. Sobald sie näherrückte, machte Daniel bereitwillig den Mund auf, um sie einzulassen. Behutsam tastete er mit der Zunge nach ihr, knabberte sie aus dem Fischfleisch, schob sie herum, brachte sie in die richtige Position, als bereits der nächste Bissen vor ihm auftauchte, doch der war vielleicht schon überflüssig.

Schlucken.

Hustenreiz.

Gegen den Hustenreiz ankämpfen.

Konzentriert vorgehen.

Die Gräte musste noch etwas tiefer rutschen und sich fest verankern, sonst ging die Operation daneben. Er stellte sich den Schlund vor, in den sich die Gräte als eine zweispitzige Lanze quer hineinbohrte. Sie hatte einen stabilen Eindruck gemacht, so leicht würde sie nicht brechen. Ganz tief aus der Kehle meldete sich ein Röcheln, wanderte hoch und höher. Bloß nicht röcheln! Augen schließen, um keine Panik zu verraten! An etwas anderes denken.

Denk – an – etwas – anderes!

Er sah sich hoch auf einer Welle reiten, einer tiefgrünen, glasigen Welle, und glitt in einer riesigen Wasserröhre dem Wellenkamm entgegen, dabei musste er das Gewicht verlagern, um das Brett in der Balance zu halten. Knie etwas stärker knicken, Oberkörper nach vorn beugen, die Arme wie Flügel ausbreiten.

Irene saß am Strand, schaute auf das Meer vor der kalifornischen Küste und pulte gelangweilt mit den Zehen Muscheln aus dem Sand. Eigentlich hatte sie am Strand entlanglaufen wollen, war aber sitzen geblieben, während er diese Riesenwelle ritt. Weiße Gischt schäumte, unter ihm bockte das Brett, plötzlich hob er ab, machte einen Salto in der Luft, die Welle schoss auf ihn zu, überrollte ihn und schlug ihn hart in den Nacken.

Peter klopfte ihm ungeschickt auf den Rücken und versuchte dann, zwei Finger in seinen Mund zu zwängen. Eisern biss er die Kiefer zusammen. Das wäre doch gelacht, wenn er jetzt aufgäbe und diese Riesenchance verspielte! Ihm traten die Augen aus den Höhlen, er sah nur noch verschwommen, Nebel wallte auf, und ein stechender Schmerz setzte sich in der Brust fest. Die Brust wurde zu eng für sein Herz, das verzweifelt klopfte. Der Kiefer schmerzte, das Herz schmerzte, der ganze Kopf.

Undeutlich bekam er mit, dass es an die Tür klopfte, jemand trampelte herein, und gleich darauf krachte ihm eine Faust ins Kreuz.

Knockout!

Und dann, dann hustete er die Gräte aus.

Tränen schossen ihm in die Augen. Er lag mit dem Gesicht in der Wolldecke über seinen Beinen und hörte sich wie ein Wassersauger an, dabei saugten seine Lungen doch bloß krampfhaft Luft ein. Jetzt war es die Wut, die ihn beinahe umbrachte. Während er noch mit dieser Wut kämpfte, suchte er die Gräte, bekam aber nur Fusseln zwischen die Lippen.

Verdammt, verdammt, verdammt!

Als man ihn wieder aufgerichtet hatte, röchelte er immer noch schwer. Irene musterte ihn aus schreckgeweiteten Augen und sagte erst einmal gar nichts.

Peter hielt ihn aufrecht, Peter, der alles vermasselt hatte. Oder war es nicht Peter gewesen? Jedenfalls konzentrierte sich seine Enttäuschung, seine geballte Wut auf ihn.

„Machen Sie", krächzte er aufgebracht, „dass Sie rauskommen!"

„Aber wer kann denn ahnen, dass in einem Thunfischsteak Gräten stecken? Im Thunfisch stecken doch nie welche", verteidigte sich jemand mit tiefer Stimme.

„Thunfisch ist, wie der Name schon sagt, ein Fisch, und Fisch hat Gräten", entgegnete er ächzend.

Endlich wälzte sich die Frau, hochrot im Gesicht, in sein Blickfeld. Das also war die Aushilfsköchin Mathilde.

„Ich glaube", sagte Irene in hochkultiviertem Ton, „wir werden in Zukunft auf Ihre Mitarbeit in diesem Haus verzichten."

„O Gott", murmelte Daniel und rang endlich die Enttäuschung nieder. Sein Hirn lief wieder, er musste es aus dem Stand auf Hochtouren bringen. Denk nach!

„Da muss ich dir widersprechen!", entgegnete er scharf genug, um ernst genommen zu werden, und wandte sich an die dicke Mathilde. „Sie haben mir das Leben gerettet, nicht wahr? Da täusche ich mich doch nicht. Wären Sie nicht gekommen, hätte mich dieser unfähige Kerl verrecken lassen." Er nahm die Schärfe aus der Stimme. „Warum sind Sie überhaupt heraufgekommen?", setzte er versöhnlicher hinzu.

Mit betretener Miene tauchte Peter neben Irene auf, sie bedeutete ihm mit einer Geste, sich nicht einzumischen.

„Ich wollt halt fragen, ob mit dem Fisch alles in Ordnung ist, das war ja die erste Mahlzeit, die ich Ihnen zubereitet habe."

Daniel spürte noch einen Rest tranigen Fettgeschmacks auf der Zunge, und es hing ihm faseriger Fisch zwischen den Zähnen, den er mit der Zunge herauspulen würde. Das ergab zwanzig Minuten Beschäftigung.

„Danke der Nachfrage, ich bin soweit zufrieden mit dem Essen." Soweit sich die Erleichterung Mathildes richtig deuten ließ, hatte er einigermaßen überzeugend gelogen.

Mit einer brüsken Kopfdrehung wandte er sich an Peter.

„Bringen Sie mich hinaus auf die Terrasse an die frische Luft, bevor Sie gehen. Sie sind entlassen", blaffte er. Innerlich seufzte er auf. Endlich entspannten sich seine Nerven. Das war gut, denn er hatte jetzt eine Menge zum Nachdenken.

Der Würgreflex war unangenehmer gewesen, als er gedacht hatte, das durfte er nicht vergessen.

An der Art, wie ihn Peter auf die Terrasse hinausschob – stumm und extra ungeschickt ruckelnd –, konnte Daniel erkennen, dass er sich ungerecht behandelt fühlte und beleidigt war, das war gut so, das wertete das bloße Hinausschieben zu einer emotionalen Interaktion auf.

In das Haus in der münsterschen Innenstadt waren sie nach seinem Unfall gezogen, er hatte es wegen der großen Dachterrasse mit Blick auf die Aa gekauft. Direkt gegenüber lag das bischöfliche Generalvikariat, exklusiver ging es nicht. Aber die Aa war das Wichtige, obwohl nicht immer etwas von ihr zu sehen war. Momentan schleppte sich das Wasser in einer Art Pissrinne mitten im betonierten Flussbett dahin. Heute war ihm danach, den

Wasserstand der Aa zu einer philosophischen Betrachtung über sein Leben heranzuziehen: auffallend niedriger Pegel.

„Warum willst du, dass diese unmögliche Person bleibt? Zugegeben, sie hat sich geschickter als Peter angestellt und dir das Leben gerettet, aber sie kocht hundsmiserabel, und sie hätte die Gräte entfernen müssen“, sagte Irene, sobald sie allein waren. „Sieh das doch ein.“

Er freute sich über ihren heftigen Ton, der gab ihr so etwas Entschiedenes.

Das nächste Mal würde er ganz sicher Hering verlangen oder besser noch Sardinen. Diese Mathilde würde bestimmt versuchen, frische Sardinen für ihn aufzutreiben, schon um sich bei ihm beliebt zu machen. Sardinen hatten noch mehr Gräten als Hering.

„Anfangsschwierigkeiten. Wie alt ist die Frau? Bestimmt über fünfzig. In ihrem Alter und bei dieser Figur einen neuen Job zu finden dürfte schwer sein. Obwohl ...,“ wog er bedächtig und ein bisschen Zeit schindend ab, „eine Köchin ruhig dick sein darf. Oder nicht? Bei dem Diätwahn heute ist ihr Bauchumfang vielleicht gar kein Leistungsbeweis mehr.“

Erstaunt riss Irene die Augen auf. „Heißt das, du verteidigst sie auch noch? Habe ich das richtig verstanden?“ Sie redete sich schon wieder in Fahrt. „Sie hat dich mit der Gräte beinahe umgebracht.“

Es war doch ein guter Tag.

„Ja, nicht wahr?“, sagte er versonnen, und bereute augenblicklich, was er da Blödes gesagt hatte. „Also, ich verzeih ihr“, setzte er mild hinzu.

„Und ich bin dafür, wir trennen uns von ihr“, drängte Irene, immer noch aufgebracht.

Die Unterhaltung machte ihm zunehmend Spaß. Er grinste, als ihm aufging, dass sie endlich einmal eine richtige Auseinandersetzung hatten. Die erste seit zwei Jahren.

„Zwei Wochen halten wir locker mit ihr aus.“

„Ich verstehe dich nicht. Du willst also partout nicht, dass sie geht."

Ein wenig hörte es sich an, als wollte sie feststellen, dass er sich wie ein schwer erziehbares Kind verhielt. Da musste er noch mal nachlegen.

„So ist es", antwortete er mit Nachdruck.

Resigniert schaute sie zur Tür. „Dann fahre ich jetzt ins Seminar. Soll ich dir etwas mitbringen?"

Was denn? Einen Malblock für Mundpainting? Sollte er das vorschlagen?

„Frag mal bei Aldi nach, ob sie Nervenstränge im Sonderangebot haben. Sie sollten aber bis in die Fußspitzen reichen und leicht einzupflanzen sein."

„Was?", flüsterte sie. Auf einmal blickte sie ihn wie ein waidwundes Tier an, die ganze Empörung, das Widerständige war verschwunden. Sie stand auf, wandte sich ab, ging auf die Terrassentür zu.

„Ich hab einen Witz gemacht", rief er ihr empört nach. Sie hätte wenigstens mal versuchen können zurückzupflaumen.

Doch sie verschwand im Haus.

Schade, sehr schade.

Kennengelernt hatten sie sich auf einer Ausstellung. Sie drückte sich im Eingangsbereich herum, unschlüssig ob sie gehen oder noch einen Moment bleiben sollte. Etwas an ihrem bleichen, ausdruckslosen Gesicht hatte ihn fasziniert. Als sie dann in jemanden hineingestolpert und gefallen war, hatte er ihr aufgeholfen und sich auf der Stelle in sie verliebt. Ihr mittelblondes halblanges Haar hatte einen rötlichen Schimmer und sah so aus, als müsste es irgendwann einmal ganz rot werden. Um die Iris ihrer hellbraunen Augen lief ein grüner Rand, typisch für jemanden, der einen blauäugigen Vater und eine braunäugige Mutter hatte oder umgekehrt. Alles an ihr schien irgendwie in der Schwebe oder in einem Wandel begriffen. Ihrem Blick schien das Fokussieren schwerzufallen, und er fragte sich, was sie überhaupt mit diesem unbestimmten Blick wahrnahm.

Irene studierte immer noch an der altehrwürdigen Wilhelms-Universität. Nach Biologie und Geographie war sie auf Kunstgeschichte umgestiegen.

Mittlerweile war sie im sechsten Semester, so lange hatte sie noch bei keinem ihrer vorigen Fächer durchgehalten, sprach aber inzwischen ziemlich viel über Ethnologie. Daniel war gespannt, wie sich die Sache weiterentwickelte.

„Oder soll ich bleiben?“ Sie trat wieder auf die Terrasse hinaus. „Vielleicht willst du nach dem Schock nicht allein sein. Entschuldige, dass ich vorhin so …“ Sie machte eine fahrige, unentschiedene Geste mit der Hand, die ihm wehtat.

Unvermittelt wallte angesichts ihrer Unsicherheit Zärtlichkeit in ihm auf. Er lächelte sie warm an. „Komm bloß nicht meinetwegen zu spät zu deiner Vorlesung. Mir geht's gut.“

Er legte sogar Wert darauf, allein zu sein, er musste dringend seine Gedanken ordnen. Als sie die Terrasse wieder verlassen hatte, schaute er erst einmal in das steinerne Aabett. In der vergangenen Nacht war zu zwei grünen Plastikflaschen noch ein halbes Fahrrad dazugekommen, es war schon erstaunlich, was für eine Mühe sich manche machten, ihren Abfall ausgerechnet hier loszuwerden.

Ein Geflatter lenkte ihn von der Müllbetrachtung ab. Ein grüngelber Papagei mit einem roten Fleck am Kopf watschelte auf kurzen, stämmigen Beinchen leise vor sich hinschimpfend über die Blumenkästen, in denen gerade die letzten Geranien verwelkten. Das Tierchen hatte den Gang eines betrunkenen Seemanns und schien nicht ganz richtig im Kopf.

Vom ersten Augenblick an war Daniel von ihm bezaubert.

Abwechselnd sah er dem Vogel und der Aa zu und begann etwas entspannter über die Dinge des Lebens nachzudenken. Eine Stunde später hatte er dies und das in seinem Kopf bewegt und war innerlich bereit für die Besprechung mit seinen beiden Geschäftsführern.

Dies war eins der Treffen, an denen sie zusammen auftraten, schwarze lederne Aktenmappen unter den Arm geklemmt. Der ältere blickte erst auf seine Uhr, dann hielt er im Stakkato Kurzreferate über die Absatzzahlen der letzten sechs Monate und die Marktentwicklung, blätterte dabei durch seine Papiere und deutete hier und da auf eine Zahlenreihe. Im Bemühen, seitwärts zu schielen, merkte Daniel, wie sich sein Nacken versteifte.

Der jüngere führte Skizzen neuer Modelle vor, während Daniel sich selbst dabei beobachtete, wie er Schuhmodelle in Augenschein nahm. Flüchtig dachte er über das Paradoxon eines neununddreißigjährigen Fabrikanten einer exklusiven Schuhmarke nach, der selbst keine Schuhe mehr brauchte. Oder war das kein Paradoxon?

Die Zahlen waren, soweit er das auf die Schnelle erkennen konnte, in Ordnung, da gab's nichts zu bemängeln. An den kleinen Zeichen von Unruhe bei den beiden – auf dem Stuhl herumrutschen, die Kravatte glattstreichen – merkte er, dass es höchste Zeit war für eine Entschleunigung.

„Gehen Sie noch nicht."

Ach, was taten sie ihm leid, diese Hamster, die sich so sehr danach sehnten, in ihr Rad zurückzuhuschen. Irgendwann sollten sie doch begreifen, dass das Leben nicht nur in der Tretmühle stattfand.

Der jüngere musste ihm noch einmal die Modellskizzen zeigen.

Die neuen Modelle waren ihm zu bieder, das sagte er klar und deutlich.

„Sie liegen genau im Trend", wandte der jüngere ein, und seine Augen blitzten in einer Art Kampfansage auf.

Der ältere grinste verstohlen. „Bieder ist heutzutage in, bieder ist die neue Avantgarde", bemerkte er.

Innerlich schnurrte Daniel wie ein gekraulter Kater, gab sich aber äußerlich knurrig. Mathilde hatte Kaffee hereingebracht, mit ein paar trockenen Keksen, Daniel brauchte weder Kaffee noch Kekse, er genoss die Unterhaltung wie einen doppelten Kognak. Sie beschwipste ihn.

Nach einer halben Stunde Schlagabtausch, bei dem die beiden wacker mitmachten, einigten sie sich auf die vorgelegten Modelle und schieden in dem Bewusstsein, einen ordentlichen Beitrag zum entspannten Betriebsklima auf der Managerebene geleistet zu haben, der sich Daniel immer noch als aktives Mitglied zurechnete.

Am Nachmittag machte er Peters Entlassung rückgängig.

Nach einer Woche hatte er seinen Tagesablauf ein wenig geändert. Auf seine Anweisung erschien Mathilde jeden Morgen nach dem Frühstück bei ihm, um mit ihm das Mittagessen zu besprechen. Das bereitete ihr sichtlich Freude. Ohne dass sie es ahnte, machte er sie zu seiner Mitverschworenen. Eine weitere Woche später entließ er die aus dem Urlaub zurückgekehrte Frau Kellermann, zahlte ihr eine unnötig hohe Abfindung und behielt Mathilde zur Verwunderung aller – vor allem der Pfleger und Irenes. Jedem, der ihn darauf ansprach, erklärte er, das sei er ihr nach der Lebensrettung schuldig.

Damit konnte er an die Details für sein Vorhaben gehen, zu denen die längerfristige und immer minutiösere Planung seiner Mahlzeiten gehörte, auch wenn das Getue als das neurotische Verhalten eines dauerhaft geistig Unterbeschäftigten aufgefasst werden musste. Jedenfalls hätte er niemandem eine solche Einschätzung verdenken können.

Sein Arzt, der ihn einmal wöchentlich aufsuchte, um die wichtigsten Lebensfunktionen zu überprüfen, war wohl von Irene ungünstig beeinflusst worden, denn er riet dringend zu einem Luftwechsel. Er nannte sogar ein Schweizer Sanatorium mit viel Aussicht in die berühmten Schweizer Berge. Früher hätte Daniel vielleicht auf ihn gehört, doch jetzt lehnte er einen Ortswechsel mit dem Hinweis ab, dass sich damit kaum eine Änderung seiner Lage ergab.

Früher hatte er durchaus zur Spontaneität geneigt. Wie an dem Abend, als er Irene vorschlug, ein im Anspruch gehobeneres Lokal in Davensberg auszuprobieren, das gerade einen neuen Koch bekommen hatte.

„Heute?" hatte sie gefragt.

Draußen regnete es. Der Wind schüttelte die Bäume im Garten durch, ständig klatschte ein nasser Zweig an das schmale Fenster gleich neben dem Kamin. Damals wohnten sie noch in einer hübschen Villa in Münster-Hiltrup.

Irene hatte sich beim Feuer auf einem der zwei weichen Ledersofas zusammengerollt und las in einer Frauenzeitschrift.

„Ich dachte, wir bleiben zu Hause und machen uns einen gemütlichen Abend. Und Frau Kellermann hat bestimmt was zum Abendessen vorbereitet", fügte sie hinzu.

Ein gemütlicher Abend mit dem Kräutertee, der auf einem stummen Diener neben ihr vor sich hindampfte.

Es war ihm ein unlösbares Rätsel, wie sie diesen faden Tee runterbekam, der ihn unweigerlich an Altersheime erinnerte.

„Ist mir egal, ob sie was vorbereitet hat."

„Muss es Davensberg sein? Warum fahren wir nicht zu Krautkrämer?"

„Davensberg wird dir gefallen, Schätzchen. Da gibt es einen Hexenturm."

„Aber ich hab eigentlich gar keinen Hunger", wandte sie noch ein, legte indes die Zeitschrift beiseite und richtete sich ein wenig auf, sichere Anzeichen dafür, dass sie überredet werden wollte.

„Ich schon. Bitte raff dich auf und zieh dir was Nettes an. Ich will wissen, wie gut dieser Koch ist. Er soll Niederländer sein."

* * *

„Was? Sagten Sie Niederländer? Wie hieß dieses Lokal in Davensberg, und sagen Sie bloß, wie der Koch hieß, das will ich jetzt aber wissen", fuhr der Wirt dazwischen.

Das waren ja keine allzu schwierigen Fragen an seine Gäste, aber sie hatten eine Wirkung, die ihm einen eiskalten Schauder den Rücken hinunterjagten.

Alle Köpfe waren ihm zugewandt, in den kalkweißen Gesichtern brannten tief und schwarz die Augenlöcher. Was hieß Gesichter? Gesichter waren gar nicht mehr zu erkennen. Das waren, das waren …

Der Wirt blinzelte, aber der … der Eindruck blieb.

Sieben Totenköpfe glotzten ihn an und bleckten die Zähne.

Er wollte den Kopf schütteln, die Schultern bewegen, aufstehen, blieb aber wie angenagelt sitzen. Wenn er sich doch bloß rühren könnte!

Es ging nicht.

Aus seinem Weinglas stieg ihm ein Geruch nach Mottenkugeln, gekochtem Kohl und verschmortem Plastik in die Nase.

Ein Alptraum!

Mauritius mauzte leise, das brachte den Wirt soweit zur Besinnung, dass er den Kopf ein paar Zentimeter zur Seite drehen konnte. Auf jedem verdammten Haar des Katers züngelte ein winzigkleines, blaues bengalisches Flämmchen.

„O, Gott!", stöhnte der Wirt aus tiefstem Herzen.

„Den lassen Sie mal aus dem Spiel", schnarrte eine Stimme, die der Wirt mühsam als diejenige Meyers erkannte. „Kann ich fortfahren?", setzte Meyer nach.

Mit größter Vorsicht wandte der Wirt den Kopf.

Es starrten ihn immer noch alle an, doch nun waren sie wieder zu erkennen. Frau Winter schüttelte tadelnd den Kopf.

„Das ist gar nicht schön, so zu unterbrechen", sagte sie halbfreundlich und fügte eine Spur drohend hinzu: „Machen Sie das nicht noch mal!"

Der Wirt nickte beklommen. „Ich wollte doch bloß wissen, wie der Koch …“

Der Wein roch wieder angenehm nach Beeren.

„Wie heißt eigentlich Ihre Spelunke?“, unterbrach ihn Harry Hirsch. „Zm Spöknkie?“

„Bitte, kann ich jetzt fortfahren?“, insistierte Meyer noch einmal.

Der Wirt wedelte nur kraftlos mit der Hand.

* * *

„Können niederländische Köche denn besonders gut kochen?“, fragte Irene gedehnt.

Bei der Frage musste Daniel passen. „Ich nehme mal an, er beherrscht die internationale Schule.“

Irene setzte einen Fuß auf den Boden und starrte zum Fenster, an dem die Regentropfen in langen, dicken, froschlaichartigen Schnüren herabliefen. „Siehst du nicht, was da draußen los ist?“ Schaudernd zog sie die Schultern hoch.

„Wir fahren mit dem Auto, Schatz“, sagte er mild ironisch, „du musst nicht laufen.“

Sie trug ein enges granatrotes Designerkleid mit kurzem Rock und weitem Ausschnitt und dazu im Farbton exakt passende handgenähte Stiefel aus Lackleder mit einem schmalen weißen Fellbesatz am Rand, der ihre Waden unterhalb der Knie wie Meeresschaum umspielte. Unweigerlich lenkte der Pelz den Blick auf die wohlgeformten Beine.

Wegen ihrer schlanken Beine hatte er sich aber nicht in sie verliebt, obwohl sie sich ihm damals, als sie gestolpert und hingefallen war, in ihrer ganzen glänzenden Pracht präsentiert hatten, denn ihr Rock war beim Hinfallen weit über die Toleranzschwelle hinaus hochgerutscht. Angezogen fühlte er sich vielmehr von der hellen Fläche ihres Gesichts. Auf diesem Gesicht erhaschte er wolkige Erscheinungen von Emotionen und Leidenschaften, die rasch vergingen und eine unstillbare Sehnsucht nach mehr hervorriefen.

Nach einem Blick in die Speisekarte entschied er sich für das Kaninchen in Rotweinsauce.

Irenes Gesicht verzog sich. „Für mich bitte nicht."

Als sie an den anderen Tischen vorbei zu dem für sie reservierten gegangen waren, hatten ihr die meisten Männer bewundernd und die Frauen neidisch nachgeschaut. Schon als sie das Lokal betraten, hatte er auf diese Blicke gelauert, allein wegen dieser Blicke machte sich der ganze Ausflug bezahlt. Am liebsten, das konnte er unschwer erkennen, würden die anwesenden Frauen Irene die Stiefel von den Füßen reißen. Und sie? Er kam nicht dahinter, ob sie die Blicke überhaupt bemerkte. Allerdings warf sie in einer fließenden, ungekünstelten Bewegung das rotblonde Haar nach hinten, das wie ein schimmernder Vorhang ihr Gesicht einrahmte. Geradezu unirdisch schön.

„Du wirst es mögen", sagte er einschmeichelnd, „ich bin mir ganz sicher. Ich hab schon von dem Kaninchenschmortopf gehört. Das Fleisch zergeht dir auf der Zunge."

Ernst schüttelte sie den Kopf. „Das ist nicht fair von dir."

Schon seit einiger Zeit war sie aus weltanschaulichen Gründen im Begriff, sich in eine Vegetarierin zu verwandeln, aß aber immer noch hier und da mit Genuss eine Scheibe besonders guten Parmaschinkens oder ein Stück Kalbsfilet, wenn er es ihr mit nachdrücklicher Empfehlung auf den Teller legte. Für ihre Wankelmütigkeit hatte er eigentlich kein Verständnis.

Das Kaninchen auf ihren Tellern hatte sich in handverlesenen Wildkräutern gewälzt und in gut abgelagertem Rotwein gebadet, bis der Wein samt Tanninen und Harzaromen während des Schmorvorgangs in jede Fleischpore eingedrungen war. So etwas abzulehnen kam einem Verbrechen gegenüber den Geschmackszellen und überhaupt der menschlichen Genussfähigkeit, der Welt und der Natur an sich gleich.

Daniel spürte, wie sich jede einzelne Geschmackszelle bis zum Anschlag vollsaugte, wie das Gehirn in Turbulenzen geriet, das war der helle Wahnsinn, das machte süchtig, das war *geil.*

Auch Irene kaute geradezu hingebungsvoll.

Natürlich hatte er sofort an Sex gedacht, als sie ihm damals vor die Füße gerutscht war, an hemmungslose Leidenschaft, die ihr Madonnengesicht in das einer Furie verwandeln würde, er wollte sie schreien hören vor Lust. Jetzt stöhnte sie leise auf, es war der intensivste Ausdruck von wolllüstiger Leidenschaft, den er ihr bisher hatte entlocken können.

Eines Tages erschien der kleine, plattfüßige Papagei wieder und wühlte die Balkonkästen auf, für Daniel war er ein echter Unterhaltungskünstler. Trotzdem wünschte er sich heftig, er würde von einer Sekunde auf die andere tot umfallen und seine kurzen, kräftigen Beinchen starr in die Luft strecken.

Leider trat Irene in diesem Moment auf die Terrasse hinaus.

„Ist der süß! Meinst du, wir können ihn zähmen?“, fragte sie leise.

„Kommt nicht in Frage, am Ende sperrst du ihn in einen Käfig.“

Sie hatte sich ein paar Schritte auf das possierliche Tierchen zubewegt, das nun das Köpfchen schräg hielt und sie aus seinen blanken Augen musterte.

„Wenn wir uns nicht um ihn kümmern, wird er eingehen. Irgendwo muss er weggeflogen sein. Er ist ja so süß.“ Sie streckte ihm die Handfläche entgegen, als wollte sie ihn mit Futter anlocken. Aber der Vogel war nicht doof, er zog sich langsam auf den nächsten Blumenkasten zurück.

„Lass ihn in Ruhe“, sagte Daniel scharf. Wenn er gekonnt hätte, hätte er in die Hände geklatscht, so verfiel er auf das Nächstbeste und hustete laut. Der Papagei wartete einen Augenblick, dann hustete er auch, genau im gleichen Tonfall. Erst als Irene lachte, flog er auf. Bedauernd sah ihm Daniel nach.

Warum kam ihm Irene nie mehr wirklich nah? Dieser flüchtige morgendliche Kuss – nicht mehr als ein Streifen der Lippen – war alles, was sie für ihn übrig hatte. Sobald er den Mund öffnete, um ihre Lippen einzusaugen oder mit seiner Zunge darüber zu fahren, zog sie sich zurück, sanft und ruhig, als bemerkte sie sein Verlangen nicht. Manchmal massierte sie seinen verspannten Nacken, und er begann zu hoffen, dass mehr daraus würde. Leg mir die Hände an die Wangen, forderte er dann stumm, lass sie bis zum Hals hinabwandern, beuge dich über mich, drück mir die Kehle zu und küss mich wie früher.

Als er Mathilde gegenüber japanischen Kugelfisch erwähnte, reagierte sie mit blanker Unwissenheit. Dabei hatte er nur einkalkuliert, dass der Fisch nicht leicht zu besorgen sein würde. War er aber erst einmal beschafft, würde er voll auf Mathildes Unfähigkeit vertrauen.

„Japanischer Kugelfisch?" fragte sie zweifelnd. „Ich glaube nicht, dass ich den auf dem Markt bekomme. Aber ich will mich gern umhören. Was ist so Besonderes an dem Fisch? Warum nicht Kalbsfilet?"

Nach dem Debakel mit der Gräte hatte Irene gefordert, ganz auf Fisch zu verzichten.

„Sie sehen ja, was von mir übrig geblieben ist. Nur Ihr Essen gibt mir Hoffnung."

An dem folgenschweren Unfall auf der Rückfahrt von dem Lokal in Davensberg war er mehr oder weniger selbst schuld gewesen.

Mathildes grobes Gesicht lief vor Freude rot an.

„Hoffnung worauf?"

„Das ist schwer zu erklären, lassen wir's. Was halten Sie von Couscous mit Lammfleisch?"

Sichtlich erleichtert nickte sie. „Ich bereite Ihnen alles zu, was Sie wünschen, Sie brauchen's nur zu sagen. Ich esse ja selbst gern."

Vor allem fett und süß, mutmaßte er.

„Ich mag's aber scharf."

„Scharf? Meinen Sie, das tut Ihnen gut? Ein bisschen Curry und Pfeffer muss natürlich ans Couscous", sagte sie zögernd.

„Mathilde", säuselte er, „ich möchte es *sehr scharf*. Ich möchte, während ich Ihr Couscous esse, im Geist Flamenco-Tänzerinnen sehen, die in ihren bunten Röcken herumwirbeln, oder junge karibische Tänzer im Rumbafieber oder Tango am Strand von Rio de Janeiro in einer blauen, sternenübersäten Nacht ..."

Mathildes Blick schweifte durch den großen, karg eingerichteten Raum, der an die Zelle eines Trappistenmönchs erinnerte. Draußen dämmerte ein nebliger, grauer, kühler Tag. Voller Mitgefühl richteten sich ihre Augen wieder auf Daniel.

„Ja", sagte sie mit schleppender Stimme, „in gewissen Lebenslagen bleibt einem nur noch das Träumen."

„Ja", bestätigte er trocken, „aber auch fürs Träumen braucht man Unterstützung. So ganz aus dem Leeren lässt sich verdammt schlecht träumen. Ich hatte an Chilischoten gedacht."

Jetzt würde sich zeigen, ob Mathilde ihm bereits so weit ergeben war, diesen Köder anstandslos zu schlucken.

Sie überlegte, er konnte genau sehen, wie sie über seinen Wunsch nachdachte, obwohl es ja an sich nicht so schwer war, das Für und Wider von Chilischoten zu erwägen.

„Oder Sambal Oelek, dieses indische Zeug?", fragte sie schließlich zögerlich.

Hatte sie das Angebot ernst gemeint? Er blinzelte vor Überraschung. Schon sah er vor seinem geistigen Auge, wie sie löffelweise Sambal Oelek ins Couscous rührte, bereits der Gedanke an das sauscharfe Zeug trieb ihm die Tränen in die Augen.

„Auch gut, Mathilde, je mehr, je heißer die Träume", sagte er heiser.

„Meinen Sie?" Ganz überzeugt war sie immer noch nicht, ihr Gesicht legte sich in nachdenkliche Falten, das machte ihn wahnsinnig.

Komm schon Mathilde, sag ja, dachte er inbrünstig.

„Haben Sie denn schon mal etwas richtig Scharfes gegessen?"

„Mathilde, kommen Sie, wir sind doch nicht im Kindergarten."

„Nein?"

Nein, dachte er grimmig, auch wenn ich Windeln trage.

Sie räusperte sich umständlich. „Na, gut. Ich mach's für Sie allein, wenn's recht ist. Für Ihre Gattin koch ich lieber Broccoli mit Käsesahnesauce, ohne Fleisch, was ganz Mildes. Aber Ihnen, Ihnen werden die Flammen aus dem Hals schlagen. Nicht wahr?" Sie lächelte ein wenig unsicher.

„Mathilde", keuchte er, schwindlig vor Erleichterung, „Sie sind ein Schatz."

Er stand in einem brennenden Haus. Flammenzungen liefen über den Teppich, ein Vorhang fing Feuer. Ein altes Haus mit Eichenbalken an den Decken, die schon aufglühten. Dicker Rauch quoll auf ihn zu, doch er stürmte vorwärts. Irene kauerte in der gegenüberliegenden Zimmerecke, eine Faust vor den Mund gepresst, in ihren Augen stand nackte Angst. Hustend und keuchend schob er einen Sessel beiseite, stemmte sich gegen ein im Weg stehendes Sofa. Immer mehr Möbel behinderten ihn, Irene wollte zu ihm, sie streckte flehend eine Hand nach ihm aus, aber er rief ihr barsch zu, in der Ecke zu bleiben.

Über ihm knirschte es bedrohlich, ein Funkenregen ging auf ihn nieder und versenkte ihm die Haut. Das tat weh, das tat so verdammt weh! Aber er hatte keine Zeit zum Jammern. Der Balken über ihm brach, er wollte zur Seite springen, da krachte ein großes Stück Kantholz auf ihn herunter und traf seinen Nacken, ein scharfer Schmerz durchzuckte ihn, bevor ihn Bewusstlosigkeit umfing.

Auf einmal steckte er wie ein Maulwurf in seiner eigenen Kehle, sein ganzes Bewusstsein steckte in der Kehle fest, die teuflisch brannte. Etwas lief die Seitenwände hinunter, er atmete das

Zeug ein, das schwach nach Zitrone schmeckte und eklig ölig. Er hatte den Mund voll grässlicher Schmiere, das war Chemie pur, der ganze Mund war innen mit Schmieröl versaut, er hustete es krampfhaft aus, während der Rest noch die Kehle hinablief.

Nur langsam ging ihm auf, was passiert war.

Der neue Pfleger hatte sich das Fläschchen mit dem Massageöl vom Beistelltisch geschnappt, auf dem die verschiedensten Medikamente und Pflegemittel standen, und hatte ihm – igitt! –das Öl in den Hals gekippt. Das Öl hatte sich im Mund verteilt, an die empfindlichen Schleimhäute gelegt, war die Speiseröhre hinuntergerutscht und hatte die Flammen gelöscht, die ihm den Atem verschlagen hatten. Wasser hätte dem Brand ironischerweise noch ordentlich Zunder gegeben. Er hatte sehr auf Wasser gesetzt. Warum war Mathilde nicht hereingetrampelt und hatte ihm Wasser in den Hals gegossen, das wäre doch genau ihr Stil gewesen?

Seine Augen tränten, er hechelte und schielte an dem Pfleger, dieser Pfeife, vorbei zu Irene. Auch ihr standen Tränen in den Augen, sie taumelte auf den Kerl zu und legte ihm die Hand auf den Arm.

„Danke … ich bin Ihnen so dankbar … so unendlich dankbar“, murmelte sie stockend, während Daniel den Mann in Gedanken mit einem Baseballschläger verdrosch.

„Woher wussten Sie, dass Öl das Richtige ist?“, fuhr sie etwas gefasster fort.

Der Pfleger stippte den Finger in die Reste des Couscous, roch daran, kostete und zog heftig die Luft ein. „Ich hab mir auch mal mit scharfem Zeug die Kehle verätzt. Das hier schmeckt nach Körperverletzung. Dafür sollten Sie die Köchin verklagen.“

„Ich mag's scharf. Und halten Sie sich aus meinen Personalangelegenheiten heraus“, krächzte Daniel wütend.

„Nein“, erwiderte Irene verstört.

Der Pfleger musterte ihn abschätzend.

„Ihr Mann gehört in eine psychiatrische Anstalt“, sagte er mit brutaler Offenheit.

Der Kerl sah auch noch wie ein Grobklotz aus. Untersetzt, geradezu bullig, mit nach hinten gegeltem Haar, und er trug ausgelatschte, billige Turnschuhe.

Irene wich vor ihm zurück und zog die Schultern zusammen. „Nein", stieß sie hervor, „er gehört hierher, zu mir. Sagen Sie so etwas nie wieder!"

Was für ein Augenblick! Vor Ergriffenheit schloss Daniel die Augen. Den Augenblick musste er festhalten, sich so einprägen, dass er ihn täglich mindestens dreimal aufleben lassen konnte. Er gehört zu mir, hatte sie gesagt! Einfach so. Zu mir! Sag das noch mal, Liebling, bitte, sag das noch einmal, dachte er inbrünstig. Und küss mich endlich, küss mich *richtig*, und ich glaube dir alles, was du sagst. Aufs Wort glaub ich dir.

Meine Güte, tat das gut! Für dieses Glücksgefühl würde er das Zeug jederzeit noch einmal schlucken.

Allerdings war ihm klar geworden, dass er die Strategie grundlegend ändern musste. Als erstes galt es, den etwas zu aufmerksamen und klugen Pfleger zu ersetzen. Zum Glück erhob Irene keine Einwände. Nur sollte es gar nicht leicht sein, einen zu finden, der seinen speziellen Ansprüchen genügte.

Er war bereits völlig entmutigt, als sich Harald vorstellte.

Der junge Mann war zwei Jahre älter als Irene, blond, mittelgroß und für jemanden, der fähig sein musste, eine siebzig Kilo schwere Halbleiche zu pflegen, körperlich eher unterentwickelt. Aber darauf kam es ja nicht an. Er bekannte offen, Wähler der Grünen zu sein und Veganer, eine Art vegetarischer Vegetarier, soweit Daniel verstand. Der aß nicht mal Käse. Veganer war er bestimmt noch nicht lange, denn er wirkte nicht so ausgemergelt und unfroh wie die meisten, die Daniel gesehen hatte. Er war sogar ganz hübsch, ein Sensibelchen, den verhuschten Bewegungen nach, der entschuldigte sich bestimmt bei jeder Zwiebel, bevor er sie aß.

Am zweiten Tag fing Irene mit dem Neuen ein Gespräch über Kunst an, nachdem sie zufällig herausgefunden hatte, dass sie beide die gleiche Ausstellung frühgotischer Madonnen im Landesmuseum besucht hatten. Daniel hörte bloß zu, er durfte nicht stören.

Bevor er die Schuhmanufaktur geerbt hatte, hatte er sich sehr für Kunst interessiert und später dann immer weniger Zeit dafür gehabt. Und dieser Harald malte sogar, das gab ihm einen viel romantischeren Schimmer als die Vorliebe für Rohkost. Daniel stellte sich blasse Farben und verlaufene Konturen vor. Irene kam jetzt öfter herauf, wenn sie wusste, dass der Neue Dienst hatte. Daniel starrte an die Decke und vermied jedes Geräusch, um die beiden nicht an ihn zu erinnern, sobald sie sich in ein Gespräch vertieft hatten.

Das klappte schon fast zu gut.

Harald war ein miserabler Vorleser. Daniel vermutete, dass er absichtlich schlecht las, um ihn zu ärgern, nachdem er einmal zufällig bei einer Geschäftsbesprechung dabei gewesen war. Wegen der sich abzeichnenden Konjunkturflaute hatte Daniel ohne weiteres dem Vorschlag seiner Geschäftsführer zugestimmt, einigen Angestellten zu kündigen. Außerdem sollte den restlichen das Gehalt gekürzt werden, nur die Geschäftsführer selbst waren von den Sparmaßnahmen ausgenommen. Nach der Besprechung verhielt sich Harald Daniel gegenüber irgendwie reservierter, und daran merkte Daniel, dass dieser Harald von der Führung eines mittelständischen Betriebs keine Ahnung hatte.

Im Stillen musste Daniel ehrlicherweise einräumen, dass er den Geschäftsführern gern das Gehalt gekürzt hätte, *sehr gern sogar.*

Die neue Strategie war ein mühsames und leider auch deprimierendes Geschäft, mit soviel Missmut hatte Daniel auf seinem Beobachterposten nicht gerechnet. Aufheiterung bot nur der Papagei, der ihn regelmäßig besuchte, ihn völlig ignorierte und selbstvergessen herumkasperte. Am liebsten riss er verwelkte Geranien ab und schmiss Blumenerde herum, bis es auf der Terrasse aussah wie in einem vollgeschissenen Hühnerhaus. Um sich nicht die Schuhe schmutzig zu machen, taumelte Harald ungeschickt auf Zehenspitzen durch den Dreck bis zum Rollstuhl, und Daniel fragte sich, ob er sich das Bein brechen würde, wenn er hinfiele.

Inzwischen war es kalt geworden, dem Papagei schienen die arktischen Temperaturen jedoch nichts anzuhaben. In dieser Hinsicht fühlte sich Daniel ihm sehr verbunden. Er spürte ja auch nicht, ob ihm die Füße kalt geworden waren. Er verbot allen Hausangestellten, den Papagei zu füttern, er sollte kommen und gehen, wie es ihm gefiel, und Daniel fuhr fort, ihm den Tod zu wünschen.

Anfang Dezember wurde es kalt.

Einige Tage später war es kalt genug, um daranzugehen, einen neuen Plan in die Tat umzusetzen, an dem er im Geist lange gearbeitet hatte. Die wesentliche Arbeit bestand darin, Mathilde dazu zu überreden, ihm einen besonders hochprozentigen russischen Wodka zu besorgen und kalt zu stellen.

„Sehrrr kalt", sagte er augenzwinkernd zu ihr.

Mathilde hatte keine Einwände, sie zuckte nicht mal, denn sie war nun soweit, dass sie ihm alles versprach, was er wollte.

Sobald die Dachterrasse vor Frost nur so glitzerte, ließ er sich von Peter hinausschaffen, machte den Mund weit auf und atmete fast eine Stunde die schneidende Luft ein, bis ihm die Mandeln brannten. Aus dem Zimmer hinter ihm war schwach das Ping-Ping der Uhr zu hören, sonst herrschte abgründige Stille. Die Zeit verrann unendlich träge wie flüssiger Sand.

„Peter!" Er konnte nur noch krächzen. Der Pfleger hatte fröstelnd ab und zu nach ihm gesehen, gerade war er wieder aufgetaucht. „Mir wird kalt."

„Ich schaff' Sie sofort wieder herein." Peter war sichtlich erleichtert.

„Nein, mir gefällt's hier draußen, ich bin oft genug eingesperrt. Ich brauche nur was zum Aufwärmen. Geh zu Mathilde und sag ihr, sie soll mir einen doppelten Wodka bringen."

„Aber klar! Mach ich doch gern.“

Daniel überlegte kurz.

„Mathilde soll den Wodka bringen, du rührst ihn nicht an. Ein Tropfen, und du fliegst raus. Diesmal ist es mir ernst damit.“

Peter stand hinter ihm, Daniel zählte die Sekunden, bis er antwortete.

„Geht in Ordnung.“ Das klang eindeutig mürrisch. „Ich werde jetzt sowieso von Harald abgelöst.“

Daniel fuhr einen im Sonnenlicht glitzernden Abhang hinunter, dabei legte er die Spur, auf der Irene ihm nachfolgen sollte. Sie war das Fahren in unberührtem Neuschnee nicht gewohnt. Der Schnee stob zu beiden Seiten auf, und vor ihm erstreckte sich eine grenzenlos weite weiße Welt, hinter ihm schimmerte hoheitsvoll der Firn auf den Viertausendern. Er zog die Kurven enger, setzte kaum noch die Stöcke ein, er flog dahin in endlos langen Schwüngen, die kalte Luft schnitt scharf in seine Lungen und machte ihm den Brustkorb weit. Frei, für immer frei sein! Vor ihm tauchte ein Huckel auf, er hob elegant darüber ab. Plötzlich löste sich die Bindung des rechten Skis. Das Brett wirbelte hoch, drehte sich, die Kante glänzte stahlblau auf, der Ski sauste herab und traf ihn mit einem harten Schlag in den Nacken.

Als er zu sich kam, tat die Kehle so weh, als hätte jemand mit Messern darin herumgewerkelt.

Wieder Pech gehabt.

Am liebsten hätte er vor Wut gebrüllt, brachte aber keinen Ton heraus. Er hatte fest auf Herzstillstand gesetzt, hervorgerufen durch den Genuss von gefrierschrankkaltem, hochprozentigem Wodka in eisiger Luft. An sich eine todsichere Sache. Was war schiefgegangen? Vermutlich hatte sich der Wodka auf dem Weg durchs Haus um die paar entscheidenden Grad erwärmt.

Oder?

Eine Erinnerung brach sich Bahn, eine Erinnerung an etwas Feuchtes, Warmes auf seinem Mund.

Jemand hatte ihm seinen Atem in die Lungen geblasen.

Von einer irrwitzigen Hoffnung durchdrungen, lugte er zu Irene und stellte sich einen langen, leidenschaftlichen Kuss von ihr vor, der darauf abzielte, sein Leben zu retten.

Doch da war auch ein bestimmter Geruch gewesen, ein abgestandener Küchengeruch, den er mit Irene absolut nicht in Verbindung bringen konnte.

Mathilde trug eine fleckige lange Küchenschürze und strahlte, als hätte sie gerade den Jackpot geknackt.

Und während alle um ihn herumstanden – Irene, Peter, Harald – versuchte er damit klarzukommen, dass Mathildes breites, feuchtes Fischmaul auf seinem Mund gelegen hatte.

Das löste einen grässlichen Würgreiz bei ihm aus.

Irene schluchzte und schüttelte in purem Unverständnis den Kopf, während Harald ihr beruhigend auf die Schulter klopfte. Einen Moment lehnte sie sich an ihn.

„Mathilde", sagte sie ruhig und rückte von Harald und seinem Mitgefühl ab, „Sie werden dieses Haus auf der Stelle verlassen. Wie konnten Sie ihm diesen eiskalten Wodka geben? Ich verstehe das nicht. Ein bisschen Verstand sollten Sie schon haben."

Mathildes Siegerlächeln erlosch, sie begann ihre abgearbeiteten Hände zu kneten, während sich Schuldbewusstsein in ihrem Gesicht breitmachte. Arme alte Seele. Daniel hielt es nicht für denkbar, dass sie auch nur ahnte, mit welchen Hintergedanken er sie über die Aushilfszeit hinaus behalten hatte.

„Lassen Sie mich bitte", sagte Irene kühl, „mit meinem Mann allein."

„Mathilde ist ein Alptraum", erklärte sie, sobald die anderen den Raum verlassen hatten, „ich weiß nie, auf welche Dummheit sie als Nächstes verfällt. Ich will sie nicht mehr im Haus haben. Und wenn du damit nicht einverstanden bist, spreche ich mit unseren Anwälten und den Ärzten."

Sie schaute ihn nicht an, sondern wieder einmal an ihm vorbei. Ihre Entschlossenheit überrumpelte ihn. Der letzte Fehlschlag hatte ihn in ein moralisches Tief versetzt, aus dem er sich nicht so schnell herausarbeiten konnte. Nur deshalb gab er klein bei.

„Na, schön, ich hoffe, du kannst Frau Kellermann überreden, zu uns zurückzukommen."

Verdammt, er hätte wenigstens eine neue Köchin fordern sollen, nicht die Kellermann, die hielt eisern zu Irene.

„Dann", Irene sah zum Fenster hinaus, „bist du jetzt mit dem Wechsel einverstanden?"

Beinahe, Schatz, dachte er, beinahe …

„Wir werden Mathilde ein schönes Zeugnis ausstellen und sie zum nächsten Ersten entlassen, damit es besser aussieht. Keine fristlose Kündigung von heute auf morgen", erklärte er scheinbar bereitwillig.

Vierzehn Tage Galgenfrist, gut dass ihm das eingefallen war.

Irene musste erst nachdenken.

„Das sind gerade mal zwei Wochen", setzte er überredend hinzu.

„Die werden wir auch noch überstehen", gab sie schulterzuckend ihr Einverständnis.

Daniel fiel nichts ein. Sosehr er sich auch anstrengte, ihm fiel nichts ein, dabei brauchte er dringend eine neue Idee. Nach einer Woche wurde sein Verstand vom blanken Horror der Unkreativität getrübt, während er dagegen ankämpfte, Mathilde knallhart zu bitten, ihm Arsen ins Essen zu mischen.

Irene befasste sich unterdessen neben Kunstgeschichte auch mit Anatomie. Oder tat sie das nur wegen Leonardo? Wegen Leonardo da Vincis anatomischen Zeichnungen?

Daniel mochte anatomische Zeichnungen, vor allem die von Füßen. Peter zeigte ihm eine. In Irenes Kunstbuch gab es noch mehr, Daniel ließ ihn blättern.

Eine Tafel zeigte die Anatomie des Schädels mit Ohrknöchel und Zungenbein, die Seite wies ein Eselsohr auf.

Noch vor Silvester verabschiedete sich Mathilde in gedrückter Stimmung, die Daniel voll und ganz teilte. Nach ein paar Tagen, in denen der Haushalt von einem Catering-Service versorgt wurde, trat Frau Kellermann ihre alte Stelle wieder an. Auf Daniel war sie noch schlechter als früher zu sprechen.

An einem Tag Ende Januar lag der kleine grüne Papagei zwischen welken Stengeln im Blumenkasten, die Beinchen senkrecht in die Luft gestreckt, und rührte sich nicht mehr. Also, dachte Daniel zugleich erleichtert und zerknirscht, hatte intensives Wünschen doch Erfolg, – bloß nicht da, wo es wirklich drauf ankam.

Am gleichen Tag bat er Frau Kellermann zu sich herauf.

„Ich möchte“, sagte er ohne Umschweife, „dass Sie uns für Sonntag ein besonderes Essen zubereiten.“

„Ihre Frau bespricht mit mir, was ich kochen soll“, wehrte Frau Kellermann hölzern ab.

„Am Sonntag“, fuhr Daniel in leisem, leicht getragenem Ton fort, „ist unser fünfter Hochzeitstag. Vielleicht kommt es Ihnen seltsam vor, dass ich eine Feier haben möchte. Ein intimes, kleines Essen für mich und meine Frau, um Erinnerungen heraufzubeschwören und uns zu vergewissern, was sie uns bedeuten.“

Frau Kellermann hatte sehr gefasst zugehört, zeigte jetzt aber doch dezente Anzeichen von Rührung.

„Das verstehe ich.“

„Dann werden Sie uns etwas zubereiten, was ich mir seit langem wünsche? Etwas mit Erinnerungswert? Und werden Sie den Tisch mit dem Nymphenburger Porzellan decken, das unten in der Vitrine steht? Und Kerzen?“

Langsam erwärmte sich Frau Kellermann für das Szenario, das er vor ihr entwarf. Romantik mit Damastservietten und Kristallgläsern.

Ein Abend zu zweit in sanftem Kerzenschimmer. Er bat Irene, etwas zu tun, was sie sonst in beiderseitigem Einvernehmen nicht machte, nämlich ihn zu füttern. Sie nahm den Deckel von der Terrine, in die Frau Kellermann das nach seinen Wünschen in Rotwein geschmorte Kaninchen gegeben hatte.

Nymphenburger Porzellan hatte vor zwei Jahren auch in dem Landgasthaus auf dem Tisch gestanden.

Irene schob ihm die Bissen in den Mund, ließ ihm Zeit zu kauen und tupfte behutsam seine Lippen ab.

Eigentlich hatte er sich mehr Widerstand erhofft.

In dem Restaurant hatten sie nach dem Essen noch Bekannte getroffen und beide zu viel getrunken. Irene trank sonst nie mehr als ein Glas Wein. Als sie sich endlich verabschiedeten, ging es bereits auf Mitternacht zu, sie waren die letzten Gäste.

Das Lokal lag an einem alten Brückchen, das über einen Bach führte und von einer stark verwitterten Nepomukstatue bekrönt wurde. Die Landstraße war hier sehr schmal und wurde auch kaum breiter, zu beiden Seiten ragte dunkler, trister Wald auf, der Wagen schlingerte auf nassem Laub durch eine gottverlassene Gegend.

Ein Kaninchen hoppelte auf die Fahrbahn, blieb sitzen und starrte mit rot aufleuchtenden Augen dem heranrasenden Wagen entgegen. Jetzt noch zu bremsen war unmöglich. Die Blätter machten aus dem Asphalt die reinste Rutschbahn. Irene schrie auf und griff Daniel ins Steuer. Obwohl er sofort gegenlenkte, verlor er die Kontrolle über den Wagen. Der BMW brach aus der Spur, schlidderte seitwärts, drehte sich und krachte gegen einen Baum. Ein Aktenkoffer flog von der Rückbank hoch an die Decke und schoss herunter, als er gerade nach vorn geschleudert und vom Airbag aufgefangen wurde. Die harte Kante des schweren Koffers traf ihn genau ins Genick.

Etwas heftiger, und er wäre ganz weg gewesen.

Ganz zur Unzeit war in Irene die Tierliebe hochgekommen.

Für Daniel hatte das Kaninchen nur nach bitterster Wehmut geschmeckt.

Irene stellte die Teller beiseite, sie hatte ihre Portion nicht angerührt. „Ich esse so etwas nicht mehr“, sagte sie bestimmt.

Sie beugte sich über ihn und küsste ihn lange und zärtlich, rückte von ihm ab und sah ihm beinahe heiter in die Augen.

„Das wolltest du doch, nicht wahr? Danach sehnst du dich so lange schon."

Heillos überrascht, wollte er etwas Zustimmendes sagen, aber da lagen ihre Lippen schon wieder auf seinen, ihre Zunge glitt in seinen Mund, erkundete den Gaumen, schweifte in der Mundhöhle umher. Unversehens polterten Gefühle wie Gesteinsbrocken in seinem Kopf herum und drohten, ihn zu sprengen, es gab ja nur den Kopf, in dem sich alles abspielen musste, und auf einmal hatte das, was er empfand, dieses tiefe, heiße Begehren, dort gar keinen Platz mehr. Irenes Hände schlossen sich um seinen Hals, stöberten, tasteten, während er erwartungsvoll die Augen schloss. Sie hatte begriffen, wie sie ihn auch jetzt noch zum Höhepunkt treiben konnte, endlich empfand sie genau wie er.

Mit einem heftigen Ruck brach sie ihm das Zungenbein.

* * *

„Sagen Sie, was war das für ein Rotwein?", fragte der Wirt dumpf. Er hatte den Kopf gesenkt, die Hände hielten das halbvolle Weinglas zwischen den Knien.

„Der Wein?", echote Meyer nach einer Weile wie aus weiter Ferne. „Das war einer mit einem wilden Duft und einem fleischigen Körper, der machte den Mund voll, den konnte man fast kauen."

„Das Lokal lag in Davensberg, sagten Sie?", fuhr der Wirt mit flacher Stimme fort. Zurück ist er durch die Davert gefahren, setzte er in Gedanken hinzu.

„Spielt das eine Rolle?", mischte sich Frau Winter ein. „Ich hätte gern gewusst …"

„Jetzt fragen Sie bloß nicht nach dem Rezept für Kaninchen in Rotweinsauce", zischte die Dachs.

Körper, dachte der Wirt, Körper kann man anfassen, und nun roch er Brombeeren, die wuchsen in Massen in der Davert. Er nahm einen Schluck.

Ganz klar, Brombeeren zum Anfassen.

„Jetzt sind *Sie* aber der Stimmungskiller", hörte er Wöller, anscheinend war die Dachs gemeint. „Und was mich betrifft, fand ich meine Geschichte unterhaltsamer. Diese Beziehungsdramen sind nichts für mich."

„In Ihrer Geschichte treibt's einer mit einer Gans, finden Sie das denn witzig?" warf Meyer ein.

„Ich wollte wissen, wie er gestorben ist oder woran", sagte Frau Winter konsterniert.

„Er ist erstickt, einfach erstickt, ohne die Augen noch einmal zu öffnen", erklärte Meyer.

„O Gott", seufzte Harry Hirsch angeödet und stand den Geräuschen nach auf.

Der Wirt hob den Kopf. Tatsächlich, Hirsch lehnte mit dem Rücken gegen den Kaminsims. Mauritius pirschte heran, rieb den Kopf an seinem Ohr und schnurrte laut. Harry schien das zu mögen, bis Mauritius begann, an seinem Ohr zu spielen. Erst knabberte er an dem rosa Ding, dann versuchte er, es mit einer Krallenpfote ein bisschen zu zerfetzen. Blitzschnell drehte sich Harry um, packte den Kater im Nackenfell und hob ihn auf Augenhöhe. Mauritius strampelte hilflos, das Schnurren war ihm vergangen.

„Hab mir schon gedacht, dass du ein falsches Biest bist. Weißt du, was man mit Viechern wie dir macht?"

„Nicht!" Beschwörend hob Franz Parkow seine weißen Patschhände. „Tun Sie ihm nicht weh. Ich kann es nicht ertragen, wenn Sie so einem kleinen, unwissenden Geschöpf etwas antun."

Ohne mit der Wimper zu zucken, ließ Harry Mauritius fallen. Der drehte sich einmal um die eigene Achse, kam unten auf seinen vier Pfoten an und verdrückte sich aufgebracht in die Halle.

„Und was ich noch sagen wollte", fuhr Harry sachlich fort, „ich glaube nicht, dass man's mit 'ner Gans treiben kann. Mit 'ner Kuh oder 'ner Ziege schon, aber nicht mit 'ner Gans. Also, was soll der Scheiß?" Neugierig guckte er Meyer an.

„Richtig“, bekräftigte Wöller. Allmählich bildeten sich zwei Fronten.

Aus der Halle war Geklapper zu hören.

„Was war das?“, erkundigte sich Frau Winter erschrocken. Alle lauschten angestrengt.

„Wird der Kater gewesen sein“, sagte Parkow bedächtig. „Bestimmt ist er noch durcheinander.“

Marion Dachs nahm die Äußerung wohl als endgültigen Beweis, dass sich Parkow auf ihre und Meyers Seite schlagen wollte, sie lächelte ihn an.

„Vielleicht hat Mauritius den Schirmständer umgeworfen.“

„Oder die Uhr“, sagte Wöller und erhob sich, „nachschauen müsste man auf jeden Fall.“

Harry stieß sich vom Sims ab. „Geht klar, Wilbert.“

„Moment!“ Karrack raffte sich auf. „Nicht immer die Gleichen“, sagte er. Beiläufig drückte er den überraschten Wilbert Wöller in seinen Sessel zurück, sobald er ihn erreicht hatte. Gegen Harrys Begleitung hatte er dagegen nichts einzuwenden.

Die Stimmen der beiden verloren sich in der Halle, nur einmal war der Name Mauritius zu hören. Eine Tür schlug zu.

Den Wirt befiel Unruhe, weil die beiden so lange ausblieben. Der Schirmständer befand sich gleich hinter dem Eingang, und eigentlich hatte es gar nicht nach dem Ding geklungen. Es war aus massiver Eiche gefertigt und hatte einen vierteiligen Messingaufsatz, der mit allerhand stachligem Zierrat rund um den Rand bei einigen Gästen schon für Unmut gesorgt hatte. Mindestens drei Hosen hatten die Begegnung mit dem Ständer nicht unbeschadet überstanden.

Was trieben diese Männer? Wo strolchten sie herum? Die Uhr war erst recht zu schwer, als dass der Kater sie hätte umwerfen können. Endlich hörte er die beiden Gäste zurückkommen.

Wie einen kleinen schlaffen Sack trug Harry Mauritius unter den Arm geklemmt.

„Was soll …?“ Der Wirt erhob sich. „Was haben Sie mit meinem Kater angestellt?“, blaffte er.

Mauritius hob den Kopf und blinzelte mit einem Auge. Vernünftigerweise beruhigte sich der Wirt wieder und wartete auf eine Erklärung, während Harry das Tierchen behutsam auf dem Sims absetzte.

„Es war doch der Schirmständer, der Kater war drunter eingeklemmt“, sagte er.

Karrack fing einen angespannten Blick von Frau Winter auf und schüttelte unmerklich den Kopf, bevor er sich wie ein Taschenkrebs zurück in seine dunkle Ecke schob.

„Tja“, der Wirt rieb sich die Hände, nachdem alles wieder in Ordnung war, „ich nehme an, dass Sie heute noch nach Hause wollen. Soll ich jemandem ein Taxi rufen?“

Überraschend kicherte Marion.

„Sie erlauben doch wohl“, sagte die alte Dame vorwurfsvoll, „dass wir unsere Gläser austrinken, bevor Sie uns vor die Tür setzen?“

„Ziemlich unhöflich“, bemerkte Meyer, machte aber keine Anstalten, die Füße vom Hocker zu nehmen. Er tauchte seine Nase ins Weinglas, nippte indes nicht einmal daran.

Wie ein geprügelter Hund nahm der Wirt wieder Platz, mit derart lästigen Gästen hatte er bisher noch keine Erfahrungen gesammelt. Hastig stürzte er ein weiteres Glas Wein hinunter, er wusste nicht einmal, das wievielte es an diesem Abend war, denn er hatte schon, bevor diese Bande von Hausbesetzern aufgetaucht war, das eine oder andere geleert, um den Anblick des toten Kochs ertragen und die Küche aufräumen zu können.

Für einen kurzen Moment verschwammen die Leute vor seinen Augen, lösten sich buchstäblich auf. Kaum gönnte er sich ein zaghaftes Aufatmen, traten sie wieder in Erscheinung. Verdutzt hob er die leere Weinflasche hoch und starrte auf das Etikett. 14,5 % Alkohol.

Na dann, dachte er und kratzte sich das Kinn, an dem seit dem Morgen die Stoppeln sprossen.

„Was ich gern wissen würde", sagte die Winter bedeutungsvoll, „ist, ob dem Koch vielleicht eine Gräte im Hals steckt. Hat er heute Fisch gegessen?"

Meyer lachte erheitert. „Wer meldet sich freiwillig, um dem Koch in den Hals zu fassen? Man muss die Finger ganz schön tief hinten in die Kehle stecken." Er demonstrierte es an sich selbst, bis er anfing, scheußlich zu würgen und zu röcheln.

„Daniel!" Marion zog ihm sacht die Hand aus dem Hals. „Hör auf damit."

„Klarer Fall von Fixierung", meldete sich Karrack dumpf aus der Ecke.

„Na, na", mahnte die Winter, „wir wollen doch nicht *zu* persönlich werden. Aber wenn es keine Gräte ist, hat Ihr Koch eventuell etwas Schlechtes gegessen?"

Der Wirt stellte die Weinflasche ab und verbarg das Gesicht in beiden Händen. „Können Sie nicht mit der furchtbaren Fragerei aufhören? Mein Koch ist tot, und Ihr Nachbohren ändert auch nichts daran. Geben Sie endlich Ruhe", nuschelte er gequält.

„Wir nehmen nur Anteil und helfen Ihnen, Ihre Last zu tragen. Begreifen Sie das denn nicht?", fragte Franz Parkow. „Anteilnahme ist ein menschliches Vorrecht, das wir hier geltend machen. Sie wissen doch, was John Donne gesagt hat: ‚Niemand ist eine Insel, ganz für sich allein …'" In sehr getragenem Ton trug er das komplette Gedicht vor, am Ende hatten alle bis auf den Wirt, der sich resistent gegen die hohe Dichtkunst zeigte, feuchte Augen, – sogar Karrack in seiner Ecke.

Aber auch Mauritius blieb unbeeindruckt, hektisch leckte er seine leicht geknickte Vorderpfote und verlieh damit dem Unfall mit dem Schirmständer einen Hauch von Wahrscheinlichkeit.

„Ich könnte Ihnen stundenlang zuhören", bekannte die Winter verklärt an Parkow gewandt, „Sie sind der geborene Interpret.

Ich hoffe, Sie wissen das. Kennen Sie noch mehr Gedichte auswendig?“

Harry scharrte mit den Stiefeln, um anzudeuten, dass ihm ein Gedicht reichte. Der Wirt setzte sich auf und starrte die alte Schachtel böse an, wagte jedoch keinen Einspruch. Es kam ihm so vor, als flösse seit dem Auftauchen dieser Fremden nur noch Wasser durch seine Adern, dass er mit Wein verdünnen musste, um wieder Mut zu fassen.

„Ich denke“, wandte Franz galant ein, „wir tauschen jetzt die Positionen. Ich könnte mir gut vorstellen, wie wir alle *Ihnen* lauschen.“

Die Winter zierte sich. Ihr falle überhaupt nichts ein, gestand sie, und wer wollte schon einer alten Frau zuhören? Im Stillen gab ihr der Wirt voll und ganz Recht, während er die nächste Flasche entkorkte, die er zügig in Angriff zu nehmen gedachte. Beinahe schwarz plätscherte der Wein ins Glas und sofort entfaltete sich ein Aroma, das an Herbst, Wind und feuchte, modrige Blätter gemahnte. Mit einem Hauch von Rauch.

„Ich frage mich“, sagte die Winter gedämpft, „ob der Koch ein empfindsamer Mensch war. Ein zartbesaiteter, nachdenklicher, den ein Unglück aus der Bahn geworfen hat. Wissen Sie was? Ich erzähle Ihnen jetzt doch eine Geschichte.“

Der Wirt knurrte.

„Ich denke, ich kann's wagen“, fuhr sie unbeirrt fort. „Sie sind ja alle erwachsen. Aber ich möchte hinterher keine schlimmen Kommentare hören …“

Limonen-Lammfilet-Couscous

8 Lammfilets
100 g Couscous
200 ml kräftige Hühnerbrühe
4 EL Limonensaft
Limonenabrieb
1 rote Paprika gewürfelt
1 Zwiebel in Würfel
2 EL Olivenöl
Scharfes Chilipulver
Salz, Pfeffer

Die Couscous-Körner in einem flachen Topf mit der heißen Brühe übergießen und 5 min quellen lassen.
Dann mit einer Gabel auflockern und mit Olivenöl, Limonenabrieb, -saft und den anderen Gewürzen abschmecken.
Angeschwitzte Zwiebel- und Paprikawürfel untermischen und mit den gebratenen Lammfilets servieren.

IV
Rauch

Als der Leiter des evangelischen Kirchenchors bei Johanna anfragte, ob sie immer noch dieses Gästeapartment in ihrem Haus habe und ob es gerade leer stehe, nickte sie unbedacht.

„Das ist doch eigentlich schade", sagte er.

„Was ist schade?"

„Der ungenutzte Wohnraum."

Leider stand Johanna bei dieser Bemerkung immer noch auf ihrer Leitung, bekam aber durch Heriberts Gesichtsausdruck wenigstens mit, dass ungenutzter Wohnraum in Münster in die Kategorie Todsünde fiel.

„Dann könntest du es doch für ein oder zwei Semester meinem Neffen zur Verfügung stellen, das wäre sehr sinnvoll."

Eine von Heriberts vielen bemerkenswerten Eigenschaft war, Leute nicht nur durch das, *was* er sagte, sondern auch dadurch, *wie* er es sagte, und eine dazu passende Miene moralisch unter Druck zu setzen. Bevor man sich besinnen konnte, war man seiner Meinung, nur damit er wieder froh wurde.

„Na ja, wenn du meinst", stimmte sie, wenn auch ohne Enthusiasmus, zu.

„Das ist lieb von dir." Gemessen neigte er das Haupt und lächelte gütig. „Dann ist das also abgemacht", fügte er etwas bestimmter hinzu. Das machte Johanna nun doch rebellisch.

„Warum wohnt er nicht bei dir?"

Er sah sie mit einem leidenden Blick an, der ihr signalisierte, dass sie mit dieser Nachfrage erneut vom christlichen Weg der Nächstenliebe abgekommen war.

„Dann müsste ich ihn in der Badewanne unterbringen."

„Will er nicht in ein Studentenwohnheim?" Es war natürlich blöd, jetzt nochmals zu intervenieren, aber sie traute Heribert zu, ihr den Neffen unterzuschieben, weil er genau wusste, dass er kiffte, klaute oder eine andere Untugend an sich hatte, die ihn als Hausgenossen unbeliebt machte.

„Weißt du, wie die Wohnsituation für Studenten in Münster aussieht? Einigen bleibt nur ein Zeltlager auf den Wiesen am Aasee." Heriberts Stimme troff nur so vor Tragik.

„Direkt vorne an der Aabrücke oder weiter hinten?"

„Na schön, wenn du doch nicht willst, lassen wir's. Du hättest das Apartment natürlich nicht umsonst hergeben müssen, mein Bruder wäre bereit, vierhundertfünfzig Euro Miete dafür zu zahlen."

„Warm oder kalt?"

Weder gefiel Johanna Marco Schneider besonders, noch spürte sie Abneigung, als er sich recht höflich bei ihr vorstellte. Aber ihr fiel auf, dass er Lederschuhe statt Sporttreter trug. Seine Sozialisation schien von tradierten Werten geprägt zu sein. Vorsichtshalber fragte sie dennoch, ob er imstande sei, das Apartment in Ordnung zu halten und technische Geräte wie CD-Player bei Zimmerlautstärke laufen zu lassen. Und kein Hund, setzte sie hinzu, weder Hund noch Papagei oder anderes Viehzeug.

Das sei kein Problem, antwortete Marco ruhig.

Irgendeinen Haken musste die Sache doch haben, dachte sie. So leicht ließen sich sonst keine vierhundertfünfzig Euro einnehmen. *Warm* natürlich.

Die ersten zwei, drei Wochen nach dem Einzug ging alles gut. Manchmal vergaß Johanna sogar, den Studenten im Haus zu haben. Doch dann tauchte eines Tages seine Freundin Elaine auf.

„Anna?“ Johanna musste zweimal hinsehen, um die Frau, die in den Anblick einer Schaufensterauslage in der Innenstadt von Münster versunken war, zu erkennen. In der Auslage lagen adrette rosa Marzipanferkel neben Rumkugeln, und über dem Eingang prangte in altgoldenen Buchstaben die Inschrift „Grotemeyer“.

Die Frau drehte sich zu Johanna herum und blinzelte, als müsste sie erst wieder zu sich kommen.

„Johanna?“

Johanna trat auf die Ältere zu und umarmte sie verlegen.

„Schön, dich zu sehen“, nuschelte sie.

„Wirklich?“ fragte Anna. „Das hätte ich jetzt nicht gedacht.“

Anna hatte auch im Kirchenchor gesungen, aber nach einem Vier-Augen-Gespräch mit dem Chorleiter vor etwa zwei Jahren recht plötzlich mit dem Singen aufgehört. Nach ihrem Ausscheiden sank das Durchschnittsalter der Chormitglieder von fünfundsechzig auf dreiundsechzigkommasieben.

„Ich hätte mich mal melden sollen“, sagte Johanna verlegen, „tut mir leid. Hast du jetzt Zeit für einen Kaffee? Ich lade dich ein.“

Anna lachte auf einmal. „Ob ich Zeit habe? Du glaubst gar nicht, wie viel Zeit ich habe, heute zumindest. Morgen muss ich erst zum Orthopäden, dann zum Augenarzt. Und wenn ich dann noch ein bisschen Zeit habe, schau ich im Krankenhaus vorbei, wo meine Schwester gerade mit einem komplizierten Oberschenkelhalsbruch liegt. Sie hat wirklich Pech gehabt. Einfach auf der Straße umgeknickt und … Sie ist einundsiebzig, bloß ein Jahr älter als ich. Ob der Knochen trotz der Schrauben und Dübel wieder richtig zusammenwächst, weiß man nicht.“

Johanna fragte sich nun bang, ob sich das Gespräch im Café Grotemeyer nur um Krankheiten drehen würde. Erst wollte sie auf Kuchen verzichten, um die Sache abzukürzen, konnte aber der Schwarzwälder Kirschtorte nicht widerstehen, und eine Schnitte Käsesahne mutete wie die natürliche Ergänzung zur Kirschtorte an, da ja bekanntlich der pH-Wert der Mundflora nach dem Genuss von säurehaltigem Obst durch Käse neutralisiert wird. Ihr noch verbliebener Zahnschmelz würde es ihr danken.

Sie war verblüfft, als Anna nur Kaffee wollte.

„Ich dachte, du hast Zeit."

„Habe ich auch."

„Hast du was an den Zähnen?"

„Muss ich was an den Zähnen haben, um mal keinen Kuchen zu essen?", winkte Anna ab.

„Hier bei Grotemeyer? Also ehrlich, da würde ich nicht mal drauf verzichten, wenn ich meine Zahnprothese vergessen hätte. Weißt du, ich hab jetzt eine im Oberkiefer links. Also, was ist?"

„Kein Kuchen und keine Milch in den Kaffee."

„Na schön", knurrte Johanna mit einem scheelen Blick auf Annas schlanke Gestalt, „du musst es wissen."

Während sie aß, sah Anna interessiert zu.

„Schmeckt's dir?", fragte sie beiläufig, sobald Johanna die Käsesahneschnitte in Angriff nahm.

„Weißt du, ich hatte heute kein Mittagessen. Aber ich hätte statt Käsesahne lieber den gedeckten Apfelkuchen nehmen sollen, der hat weniger Kalorien. Die Käsesahne hab ich morgen auf den Hüften. Daran hätte ich natürlich früher denken sollen."

Anna rührte mit dem Löffel in der Tasse und schaute konzentriert in das braune Gebräu.

„Du hast ziemlich viel abgenommen", fuhr Johanna fort, „findest du das gut? Willst du mal probieren?" Sie schob ihren Teller hinüber.

Anna starrte einen Augenblick schweigend den Kuchen an, schüttelte den Kopf und schob den Teller zurück.

„Gleich nach meinem letzten Geburtstag bekam ich eine Grippe."

Anna hatte im März Geburtstag gehabt, das war nun Monate her, aber Johanna plagte wieder das schlechte Gewissen. *Sie hätte sich melden sollen!*

„Glaubst du, ich steck mich jetzt noch bei dir an, wenn du den Kuchen probierst?"

Dass sie Anna nicht mal zum Siebzigsten gratuliert hatte, sah natürlich ganz dumm aus. Zwanzig Jahre hatten sie sehr gern zusammen gesungen, angefangen hatten sie beide als Sopran, dann war Anna auf Mezzo abgerutscht und zum Schluss beim Alt gelandet, einem sehr tiefen Alt, und wenn sie durchgehalten hätte, hätte sie schließlich bei den Herren mitmachen können, die Tenorstimme war wie bei allen Kirchenchören ohnehin unterbesetzt.

Johanna widerstand der Versuchung, sich noch einmal für die Funkstille zu entschuldigen oder umständliche Erklärungen nachzureichen. Vielleicht war ihre einzige Gemeinsamkeit ja bloß das Singen gewesen. Abgesehen davon, dass sie beide nach den Chorproben sehr gern über Heribert hergezogen hatten.

„Entschuldige", sagte Johanna, „du wolltest noch was sagen, stimmt's?"

„Ich nehm's dir nicht übel, dass ich nichts mehr von dir gehört habe", sagte Anna.

Ringsum herrschte Gemurmel, Tassen klapperten auf Untertassen, die gediegenen Düfte von Mandeltorte, Kirschsahne und Streuselkuchen wehten herüber. Tütenlampen verstreuten dezentes Licht.

„Ich mir schon", gab Johanna schwerfällig zurück. „Du solltest mit dem Abnehmen aufhören. Du wirst nicht nur um die Hüften herum dünner." Mit drei Fingern strich sie sich durchs Gesicht, um Knitterfalten anzudeuten.

Anna lachte. „Du weißt, dass sich Frauen eines gewissen Alters für Kuh oder Ziege entscheiden müssen. Ich sattle gerade auf Ziege um."

Johanna legte den Kopf schief. „Kuh stand dir besser. Willst du nicht doch etwas?" Sie deutete auf das Stück Sahnetorte, das die Kellnerin feierlich an ihnen vorbei zu einem anderen Tisch trug: ein Traum in Cremeweiß und Rosa, bekrönt mit einem verwegen aufragenden Schokoladenornament.

„Lass mal, heute nicht."

Wahrscheinlich doch was mit den Zähnen, mutmaßte Johanna ehrlich bekümmert.

Nach dem Cafébesuch schlenderten sie ziellos die Salzstraße hinunter, Anna etwas schwerfällig mit Gehstock. Sie trug beigefarbene Schuhe, die nach Orthopädie im alten Stil aussahen. Sie hatten Gummisohlen, geformt wie für Entenfüße.

Die Fußgängerzone zeigte sich um vier Uhr nachmittags dermaßen belebt, dass Johanna sich fragte, wann die Leute einer geregelten Arbeit nachgingen. Angeblich hatte sich ja die Lage auf dem Arbeitsmarkt entspannt und diese Männer und Frauen konnten nicht alle Sozialhilfeempfänger sein, die sich zu Hause langweilten. Vor der Dominikanerkirche hockte wie üblich ein Bettler neben seinem struppigen Köter und wippte mit dem Fuß im Takt der Kratztöne, die zwei halbwüchsige Mädchen mit ihren Geigen produzierten. Bestimmt Schülerinnen der Musikschule, deren Eltern fanden, sie sollten besser auf der Straße üben.

Völlig unbeeindruckt küsste sich ein junges Paar leidenschaftlich unter dem weit vorspringenden Eingang zu Karstadt. Seine Hand griff nach einer ihrer Pobacken, und ihre tat auch etwas Semiunanständiges, es sah fast zu auffallend aus, um echt zu sein. Misstrauisch blickte Johanna sich nach einem RTL-Kamerateam um, entdeckte aber keins.

„Wie gefällt dir das?", fragte sie.

„Ich kann Vivaldi nicht ausstehen."

„Vivaldi? Auf Vivaldi wäre ich jetzt nicht gekommen." Kurz abgelenkt, überlegte Johanna, ob sie den Mädels mit den Geigen genug Geld anbieten sollte, damit sie ihren Kram zusammenpackten.

„Die beiden, ich meine die beiden da." Sie deutete auf das Pärchen.

Anna blieb auf ihren Stock gestützt stehen und antwortete nicht.

„Findest du das nicht …" Johanna suchte nach den richtigen Worten, um Entrüstung auszudrücken, ohne hoffnungslos hinterwäldlerisch zu wirken.

Der junge Mann hatte sie inzwischen entdeckt: zwei alte Frauen, die ungeniert gaffend seine Privatsphäre störten. Schwungvoll hob er eine Faust mit hochgerecktem Zeigefinger und zog seine Partnerin mit sich ins Kaufhaus.

„Diese Geste da gerade ist mir nicht geläufig. War die beleidigend gemeint? Ich kenn mich da nicht mehr so aus", sagte Anna nüchtern. „Also, wenn du mich fragst, mir ist ein knutschendes Paar lieber als Leute, die in ihre Handys schreien und wie Vollidioten wirken."

„Da muss ich dir auch wieder recht geben", sagte Johanna schwach. „Übrigens, was diese Geste betrifft: Da hat uns der junge Mann den *Stinkefinger* gezeigt. So was kannten wir früher ja nicht, früher tippte man sich höchstens mal an die Stirn, wenn man jemanden beleidigen wollte. Aber ich hab mich schlaugemacht. Du musst dir vorstellen, mit diesem Finger bohrt man sich hinten …"

„Lass es, so genau muss ich das in meinem Alter nicht wissen."

Bevor sie sich trennten, lud sie Anna für einen der nächsten Tage zum Abendessen ein.

„Mach dir aber nicht so viel Mühe", bat Anna, „nur ein schlichtes Abendbrot, ich …"

„Und ob ich mir Mühe gebe", fiel ihr Johanna ins Wort, „ich hab noch was bei dir gutzumachen."

Anna drechselte an ihrem Lob über das Wiener Schnitzel mit den selbstgemachten Kroketten und den frischen Pfifferlingen derart langwierig herum, dass Johanna den irritierenden Eindruck gewann, Anna hätte sich mit den gleichen Wendungen auch über angebrannte Frikadellen und ungesalzene Steckrüben geäußert.

Entmutigt stellte Johanna zur Abrundung des Mahls einen flachen Teller mit halbierten und mit italienischem Likör begossenen Pfirsichen auf den Tisch.

„Wie hübsch", sagte Anna, stützte einen Ellbogen auf, presste die Faust an den Mund und beäugte nachdenklich den Teller, als schwabbelte dort eine Qualle in Meerwassertunke.

Die Pfirsiche waren aus der Dose, na gut, aber …

„Riechst du den Mandellikör?", erkundigte sich Johanna pikiert. Der Likör hatte mehr gekostet als eine Riesling-Spätlese aus dem Rheingau – Erzeugerabfüllung und DLG-prämiert –, die sie beinahe genommen hätte. Mit der Miete für das Apartment konnte sie sich so etwas jetzt leisten.

„Schon", sagte Anna.

Johanna ging noch einmal in die Küche und kam mit einer Cognacflasche und zwei Schwenkern zurück. „Willst du auch einen?" Schwer ließ sie sich auf den Stuhl fallen. „Was hab ich beim Kochen falsch gemacht?"

Anna schaute zum Fenster hinaus, es wurde gerade dunkel. Im Garten verschwammen langsam die Konturen, und die Farben verblassten in schmuddeligem Einheitsgrau.

Das Grau gab Johannas momentane Stimmung perfekt wieder. Ihr ging auf, dass sie diese Stimmung viel zu häufig hatte, das war ja fast schon krankhaft. Das Schnitzel lag ihr nun wie Beton im Magen.

„Nichts, soweit ich das beurteilen kann."

„Waren die Pfifferlinge sandig? Ich hab sie dreimal gewaschen." Sie stockte. „War dir dein Schnitzel zu fasrig oder zu salzig? Sag doch was!"

Neuerdings verzichtete man ja auf Salz wegen des Bluthochdrucks, selbst im Brot sollte es reduziert werden, was Johanna verbrecherisch vorkam. Ein Angriff der EU auf die deutsche Brotkultur, die waren ja nur neidisch, die Italiener, die Franzosen und die Holländer, weil es in Deutschland auch noch was anderes gab als labbriges Einheitsbrot, mit dem man unbedenklich Hühner füttern konnte.

Langsam kehrte Annas Blick zu ihr zurück. „Von mir aus", sagte sie leichthin, „hättest du die Schnitzel auch mit Zucker panieren können, ich hätte keinen Unterschied gemerkt."

„Was soll das denn heißen?"

„Der Arzt meinte", fuhr Anna mit leiser Verzweiflung fort, „es liegt an der Grippe, aber ich bräuchte mir noch keine allzu großen Sorgen zu machen. Meistens kommt der Geschmackssinn nach einiger Zeit wieder. Allerdings sind seit der Grippe vier Monate vergangen, verstehst du?"

Johanna blinzelte, während sie die Informationen sacken ließ. Je länger sie damit beschäftigt war, desto ungeheuerlicher kamen sie ihr vor.

„Du schmeckst nichts? Gar nichts?"

Gab's das? Als Folge einer simplen Grippe?

„Es ist, als wenn ich Pappe kauen würde. Nach zwei Wochen bekommst du kaum noch etwas hinunter, alles klebt am Gaumen, diese ganze Fadheit hat sich bei dir festgesetzt, und im Magen liegt alles wie Schlacke. Und dann kann man sich nicht einmal mehr an den richtigen Geschmack erinnern, an den von Pfirsichen zum Beispiel. Aber ich will optimistisch bleiben." Johanna hatte in einer instinktiven Geste des Mitgefühls die Platte mit den Pfirsichen beiseite geschoben, Anna zog sie wieder heran und legte Johanna einen Pfirsich auf den Dessertteller. „Bitte, iss! Mir zuliebe. Eigentlich gibt es nur vier oder fünf Geschmacksrichtungen: salzig, süß, bitter, sauer und irgendwas für Fleisch. Komisch bei der Vielfalt, die wir zu schmecken meinen." Ihr Blick wurde flehend. „Sag mir, was genau du schmeckst, vielleicht kommt dann wenigstens die Erinnerung zurück. Bitte!"

„Hm, ich weiß nicht." Johanna beäugte die Pfirsichhälfte, die unschuldig zu ihr heraufschielte.

Anna hielt die Kuchengabel hoch.

„Bitte!"

Wegen Annas brennendem Blick wurde es eine eigentümliche Prozedur, bei der Johanna den Eindruck hatte, eine zusätzliche Zunge im Mund zu spüren, die sie wie einen schweren Klumpen durch alle Geschmacksnuancen mitschleppen musste. Jeder Bissen Pfirsich doppelt durchgekaut, und doch baute sich hinten im Gaumen beim Hinunterschlucken ein Hindernis auf. Irgendwie legte sich die zweite Zunge quer.

Schließlich stand Johanna schwitzend auf und ging mit dem Likör, den sie sich eingeschenkt hatte, um den leichten Brechreiz loszuwerden, zum Fenster.

Mit beiden Händen umfasste sie das dünnwandige Glas, um durch die Wärme die ätherischen Bestandteile des Grand Marnier verdunsten zu lassen und das wunderbare Aroma freizusetzen, das ihr als betörende Duftwolke in die Nase stieg.

Sie spähte zu Anna hinüber, die damenhaft an ihrem Likör nippte. Nein, das sah nicht nach Genuss aus.

Hinter der Schmalseite des Wohnzimmers, der sie sich zugekehrt hatte, lag das Gästeapartment, aus dem nun ein paar Geräusche herüberdrangen.

Kurzentschlossen stellte Johanna ihr leeres Glas auf das niedrige Fensterbrett.

„Komm! Wir müssen uns beeilen, nimm deinen Stock mit, damit du im Dunkeln nicht fällst."

Anna blieb sitzen und sah zu, wie sie die Terrassentür öffnete. „Kannst du mir sagen, was du vorhast? Und warum flüsterst du auf einmal?"

„Ich will dir was zeigen, und wenn du dich nicht beeilst, verpassen wir den Anfang." Johanna winkte ungeduldig.

Sie blieb nicht auf dem gekiesten Weg, sondern dirigierte Anna, eine Hand auf ihrem Arm, quer über den Rasen vom Haus fort an den Rand des Gartens, wo das Licht aus dem Wohnzimmerfenster kaum noch hinreichte.

„Warum sollen wir hier in der Dunkelheit herumstolpern? So gut bin ich nicht mehr zu Fuß", protestierte Anna.

In der Ecke des Gartens stand ein hölzerner Pavillon. Johanna ging an ihm vorbei und bewegte sich an finsteren Büschen entlang, bis sie sich etwa zwölf Meter vom Haus entfernt dem Gästeapartment gegenüber befanden. Neben dem jetzt aufgeklappten Bettsofa und einigen anderen notwendigen Möbeln enthielt es eine Einblockteeküche. Das Apartment war die Idee von Johannas vor drei Jahren verstorbenem Ehemann gewesen. Er hatte recht gern Gäste gehabt, wollte sie aber nicht permanent um sich haben. Mit der Kochgelegenheit waren sie unabhängiger.

Der Raum war nicht gerade hell erleuchtet, dennoch war gut zu erkennen, was vor sich ging.

„Das ist mein Mieter mit seiner Freundin. Er heißt Marco und ist der Neffe von Heribert, unserem Chorleiter", erklärte Johanna.

„Deinem Chorleiter. Ist er ihm ähnlich?"

„Äußerlich?"

„Dass er ihm äußerlich nicht ähnlich ist, kann ich sehr gut sehen – trotz der schwachen Beleuchtung. Ich wollte wissen, ob er auch so ein überheblicher, egozentrischer Heuchler wie sein Onkel ist."

„So ein widerlicher Schleimbeutel?"

Anna lachte leise.

„Der Kerl hat dich rausgeekelt, das hab ich natürlich gewusst", brach es aus Johanna heraus, „wir alle haben es gewusst und nichts gesagt, und jetzt …"

„… schauen wir seinem Neffen beim Vögeln zu."

Eine Weile blieben sie beide stumm.

„Weißt du, wenn ich vierzehn wäre, fände ich das bestimmt spannend", nahm Anna den Faden wieder auf. „Aber mit einundsiebzig … Ich hab ja auch kein Bedürfnis mehr, in der Sandkiste zu spielen." Sie löste sich aus Johannas Griff und machte Anstalten zurückzutappen.

„Nein, warte!“ Beschwörend hielt Johanna sie fest. „Schau dir die beiden an. Was empfindest du, wenn du sie beobachtest?“

„Mir wird kalt.“

„Bitte, Anna.“

„Lass uns reingehen.“ Anna hatte lauter gesprochen.

„Jetzt schrei doch nicht so! Bei dem Pärchen vor Karstadt hast du dich nicht so angestellt.“

„Das Pärchen in der Salzstraße turtelte in aller Öffentlichkeit, die beiden hier ahnen nicht einmal, von zwei lüsternen alten Weibern begafft zu werden. Wenn schon, seh ich mir so was lieber im Fernsehen an.“

„Aha!“, stieß Johanna auftrumpfend hervor und erschrak über ihre eigene Lautstärke. „Du hast lüstern gesagt“, fuhr sie gedämpfter fort, „was meinst du damit?“

Anna lachte wider Willen. „Wir schauen dabei zu, wie ein ganz ansehnlicher Bursche ein hübsches Mädchen flachlegt. Flachlegt ist richtig modern ausgedrückt, nicht wahr? Genau wie vögeln. Das Zuschauen gehört sich nicht für wohlerzogene ältere Frauen wie uns – für niemanden, um genau zu sein. Du liebe Zeit! Die machen aber Sachen. Tut das nicht weh?“

„Ich versuche die ganze Zeit, dir etwas klar zu machen, aber du redest mir dauernd dazwischen …“

„Ach was“, fiel ihr Anna ins Wort. „Wenn es mich nach erotischem Kitzel gelüstet, stell ich wirklich lieber den Fernseher an. Ich hab neuerdings digitalen Empfang und krieg viel mehr Sender rein als früher. Du glaubst gar nicht, was da nach zwölf Uhr für Filme laufen. Ich schlaf ja nicht mehr so gut.“

„Wenn du dir nachts um zwölf Erotikfilme im Fernsehen anschaust und nicht dabei einschläfst, hast du es noch“, warf Johanna ein.

„Was?“

„Ich würde garantiert einschlafen. Und was Marco und seine Elaine betrifft: Für mich könnten die beiden genauso gut am Tisch sitzen und Kartoffeln schälen, das hätte die gleiche Wirkung auf mich wie das, was sie jetzt treiben.“ Es klang trostlos.

Anna rückte wieder näher an sie heran. „Wenn es dich anödet, warum sind wir dann hier?“

„Gerade du solltest mich verstehen. Du schmeckst nichts, und ich könnte darauf wetten, du riechst auch nichts mehr.“

„Woher weißt du das?“

„Siehst du? Du verlierst deine Sinne und ich meine Sinnlichkeit. Wir beide sind …“

„Ausgestoßene“, sagte Anna tapfer.

„Ich dachte, Krüppel.“

Anna tätschelte ihr mitfühlend den Arm.

„Ich möchte meine letzten Jahre nicht als Zombie verbringen“, erklärte Johanna verzweifelt.

„Ein Zombie ist ein Untoter, nicht wahr? So untot kamst du mir bei Grotemeyer gar nicht vor. Mir wäre von zwei Stück Kuchen schlecht geworden, selbst wenn ich sie noch geschmeckt hätte.“

„Du nimmst mich nicht ernst.“

„Nicht, wenn es um Sex geht.“

Johanna überlegte, ob sie sich missverstanden, wenn nicht sogar beleidigt geben sollte, nahm aber davon Abstand. Wenn es um etwas Wichtiges ging, musste man einstecken können. Und sie brauchte Anna als Verbündete.

„Und was ist mit dir? Wie war das, als Heribert dich aus dem Chor geekelt hat?“, sagte sie langsam. „Glaubst du, ich weiß nicht, wie er es gemacht hat? Nämlich so, dass du dich nachher nicht einmal über ihn beschweren konntest.“

Anna schwieg einen Moment, und Johanna hoffte, dass sie das Thema aufgreifen und sich über Demütigung auslassen würde, zu der im fortgeschrittenen Alter allzu leicht beklemmende Hilflosigkeit bis hin zum Gefühl der Wertlosigkeit hinzukam. Sie würde ihr dabei helfen, sich mal richtig über die ganze Tragik des Alterns auszusprechen.

„Trägt er immer noch das Toupet?“

Sie hatte Anna unterschätzt.

„Was ist? Trägt er noch das Toupet?", wiederholte Anna.

Johanna seufzte.

„Ja, und es sieht noch fusseliger als früher aus, und die Farbe stimmt überhaupt nicht mehr."

Anna gluckste.

„Als er mit mir über meinen Abschied vom Chor sprach, hab ich mir die ganze Zeit vorgestellt, wie ich mit dem Toupet die Küche wische."

„Nicht die Klobrille?"

Untergehakt taumelten sie kichernd zurück zum Haus.

„Du willst mich nicht verstehen", sagte Johanna, sobald sie wieder ins Wohnzimmer getreten waren. Sie wollte noch einen letzten Versuch unternehmen, in ihrem speziellen Kummer von Anna für voll genommen zu werden.

„Was verstehen? Glaub mir, dieser Marco ist nichts für dich. So was funktioniert nur im Film."

„Im Film? Wovon redest du?"

Lag das am Alter, dass sie ständig aneinander vorbeiredeten? Früher hatten sie diese Probleme nicht gehabt.

„Harold und Maude", sagte Anna.

Erst stutzte Johanna, dann lachte sie, bis ihr die Tränen kamen.

„Dieser Marco hätte mich nicht mal als Zwanzigjährige gereizt. Der ist so was von langweilig, das glaubst du gar nicht. Der hat so viel Phantasie wie ein Schäferhund. Nein, es ist ganz anders. Irgendwann ist mir zu Bewusstsein gekommen, dass mich alles, was mit Liebe oder Leidenschaft zu tun hat, völlig kalt lässt. Ich empfinde gar nichts mehr."

„Sei froh darüber. Oder hast du einen Liebhaber?"

„In meinem Alter?"

„Na eben. Es scheint mir ziemlich normal, dass im Alter das Interesse an Sex nachlässt", stellte Anna nüchtern fest, „darum geht's dir doch, oder?"

Im Wohnzimmer stand ein Biedermeiersekretär, auf dessen herabgeklappter Schreibplatte eine ganze Reihe von Fotos ihren Platz gefunden hatte. Johanna nahm eines davon in die Hand.

„Wenn ich Walters Foto anschaue, fällt mir ein, dass ich mal in ihn verliebt war. Aber konkret kann ich mir nicht mehr vorstellen, wie das war. Ist doch seltsam, nicht? In mir herrscht eine schreckliche Leere, ich hab nur eine tote Erinnerung."

„Und ich weiß, dass ich früher wahnsinnig gern geräucherten Aal gegessen habe", meinte Anna tiefsinnig und spähte neben Johanna auf das Bild eines kraftstrotzenden, lächelnden Mittvierzigers. „Das Einzige, was ich manchmal schmecke, ist ein bisschen Salz."

„Und mich bedrückt es, wenn ich so ein verliebtes Pärchen auf der Straße sehe, und manchmal überkommt mich Wut oder Hass auf all die Jungen."

Sie konnte Annas Gesicht nicht sehen, und das war vielleicht auch ganz gut so. Hass auf die Jungen! Armselig, armselig! Noch vor drei Jahren hätte Johanna nicht gedacht, dass sie einmal so tief sinken würde.

„Das hat dir die Sprache verschlagen, was?", legte sie mit Grabesstimme nach.

„Ich weiß nicht", sagte Anna nachdenklich. Sie klang nicht allzu schockiert. „Aber weißt du was? Sieh nicht alles so schwarz. Du solltest deinem Mieter weiter zuschauen. Am Ende bringt dich der Anblick eines munter kopulierenden Mannes doch noch in eine erotisch aufgeheizte Stimmung. – Was immer du damit allein unter der Bettdecke anfangen willst."

„Wirst du nicht ein bisschen obszön?"

Anna lachte mit zugekniffenen Augen. „Das macht die Gleichberechtigung. Es gibt heutzutage nicht mehr nur schmutzige alte *Männer*."

Johanna schlug nun vor, dass sie den Versuch machen sollten, sich gegenseitig zu helfen, denn das Schlechteste wäre, sich einfach in den Verlust zu schicken. Nach einigem Zögern stimmte Anna zu.

In den nächsten Wochen streiften sie einige Male durch die Einkaufsstraßen, Cafés und Grünzonen von Münster auf der Suche nach geeigneten Lustobjekten, die sich leider auffallend rarmachten. Münster schien nicht gerade eine Lusthochburg zu sein. Sobald sie aber ein schmusendes Pärchen erblickten, versetzte sich Anna in die Lage des Mädchens und berichtete tapfer, was sie dabei empfand – wenn sie denn etwas empfand und nicht nur so tat als ob, wie Johanna manchmal argwöhnte.

Jeden Mittwoch fanden sie sich nach Einbruch der Dunkelheit vor dem Apartmentfenster ein, denn jeden Mittwoch kam Elaine Marco besuchen, um die Nacht bei ihm zu verbringen. Johanna hatte zwei Teakholzstühle so platziert, dass sie und Anna nicht mehr zu stehen brauchten.

„Und sie können uns wirklich nicht sehen?", hatte Anna einmal schaudernd gefragt.

„Stell dich nachher an mein Wohnzimmerfenster und versuch, bei dieser Dunkelheit hinten im Garten etwas zu erkennen."

Dabei hatte Johanna selbst Zweifel, denn Marco benahm sich in der letzten Zeit ihr gegenüber weniger unbefangen.

Bevor sie ihren Beobachtungsposten im Garten bezogen, speisten die Damen zusammen, das war der zweite Teil ihres Abkommens. Beim Essen musste Johanna jeden Hauch von Aroma beschreiben, und irgendwann ging ihr auf, dass es doch merkwürdig war, dass sie eine Birne als lebendig, fleischig, saftig und samtweich am Gaumen mit einem verführerisch prickelnden Hauch von säuerlicher Süße, die Lust auf mehr machte, beschrieb, und Anna fast das gleiche sagte, als Elaine Marco küsste und ihm vermutlich die Zunge in den Mund schob. So genau konnten sie das natürlich von weitem nicht erkennen.

An einem Mittwoch im späten Oktober strahlte der Garten eine wahre Grabeskälte aus. Anna brachte sich eine kleine Decke mit.

„Sie streiten“, stellte sie fest, nachdem sie sich an ihrem Beobachtungsposten in die Decke gewickelt hatte.

„Gestern auch schon. Ich konnt's durch die Wand hören.“

„Und worüber?“

„Das hab ich nicht verstanden, ich hab schließlich keine Pappwände im Haus.“

Anna zog einen Arm unter der Decke hervor und wies auf das Apartmentfenster.

„Hast du das gesehen? Sie hat ihm was an den Kopf geschmissen. Der arme Kerl. Aber vielleicht hat er das ja verdient. Und weißt du was? Jetzt sieht er Heribert doch ähnlich. Schau dir bloß seine Miene an: diese jammervolle Betroffenheit.“

„Hoffentlich verfestigt sich das nicht. Das täte mir wirklich leid.“

Gebannt schauten sie weiter zu, wie im Apartment die Fetzen flogen. Doch als es zur großen Versöhnung kam und Marco Elaine die Bluse aufknöpfte, standen Anna und Johanna gleichzeitig auf und gingen ohne ein Wort zurück zum Haus.

„Es ist schon seltsam: Das Zuschauen hat mir diesmal richtig Spaß gemacht. Bis eben wenigstens“, sagte Johanna nachdenklich.

„Mir auch“, bekannte Anna, „trotzdem komm ich nicht mehr mit in den Garten. Wir sollten aufgeben.“

Eine Woche später trat Marco am späten Nachmittag aus der Terrassentür seines Apartments und kam zu Johanna geschlendert, die Laub vom Rasen harkte.

„Soll ich das für Sie machen?“

Verblüfft hielt Johanna inne und musterte den jungen Mann, bis er verlegen den Blick abwandte.

„Damit komme ich noch ganz gut allein zurecht“, antwortete sie kurz angebunden.

„Ja, dann.“ Marco blieb stehen und sah ihr zu. Johanna setzte den Rechen wieder ab und wartete schweigend. Es war zu offensichtlich, dass ihr Mieter ein Anliegen hatte, vermutlich eins, das ihr nicht gefallen würde. Sie dachte gar nicht daran, ihm mit einer Nachfrage die Sache zu erleichtern.

„Ich würde gern ausziehen", erklärte Marco schließlich mit belegter Stimme, straffte aber dann die Schultern und sprach rasch weiter. „Meine Freundin Elaine hat eine Wohnung für uns gefunden, wir wollen zusammenziehen. Und zwar zum nächsten Ersten. Einen richtigen Mietvertrag hab ich mit Ihnen ja nicht abgeschlossen." Beim letzten Satz errötete er, als begriffe er, wie trotzig die Bemerkung klang. „Allein kann Elaine die Miete nicht zahlen."

„Haben Sie deswegen mit ihr gestritten?"

Im Sommer hatte er sich manchmal nachmittags mit seinen Büchern nach draußen in den Garten gesetzt, aber niemals in Badehose, als hielte ihn Vorsicht oder Scheu von jeder halböffentlichen Entblößung ab. Während er ihr forschend und nervös in die Augen schaute, kroch ihr vom feuchten Gras her Eiseskälte die Glieder hoch, und wie in einem Zerrspiegel sah sie sich in seinen Augen reflektiert: eine alte Vettel mit widerlich schmutzigen Gedanken.

„Mein Haus", fuhr sie frostig fort, „ist sehr hellhörig."

Marco strich sich mit einer Hand die etwas schütteren Haare aus der Stirn und trat unruhig von einem Fuß auf den anderen. „Es tut mir leid, wenn wir Sie gestört haben."

Seine Verlegenheit half Johanna, ihre Fassung zurückzugewinnen.

„Natürlich können Sie ausziehen, wann immer Sie es wünschen. Vorausgesetzt, Sie hinterlassen das Apartment, wie sie es vorgefunden haben. Wie Sie richtig bemerkten, haben wir nicht einmal einen Mietvertrag abgeschlossen."

Es erheiterte sie, wie erlöst der Junge den Atem ausstieß. Er wandte sich zum Gehen, hielt dann aber inne und deutete an ihr vorbei. „Was ich immer schon fragen wollte: Sie haben da diesen Pavillon. Benutzen Sie den überhaupt nicht?"

Marco musste beobachtet haben, wie sie vom späten Frühjahr an in regelmäßigen Abständen in den Beeten bei der Hütte das

Unkraut gejätet hatte. Und es stimmte: Sie benutzte den Pavillon nicht. Ein hübsches achteckiges Holzhäuschen mit Sprossenfenstern an drei Seiten, die mit altmodischen Tüllgardinen verhängt waren.

„Kurz vor seinem Tod hat mein Mann in der Hütte einen Räucherofen installiert. Wir sind nicht einmal dazu gekommen, ihn einzuweihen. Und danach hab ich mit der Hütte eigentlich nichts mehr anfangen können oder wollen. Es war seine Hütte." Wegen dieses Ofens, der den halben Raum einnahm, hatten sie sich gestritten. Es war eine der seltenen, wirklich heftigen Auseinandersetzungen in ihrer Ehe gewesen und auf jeden Fall die letzte. So war die Hütte zu einem Ort der schlechten Erinnerung geworden.

Marco starrte die Hütte an. „Mann o Mann! Ein Räucherofen!"

„Mein Mann war Ingenieur", fuhr Johanna fort. „Sie studieren doch auch Ingenieurwissenschaften, das hab ich ganz vergessen. Die Hütte ist nicht abgeschlossen, wenn Sie wollen, schauen Sie sich ruhig darin um."

„Echt?"

Johanna sah die Begehrlichkeit in seiner Miene auflodern, und sie glich verblüffend der, mit der er bei Elaine das Vorspiel einzuleiten pflegte.

„Aber bitte."

Nach geschlagenen fünfundzwanzig Minuten Besichtigung kam er zu ihr heraus und wirkte vor Begeisterung geradezu aufgelöst.

„Sie haben den Ofen nie benutzt? Mann o Mann!" Er hechelte richtig. „Das ist unglaublich. Es ist doch alles da, einfach alles, der Ofen ist perfekt."

Johanna dachte an ihren Walter, der den Ofen nicht mehr hatte ausprobieren können, und entschloss sich, Marco als Vergeltung dafür, dass er ihr unwissentlich als Lustobjekt hatte dienen müssen, ein Geschenk zu machen.

„Wenn Sie wollen, können Sie ihn testen. Am besten heute noch, Sie ziehen ja in ein paar Tagen aus. Mögen Sie Räucherfisch?"

„Elaine aber nicht."

Natürlich, es war Mittwoch.

„Sie kommt heute?", fragte Johanna, um anzudeuten, dass sie über die Gepflogenheiten des Paares nicht im Bilde war. „Na schön. Sie braucht ja keinen Fisch zu essen", fuhr sie trocken fort, lenkte aber sofort ein. „Bratwürstchen lassen sich auch ganz gut räuchern. Ich besorge Fisch und Würstchen, dann bekommt jeder, was er mag. Der Ofen muss vorgeheizt werden, das hab ich von den Erklärungen meines Mannes in Erinnerung."

Marco ruderte mit den Armen und schüttelte den Kopf, um grenzenlose Ungläubigkeit anzudeuten. Anscheinend kam er immer noch nicht darüber hinweg, dass der Räucherofen nie in Betrieb genommen worden war, und endlich wirkte er nicht mehr wie ein jüngerer Klon seines Onkels, wie er Johanna in letzter Zeit öfter vorgekommen war. „Mach ich alles."

Johanna überlegte, dann nickte sie. „Vielleicht gibt es beim Fischhändler Forellen. Ich schau halt, was ich bekomme."

Als sie vom Einkauf zurückkam, schlängelte sich über dem Dach der Hütte ein dünner Rauchfaden verheißungsvoll in den dämmrigen Abendhimmel. Johanna sah kurz hinein, besprach mit Marco die letzten Vorbereitungen, rief dann Anna an und stellte ihr eine frisch geräucherte Forelle in Aussicht. Sie bräuchte nur vorbeizukommen. Aber Anna hustete am Telefon und wollte lieber zu Hause bleiben.

Als Johanna zum Pavillon zurückkehrte, erklärte Marco, Elaine hätte vielleicht auch keine Zeit. Dabei klang als Nachhall ihrer Streitereien Verstimmung durch, was Johanna heimlich amüsierte.

In der Hütte stank es, als hätte Marco für die Räucherei hauptsächlich alte Autoreifen verwendet. Er hatte das Hemd ausgezogen. Breitbeinig und rußgeschwärzt saß er wie ein Feuerteufel vor dem Ofen, eine Flasche Bier in der Hand.

„Dann mal prost", sagte er düster.

Johanna stellte die Schüssel Kartoffelsalat, die sie mitgebracht hatte, neben das Geschirr, das schon auf dem kleinen Gartentisch bereitstand, und griff nach einer Bierflasche und dem Öffner.

Nach der zweiten Flasche holte Marco die ersten Forellen aus dem Ofen. Inzwischen stank es nicht mehr so sehr nach geräuchertem Gummi, sondern tatsächlich nach Fisch.

Wohlwollend betrachtete Johanna den im Schein von ein paar Kerzen wie eingeölt glänzenden Oberkörper des Jungen. Und es machte ihr gar nichts aus, dass ihr die Augen tränten. Wegen der kühlen Witterung hielt Marco Tür und Fenster fest geschlossen, und Johanna protestierte nicht, obwohl ihr etwas Beunruhigendes im Kopf herumging.

Nach einer Weile fielen Marco die Augen zu, sein Atem ging schwer, aber gleichmäßig. Schläfrig murmelte er etwas, das sie nicht verstand. Lauschend beugte sie sich über ihn und legte ihm behutsam die Hand auf den Arm, um ihn nicht allzu abrupt zu wecken. Er sollte hier besser nicht einschlafen. Aber er sah so entspannt und glücklich aus wie ein Junge, der zu Weihnachten wider Erwarten doch noch das Luftgewehr bekommen hatte. Statt ihn wachzurütteln, ließ Johanna ihre Hand über seine erhitzte Haut wandern. Längst regte sich Zuneigung zu dem großen Jungen, der nun selig zu lächeln begann. Es war ihr egal, ob er gerade von Elaine träumte, denn dieses warme Gefühl in ihrer Brust umschmeichelte ihre Sinne und versetzte sie nach all den Jahren in Trauer und Trübsinn in eine beinahe übermütig gute Laune. Als sie ihm die Hand genau auf die Stelle legte, an der der träge Herzschlag zu spüren war, wurde die Tür aufgerissen.

Ein ernüchternder Schwall kalter Luft drang herein.

„Es ist wunderbar, es ist so wunderbar!", rief Anna, stolperte wie ein aufgescheuchtes Huhn über die Schwelle und schloss die Tür hinter sich. „Ich hab's draußen schon gerochen. Es ist keine Einbildung, nicht wahr?" Sie rang die Hände, ihre Augen waren groß und rund, und ihre ganze kleine, erbärmlich magere Person glühte vor Entzücken.

Dennoch hätte Johanna am liebsten laut geflucht.

Anna war gar nicht mehr zu bremsen. „Endlich, endlich riech ich wieder etwas und dann noch Räucherfisch. Räucherfisch!, Johanna, Räucherfisch! Du glaubst gar nicht, wie mir zumute ist.“ Anna sah ein bisschen zerzaust aus und ein Strumpf war zerrissen, als wäre sie auf dem Weg zur Hütte in der Eile und bei der Dunkelheit irgendwo hängen geblieben.

Johanna schielte zu Marco, der sich unruhig regte, aber trotz des Gebrülls nicht aufwachte, während Anna auf den letzten freien Gartensessel sank. Stumm reichte sie ihr ein großes, fettiges Stück Forelle.

Anna aß mit den Fingern, von denen das Fett tropfte, und Johanna glitt die Vision einer halbverhungerten Neandertalerin in ihrer Steinzeithöhle durch den Kopf, was durch das ungenierte Schmatzen und laute Kauen Annas noch unterstützt wurde. Zur weiteren akustischen Untermalung trug das Schnarchen des Jungen bei, das nun ein wenig nach Problemen mit den Polypen klang.

Hieß das Zeug Kohlenmonoxyd?, überlegte Johanna und lehnte sich nachdenklich in ihrem Stuhl zurück. Kohlendio ... oder Tri..? Egal.

Walter hatte Bedenken geäußert, als der Ofen aufgebaut war. Bei der Belüftung sei noch etwas nachzubessern, hatte er gemeint, war jedoch nicht mehr dazu gekommen, die Arbeit durchzuführen.

Anna schlief unversehens ein. Den Mund weit offen, stimmte sie in Marcos Schnarchkonzert ein, den Rest der Forelle auf dem Schoß.

Johanna hätte aufstehen und die Tür aufstoßen können. Von hinten zog es ein wenig durchs Fenster, wahrscheinlich war sie als Einzige daher noch nicht vollkommen benebelt. Wirkte das Zeug, das Mono..., Dio... oder Trio... – sie lachte laut auf – wie

Lachgas? Sie lachte immer noch, als der giftige Qualm durch alle Ritzen des Ofens herausdrang und ihr Inneres in einem ungetrübten, heiteren Weiß aufleuchten ließ.

* * *

Frau Winter war verstummt und äugte abwartend zu den anderen.

„Was denn?“, meldete sich Wilbert, „das ist doch nicht das Ende der Geschichte? Oder? Sind alle an Rauchvergiftung gestorben?“

„Ist das nicht egal?“, wich Frau Winter aus.

„Da sind Sie uns schon eine Erklärung schuldig. So geht das nicht, hier wird nicht gekniffen“, sagte Meyer leise, „ich hab auch das Ende erzählt, obwohl ...“ Er blickte leidend zur Zimmerdecke auf.

„Na gut“, sagte Frau Winter bedächtig und schaute in den Kamin, „es war ja Mittwoch. Elaine war es gewohnt, jeden Mittwochabend mit Marco – mit Marco im Bett zu verbringen. Sie kam also und hat ihn aus der Hütte gezerrt, sobald sie begriff, was passiert war. Er wurde natürlich sofort ins Krankenhaus eingeliefert und lag da erst mal auf der Intensivstation, aber er hat alles ganz gut überstanden. Er war eben noch ein junger Kerl.“

„Wenn die alten Weiber draufgegangen sind, geschah ihnen bloß recht“, mischte sich Karrack zufrieden ein. „Die hatten genug auf dem Kerbholz.“

Wilbert lachte und schlug sich auf die Schenkel.

„Ich weiß nicht, ob sie mir leidtun. Oder? Müssen die einem leidtun? Die eine hat das alles ganz hübsch eingefädelt. So eine hinterhältige alte Schachtel!“

Frau Winter machte sich in ihrem Sessel klein, tastete in der voluminösen Handtasche, die neben ihrem Sessel stand, nach einem Taschentuch und schneuzte sich ausgiebig.

Räucheraalfilet auf geröstetem Vollkornbrot mit Pfifferlingen, Kräuterrührei und Selleriecappuccino

8 x 80 g Räucheraalfilet
8 Scheiben Vollkornbrot
(in Rechtecke geschnitten)
400 g frische Pfifferlinge
1 Zwiebel gewürfelt
6 Eier
80 g Butter
2 EL Schnittlauch (fein geschnitten)
2 EL Petersilie (gehackt)
2 EL Dill gehackt
4 EL Forellenkaviar
Salz, Muskatnuss, Pfeffer

Den Räucheraal in Klarsichtfolie einschlagen und im Ofen bei 60°C ca. 20 min warm ziehen lassen.
Pfifferlinge putzen und mit der Zwiebel anschwitzen. Anschließend frischen Schnittlauch hineinschneiden und mit Salz und Pfeffer würzen.
Für das Rührei die Eier mit einem Schuss Sprudelwasser verrühren und mit Salz und Muskat abschmecken. Die Eier bei schwacher Hitze stocken lassen und zusammen mit den Pilzen, geröstetem Brot und dem Aal anrichten, mit Dill und Forellenkaviar garnieren.

Selleriecappuccino

½ Knolle Sellerie
1 Zwiebel
500 ml Gemüsebrühe
0,3 l Sahne
40 g Butter
1 Vanilleschote
Salz, Pfeffer, Zitrone

Den Sellerie schälen und würfeln, dann mit der Butter und Zwiebelwürfeln anschwitzen. Mit der Brühe auffüllen und köcheln lassen, bis der Sellerie gar ist.
Die Sahne, die Gewürze und das Vanillemark zugeben und pürieren. Dann durch ein feines Sieb passieren, abschmecken und mit dem Mixstab aufschäumen.

Woher kam auf einmal diese Tasche? Dem Wirt war sie vorher nicht aufgefallen.

„Finden Sie nicht", wandte Franz Parkow ein, „dass man mit einer älteren Dame respektvoller umgehen sollte? Sie verhalten sich, wenn ich das sagen darf, äußerst kindisch."

Erstaunt sah der Wirt zu dem kleinen Mann hinüber und hatte das Gefühl, ihn zum ersten Mal richtig wahrzunehmen. Trug Parkow etwa ein Toupet? Die Frage beschäftigte ihn, er hätte den Mann gern ungeniert danach gefragt. Die Geschichte der alten Tante und ihrer ebenso schrulligen Freundin hatte ihn dagegen kaltgelassen.

„Kommen Sie doch bitte aus dem Reich der Phantasie in die Wirklichkeit zurück", sagte er daher. „Wir haben nur eine Geschichte gehört."

Aber trug Parkow Toupet?

„Eine hässliche Geschichte, die uns Männern an die Nieren geht", sagte Daniel ungnädig.

„Ihr seid eine ekelhafte, ignorante Bande", schrie Marion und setzte ruhiger zu Franz Parkow hinzu: „Sie natürlich ausgenommen." Sie sprach wieder zu den anderen. „Es ist so niederträchtig und kleinlich von euch, über Frau Winter herzufallen. Versteht ihr denn nicht: Johanna hat um ihren Walter getrauert."

„Ich glaube", sagte Wilbert kühl, „mit den anwesenden Damen kann man über Moral nicht reden."

„Ich glaub nicht an Trauer, das ist Quatsch. Ihr Mann war seit drei Jahren tot", meldete sich Karrack wieder aus seiner Ecke. Er hatte ein gruseliges Lächeln aufgesetzt, das seine hässlichen Züge vollends in Unordnung brachte.

So einer, dachte der Wirt, müsste doch irgendwo aktenkundig sein, entweder bei der Polizei oder in einer Klapsmühle.

„Johanna wusste über die Gefährlichkeit des Ofens genau Bescheid, das ist mal sicher", spann Karrack seinen Faden lebhaft fort. „Sie hat Marco eiskalt in eine Falle gelockt. Er war schon halb hinüber, als sie dazukam, und sie hat ihn endlich mal ausgiebig betatschen können."

Marion fuhr zu ihm herum.

Jetzt haut sie uns Männern etwas über Gefühlsrohheit um die Ohren, dachte der Wirt, das kennt man ja. Trostsuchend äugte er zu dem Korb mit den Weinflaschen und überlegte, welche er als Nächste öffnen sollte, da …

„Was verstehen Sie denn unter Antatschen?", fragte Marion in seine Überlegung hinein.

Hatte er sich verhört? ‚Antatschen' hatte überhaupt nicht nach Vorwurf geklungen, ganz im Gegenteil, stellte er überrascht fest, das klang nach Verführung, so musste die Stimme Evas im Paradies geklungen haben, die den Trottel Adam ins Verderben redete. Der Wirt schielte zu den roten Schuhen und hätte sich nicht gewundert, wenn sich die Spitzen in Schlangenhäupter verwandelt hätten, das wäre eigentlich das Naheliegendste. Tatsächlich blinzelte ihm der rechte Schuh einäugig zu, schaudernd wandte er sich ab und sah, wie Marion Daniel die Hand auf die Brust legte. Ihre langen Nägel schimmerten blutrot.

„Ist das hier gemeint?", säuselte sie mit einem tiefen Augenaufschlag, und der Wirt erwog, nach dem Schürhaken zu greifen. Er hatte das dringende Bedürfnis, mit dem Schürhaken dazwischenzuhauen, um Meyers Seele zu retten.

Meyer sah die Gefahr nicht, im Gegenteil, er ergriff die Gelegenheit, um Marions Busen zu streicheln. Erstaunlicherweise nahm niemand daran Anstoß. Nur Wilbert rutschte unruhig auf seinem Sessel herum, als hätte er Schwierigkeiten.

„Sie hat ihn gehasst", stieß er hervor, und kam damit auf die Geschichte zurück, „die alte Schachtel hat den Jungen gehasst, weil er das Leben noch vor und sie es hinter sich hatte und sie zu wenig daraus gemacht hat. Das hat sie selbst gesagt."

„Das wissen wir doch", sagte Karrack gelangweilt, „über den Hass sind wir uns doch alle im Klaren."

Ich nicht, dachte der Wirt, das Wort Hass wollte er nicht noch einmal hören, irgendwie ging es ihm an die Nieren. Aus Hass entstand nie etwas Gutes.

Frau Winter tat so, als ginge sie die Diskussion nichts mehr an. Aus ihrer Handtasche hatte sie Strickzeug hervorgezogen und strickte seelenruhig an einem geringelten Wollsocken. Nur kurz hob sie lauschend den Kopf, während das Gerede der anderen über Hass und Neid weiterging, sehr zum Missvergnügen des Wirts. Einmal forderten sie ihn auf, sich zum Thema zu äußern, aber er hüllte sich in bockiges Schweigen, während er sein Weinglas streichelte. Ein Schluck noch, der ihm warm und vertraueneinflößend die Kehle hinunterlaufen und eine breite Aromaschleppe von zerquetschten Holunderbeeren, vergilbtem Geißblatt und angenehm vor sich hinmodernden Holzhaufen hinter sich herziehen würde, dann wäre das Glas schon wieder leer.

Die Kopfbewegung der alten Frau Winter brachte ihm jedoch etwas zu Bewusstsein, was in dem lauten Schlagabtausch fast unterging: ein Schleifen und Schlurfen in der Halle draußen. Ganz bestimmt war außer den im Kaminzimmer Versammelten niemand im Haus, und die Gesellschaft um ihn herum war mitsamt Mauritius vollzählig. Im Eifer des Hin- und Herredens waren alle näher aneinandergerückt, sie kesselten ihn geradezu ein. Wieder einmal spürte der Wirt, dass eine Bedrohung von diesen Leuten ausging. Auf eine ungreifbare Art fühlte er sich belauert und bedrängt und gleichzeitig außerstande, diesem Spuk ein Ende zu setzen. Als sie ihn zum zweiten Mal aufforderten, sich zum Hass zu äußern, starrten ihn sieben Augenpaare unverwandt an, Augen, die sich anmaßten, sein Inneres zu ergründen. Die Blicke klebten an ihm wie Nacktschnecken. Dem Wirt stellten sich die Nackenhaare auf.

Vorsichtig stellte er sein leeres Glas beiseite.

Die Weinflaschen im Korb ratterten leise, als wollten sie ihm Mut machen aufzustehen. Tu etwas, sieh wenigstens draußen mal nach, was los ist, flüsterten sie mit rauchigen Stimmen, lass dich nicht von ihnen unterkriegen, sie können dir gar nichts. Zittrig stemmte er die Hände auf die Armstützen und lupfte entschlossen das Hinterteil.

In diesem Moment sprang Harry auf, riss zwei von den kleinen Bocksgehörnen samt Brettchen von der Wand, ließ sie fallen, trampelte sie mit den Stiefelabsätzen kurz und klein und warf die Stücke mit Schwung in den Kamin. Das Feuer loderte in hellen Flammen auf, die Bocksstangen schmurgelten, sangen und tanzten im Funkenregen.

„Wow!“ rief Daniel begeistert. „Das nenn ich ein Feuer.“

„Man muss nur drauf kommen.“ Stolz warf sich Harry in die Brust. „Ich wusste doch, dass die Dinger dem Feuer Zunder geben.“

In diesem Moment watschelte ein grüner Papagei den Kaminsims entlang. Mauritius tappte einmal träge mit der Pfote nach ihm, aber da verschwand der Vogel schon um die Ecke des Kamins herum.

„Das ist ...“, – der Wirt sank zurück in seinen Sessel – „ ... mein Gott“, zischte er, „das ist nicht zu glauben.“

„Unser Harry“, bemerkte Wilbert ironisch, „mausert sich zum Poltergeist.“

Hatte denn sonst niemand den grünen Papagei bemerkt? Der Wirt sah abwägend zu Mauritius, der wieder mit seiner toten Maus spielte, die sich schwach unter seiner Pfote bewegte. Doch, sie bewegte sich! Das war, der Wirt dachte scharf nach, das war unheimlich!

Inzwischen hatte Harry sich wieder in den Sessel an der gegenüberliegenden Kaminseite gesetzt und schlug manierlich die Beine übereinander. Mauritius sprang vom Sims direkt auf seinen Schoß und rollte sich schnurrend zusammen. Der Wirt ersparte es sich, nach der Maus zu sehen, denn die Maus herumlaufen zu sehen, hätte er nicht ertragen.

„Haben Sie Ratten hier?“, fragte die alte Winter beiläufig und zählte Maschen ab, um die Ferse zu stricken.

„Ratten?“, echote der Wirt. Er hätte gern probehalber etwas über den Papagei gesagt, ihn einfach nur mal beiläufig erwähnt, um zu sehen, ob einer darauf reagierte.

„Ratten, Mäuse, Ungeziefer“, zählte Wilbert fröhlich auf.

Hatte nur er die tote Maus zucken sehen?, fragte sich der Wirt, die Maus war ihm jetzt wichtiger als der Papagei.

„Hier im Haus gibt es kein Ungeziefer“, stieß er auf einmal wütend hervor. „Das Restaurant ist vor der Eröffnung gründlich gereinigt worden, darauf können Sie Gift nehmen.“

„Interessant“, murmelte Daniel, „und was haben Sie verwendet?“

„Vor allem hätten wir gern gewusst, ob noch was von dem Gift übrig ist“, hakte die Winter ein und lächelte ihn harmlos an.

Die Alte bluffte doch bloß. „Worauf wollen Sie hinaus? Hören Sie“, explodierte der Wirt, „kommen Sie mir nicht mit irgendwelchen scheinheiligen Erkundigungen, ja?“

Marion neigte sich zu Daniel. „Mit solchen Schwierigkeiten hatte ich nicht gerechnet“, flüsterte sie.

Daniel streichelte kurz ihren Nacken. „Frau Winter?“ Er schaute über Marion hinweg. „Erläutern Sie uns Ihre Theorie? Auch wenn unser Gastgeber kein Interesse zeigt, wir anderen würden sie schon gern erfahren.“

„Aber ja!“ Die Alte ließ ihr Strickzeug sinken. „Wir sollten Monsieur Vatel als Muster nehmen. Ich gehe davon aus, dass der Franzose zu den empfindlichen Gemütern gehörte, die eine Niederlage schlecht verkrafteten. Vielleicht fühlte sich der Koch verantwortlich für den Niedergang dieses Hauses. Ein paar unzufriedene Gäste, eine schlechte Kritik in einer Gourmetzeitschrift, eine Kette negativer Ereignisse, die zu einem verheerenden Ergebnis führten.“ Jetzt sprach sie doch direkt den Wirt an. „Dagegen konnten Sie gar nichts machen, nicht wahr?“, flötete sie mitfühlend. „Sie schätzten Ihren exzellenten Koch, und doch konnten Sie den Untergang nicht aufhalten.“

Wahrscheinlich schlugen gewitzte Richter im Mittelalter diesen Ton an, dachte der Wirt. Damit wollten sie verstockten Delinquenten ein Geständnis entlocken, um sie direkt an den Galgen zu liefern – ohne den lästigen Umweg über die Streckbank.

Er hätte nur zu nicken brauchen, vielleicht wären sie dann endlich zufrieden gewesen. Das Nicken brachte er aber nicht zuwege.

Das Feuer verkroch sich wieder im Kamin und flackerte nur noch schwach, während der Wind einen nassen, elegischen Seufzer durch die Fensterritzen schickte. Die Wände knarrten, als wollte das Haus vor Kummer in die Knie sinken.

„Hören Sie schon auf. Sie bilden sich da was ein“, flüsterte der Wirt und fühlte sich von Panik angehaucht.

Frau Winter nahm mit gesenktem Blick ihr Strickzeug wieder auf, ihre Nadeln klapperten verhalten.

„Bestimmte Gifte“, erklärte Daniel nach einer Pause gedämpft, „hinterlassen sichtbare Spuren. Manche färben die Zunge schwarz.“

„Eine schwarze Zunge sieht bestimmt schrecklich aus.“ Marion erhob sich langsam, neigte sich über Daniel, schloss halb die Augen und ließ ihre rosige Zungenspitze langsam und lasziv über ihre Oberlippe gleiten. Daniel öffnete bereitwillig die Lippen, küsste Marion erst zärtlich, dann immer leidenschaftlicher.

Bestimmt, dachte der Wirt angeekelt, steckt sie ihm die Zunge in den Mund.

Als sie sich endlich voneinander lösten, war auch Wilbert aufgestanden, Marion trat zu ihm.

„Wo wollt ihr hin?“, fragte Daniel erstaunt.

„Uns die schwarze Zunge ansehen, was dachtest du denn? Liebling, wir sind gleich zurück.“ Sie lächelte schelmisch.

Daniel runzelte verstimmt die Stirn. „Muss das sein?“

„Die beiden werden das schon richtig machen", mischte sich die Winter ein.

Wilbert grinste anzüglich und legte vertraulich den Arm um Marions Taille. Glitzernd rot leuchteten die Fersen der Schuhe auf und beschrieben leicht schlangenförmige Linien, während das Paar mit schwingenden Hüften in der Halle verschwand.

Die junge Dame scheint sich nicht mit einem Mann begnügen zu wollen, sinnierte der Wirt, bei diesen Schuhen ist das ja nicht anders zu erwarten. Aber außer mir kümmert das keinen der anderen, obwohl sie es doch sonst so mit der Moral haben. Wieso platzt dieser Daniel nicht vor Eifersucht? Dass er nicht losbrüllt und den beiden nachrennt, ist doch verdächtig.

Nach der Zunge des Kochs zu sehen ist natürlich blühender Unsinn.

Ganz wie er erwartet hatte, brachte die Erkundung in der Küche nichts ein, lediglich Marions Lippenstift war verschmiert. Oder war er das vorher schon gewesen? Und Wilbert hing hinten das Hemd aus der Hose.

Marion hatte eine Decke mitgebracht, die sie so fürsorglich über Daniels Beine ausbreitete, dass jede Bewegung ihr schlechtes Gewissen verriet. Hatte sie überhaupt eins? Die Decke, eine grau-braune, wie sie Möbelpacker verwendeten, sah nach Mottenbefall aus und war so ziemlich das Lumpigste, was sich im Haus finden ließ. Statt endlich mal aufzubrausen und ihr die Decke um die Ohren zu hauen, strich Daniel verzückt mit der flachen Hand darüber.

„Danke, Liebling", stammelte dieser Hornochse auch noch.

„Wilbert hat sie für dich gefunden." Marions Augen schimmerten feucht vor falscher Zärtlichkeit.

Wilbert war inzwischen zu Harry gegangen, der mit offenem Mund in der Ecke döste, und stieß ihn mit dem Fuß an. Mauritius fauchte, und verdattert setzte Harry sich auf.

„Hab ich was verpasst?"

„Nein", antwortete Wilbert. „Du bist jetzt an der Reihe."

„Ich?", fragte Harry verstört.

„Natürlich", bekräftigte die Winter, „erzählen Sie Ihre Geschichte."

Doch zuerst kam noch die Uhr dazwischen, sie hustete neun Mal unter dem üblichen Getöse.

„Fang an, Kumpel", sagte Wilbert, „und versuch erst gar nicht, dich zu drücken. Vergiss nicht, wir müssen den Plan einhalten."

„Ich kann das nicht", entgegnete Harry kleinlaut, „das haben wir so nicht abgemacht."

Möglichst leise, um die Unterhaltung an dieser interessanten Stelle nur ja nicht zu stören oder gar zu unterbrechen, entkorkte der Wirt mit einem leisen Plopp die nächste, Labsal für unbehauste Seelen verheißende Flasche.

Harry zuckte zusammen, sah zu ihm hin.

„Na schön", sagte er markig, „wenn's denn sein muss …"

V

Delikatessen

„Mal schauen, was im Angebot ist." Harry klappte den Deckel auf und fischte mit langem Arm eine Weile in der Tonne herum, während Eduard aus ein paar Tabakskrümeln und einem quadratischen Stück Zeitungspapier bedächtig eine Zigarette drehte. Die beiden hatten keine Eile. Das Schöne an ihrer freien Zeiteinteilung war ja, dass sie niemand hetzte.

„Und?", fragte Eduard schließlich. „Was gefunden?"

Harry grub inzwischen in der nächsten Mülltonne, es war keine sehr ergiebige Tour. Er beugte sich über die Öffnung und spähte angestrengt hinein.

„Hier riecht was säuerlich, aber nich unangenehm, unangenehm kann ich nich sagen."

„Säuerlich erinnert mich an sauren Hering."

„So sauer nun auch wieder nich. Auch 'nen bisschen süßlich, würde ich sagen."

„Süß-sauer?", überlegte Eduard und steckte behutsam die Zigarette an, wobei er die kleine Streichholzflamme mit der hohlen Hand gegen den Wind schützte. „Vielleicht was Chinesisches? Hühnerfleisch mit Bambussprossen, Morcheln und gerösteten Cashewkernen könnte mir gefallen", fabulierte er nach dem ersten, genießerischen Zug.

Harry angelte eine Dose aus der Tonne, hielt sie in die Höhe und las mit zusammengekniffenen Augen die Aufschrift: „Premiumqualität." Darüber blickte ihm das frohe Antlitz eines Dackels entgegen.

„Soll so was heißen", brummte Eduard abfällig, nahm ihm die Dose ab und betrachtete sie kritisch. „Glaubst du jeden Werbespruch? So dumm kannst du nicht sein. Haben wir noch eine Beilage?"

Hinter ihm auf dem Bürgersteig war ein Geratter zu hören, auf das beide nicht acht gaben, sie wandten sich aber um, als es verstummte. Vor ihnen stand eine kleine, alte Frau mit einem blauen, topfförmigen Filzhut, einen Trolley an der Hand.

„In der Mülltonne wühlen! Ich muss doch sehr bitten!" Aus der Klappe ihres Trolleys ragte das Ende einer dunklen, krossen, mit Körnern bestreuten Brotstange heraus, in Papier eingeschlagen. Das Brot verriet, dass die Frau aus dem etwa fünfzig Meter entfernten Supermarkt an der nächsten Straßenecke kam. Aufgebracht funkelte sie die beiden stoppelbärtigen Männer in den langen schmuddeligen Mänteln an.

„Wenn Sie wirklich so bedürftig sind, warum gehen Sie dann nicht zur Bahnhofsmission? Die gibt es auf jedem Bahnhof, das weiß ich. Und der Bahnhof ist gar nicht weit von hier, ich erkläre Ihnen gern den Weg."

Erstaunt musterte Eduard, der kleinere und schlankere der beiden, erst die alte Frau, dann Harry. „Wollen wir verreisen?"

Ratlos schüttelte Harry den Kopf. „Nich, dass ich wüsste, jedenfalls haben wir nich drüber gesprochen."

So rasch gab die Frau nicht auf. „Im Ort müsste es auch ein Obdachlosenasyl oder eine andere soziale Einrichtung geben. Bestimmt, Sie müssen sich nur mal danach erkundigen! Da bekommen Sie auf jeden Fall eine anständige Mahlzeit." Sie starrte jetzt die Dose an.

„Obdachlose?", fragte Eduard irritiert.

„Sind Sie denn nicht Obdachlose oder Stadtstreicher oder wie man das nennt?"

„Wir?“ Eduard zeigte mit einem langen, gelblichen Zeigefinger auf seine magere Brust und straffte sich. „Wir sind Landstreicher, werte Dame. Das ist ein riesenweiter Unterschied.“

„Stimmt“, ergänzte Harry voller Überzeugung. „Wir gehören einer aussterbenden Gattung an.“ Beifallheischend schielte er zu Eduard, der bestätigend nickte.

Die Frau begann in ihrem Wägelchen zu kramen, holte zwei große, rotbackige Äpfel hervor und reichte sie Harry, der sie etwas von sich weghielt und misstrauisch beäugte.

„Sieht mir nich nach deutschem Obst aus.“

„Ja, spielt das denn eine Rolle?“, fragte die Frau unwirsch. Offenkundig ärgerte es sie, dass ihre Gabe nicht augenblicklich auf Dankbarkeit stieß.

„Wissen Sie, wie belastet dieses Importobst ist?“, erkundigte sich Eduard. „Sie würden sich wundern, wenn Sie wüssten, was auf einen Apfel alles draufgesprüht wird, damit er am Ende so proper aussieht. Fungizide und Pestizide, von Mitteln gegen Fäulnis und dieser Wachspolitur, die die Äpfel unnatürlich glänzen lässt, gar nicht zu reden. 'Ne Ratte krepiert davon. Da möchten Sie kaum hinsehen, wie sich so ein Vieh krümmt. Dem verfaulen glatt die Eingeweide. Das ist Tierquälerei.“

Die kleine Frau ließ den Griff ihres Einkaufswagens los und deutete anklagend auf die Hundefutterdose.

„Und das da halten Sie nicht für gesundheitsschädlich?“

„Ja, wieso denn?“, fragte Eduard. „Seit man die Hunde damit füttert, werden die uralt. Und sehen wir krank aus? Nein! Haben wir Ausschlag? Kaum!“ Er zog den Ärmel seines Drillichmantels hoch und entblößte einen mageren Unterarm mit schorfiger Haut.

„Jetzt haben Sie mich ganz durcheinandergebracht“, klagte die Alte und begann erneut in ihrem Trolley zu kramen. „Die Äpfel möchten Sie also nicht. Mögen Sie vielleicht Kekse?“

Harry hatte die Äpfel in seinen weiten Manteltaschen verschwinden lassen und schaute wieder das köstliche Brot an.

„Sie betreiben hier Bedarfsweckung, das ist unseriös", monierte Eduard, der den Blick seines Kumpels bemerkt hatte. „Und Kekse enthalten Zucker, der ist schlecht für die Zähne. Was anderes haben Sie nicht?"

Die Frau hatte eine Packung Lachs aus dem Wagen gezogen, anscheinend nur, um in der Tiefe besser kramen zu können. Eduard schielte auf das Etikett der Packung.

„Sagen Sie bloß, der Lachs kommt aus Kanada?"

„Spricht etwas dagegen?", fragte die alte Frau spitz und richtete sich wieder auf.

„Wir wollen ja nicht besonders heikel erscheinen, aber die Sache ist folgende: Von den vielen Kupfer-, Zinn- und Goldminen in China steigt das ganze giftige Zeug, das zum Rauswaschen der Metalle benötigt wird, in die Luft auf, wird über die Wüste Gobi gewirbelt, driftet von dort nordwärts über Sibirien, rüber nach Alaska, fällt in Kanada runter und verseucht dort die Flüsse. Das macht die Globalisierung, verstehen Sie? Der einzige Lachs, den Sie heutzutage noch gefahrlos essen können, ist norwegischer Zuchtlachs. Der wird gepäppelt und ständig kontrolliert. Auch geschmacklich können Sie damit nichts falsch machen."

„Belästigen Sie diese Kerle, Frau Klein?" Ein gut gekleideter Mann um die fünfzig hatte sich genähert und baute sich nun drohend neben Frau Klein auf.

„Belästigt?", fragte Frau Klein konsterniert.

„Ich habe gesehen, wie der eine was eingesteckt hat", erklärte der Mann und trat energisch einen Schritt auf Eduard zu, der ängstlich zurückwich.

„Sie halten mich wohl für senil, Herr Kremer", fauchte Frau Klein, „wieso mischen Sie sich ein? Mache ich etwa einen hilflosen Eindruck auf Sie?"

Der Mann stand da wie ein begossener Pudel, ganz fassungslos darüber, dass ihn eine alte Frau, die er vor der Zudringlichkeit zweier undurchsichtiger Zeitgenossen beschützen wollte, derart ankeifte. Ein Mann zeigte Zivilcourage, und das kam dabei heraus! Eduard beschlich ein wenig Mitgefühl mit ihm, durfte sich aber nicht verraten.

„Ja, dann entschuldigen Sie vielmals, ich werde mich nicht noch einmal einmischen“, sagte Herr Kremer reserviert und entfernte sich.

„Ein Nachbar von Ihnen?“, fragte Eduard vorsichtig und sah dem entschwindenden Herrn Kremer nach. Dessen ganze Haltung drückte Gekränktheit aus. „Ich glaube, er meinte es nur nett mit Ihnen.“

„Nett? Ständig wird man als alter Mensch bevormundet“, entrüstete sich Frau Klein. „Dann muss ich wohl neuen Lachs kaufen.“

„Und nehmen Sie besser Weißbrot dazu“, regte Eduard an. Er deutete auf die krosse Körnerstange. „Dunkles Brot – das war mal empfehlenswert. Diese dunkel gebackenen Sorten enthalten das gleiche schädliche Zeug wie Pfefferkuchen. Essen Sie zu Weihnachten niemals Pfefferkuchen!“

Entschlossen zog Frau Klein die Brotstange aus dem Trolley und reichte sie Harry, der sie flugs in seinem Mantel verstaute.

„Dann muss ich mich jetzt aber beeilen, bevor der Laden schließt. Heute Abend kommt eine alte Freundin zu Besuch, und ich habe ihr einen Imbiss mit Lachsschnittchen versprochen.“ Sie beäugte die Männer. „Ich glaube, Sie beide sind sehr durchtrieben.“

Eduard tippte sich in Ermangelung eines Hutes, den er hätte lüpfen können, mit drei Fingerspitzen an die Stirn.

„Nur höflich, werte Dame. Mit Höflichkeit“, erklärte er ernst, „wird das Leben für alle schöner und leichter. Deshalb haben wir uns die Höflichkeit zum Lebensprinzip erkoren. Ich habe gesehen, dass Sie Petersilie zum Lachs gekauft haben. Nehmen Sie Kresse, wenn Sie Ihrer Freundin was Gutes tun wollen, oder meinetwegen auch frischen Koriander.“

Stumm fischte Frau Klein die Petersilie heraus und hielt sie Eduard hin, doch der winkte galant ab.

„Behalten Sie die nur und würzen Sie damit Morgen Ihre Suppe. Wenn Sie die Petersilie ins Wasser stellen, bleibt sie ein paar Tage frisch."

Netterweise begleiteten sie Frau Klein noch die fünfzig Meter zurück bis zum Supermarkt, Harry zog das Wägelchen für sie. Dann verabschiedeten sie sich sehr herzlich. In dem schönen Bewusstsein, eine gute Tat vollbracht zu haben, gingen sie versonnen weiter. Irgendwann warf Eduard die Hundefutterdose in eine Mülltonne, an der sie gerade vorbeikamen.

„Die Rezession merkt man zuerst am Müll", sagte er kopfschüttelnd.

Harry schaute sich die gepflegten Häuser an der Straße an. „Arme Leute! Die können sich ihre Einfamilienhäuser nich mehr lange leisten."

Sie mussten nicht groß bereden, wohin sie gehen wollten. In stiller Vorfreude tippelten sie nebeneinander her. Sie kamen am Turm vorbei, dessen Untergeschoss Harry wegen der vergitterten Fensterchen bedrohlich an Knast erinnerte und den Eduard als original Rapunzelturm anschwärmte. Eher tippte Harry auf eine Daverthexe, die hier mal ihre Heimstatt gehabt haben musste.

Rechter Hand lag dann ein verlassener Bolzplatz. Außer dem einen oder anderen eiligen Hundebesitzer, der seinen Köter eine Wurst ins Gras legen ließ, waren Harry und Eduard in den vier Wochen, die sie bislang in Davensberg verbracht hatten, auf dem Platz kaum einer Menschenseele begegnet. Kindern schon gar nicht.

Sie bogen in den Lenorenweg ein, der nur an einer Seite von Häusern bestanden war. Auf der anderen erstreckte sich ein recht idyllischer, krautiger Grünstreifen bis zum Fuß des Bahndamms. Durch ein Loch im Maschendrahtzaun zwängten sie sich auf die Böschung hinaus, die in steilem Schwung nach oben zu den Bahngleisen führte. Den Durchschlupf hatten sie nicht selbst fabriziert. Wahrscheinlich ging er auf das Konto der Jungen, die sich ab und zu einfanden, um Steine auf vorbeiratternde Züge zu schmeißen. Eduard hatte ihnen einmal eine beeindruckende Predigt über die Beschädigung öffentlichen Eigentums gehalten. Einen besonderen Schlussakzent hatte Harry gesetzt, als er sich einen der Steinewerfer gegriffen hatte, nachdem dieser nun Eduard als Zielscheibe ausgesucht hatte. Harry hatte den Jungen am Kragen gepackt und ihn mal kurz von den Füßen gehoben, das war alles, Reden von Eduard hatte es danach nicht mehr gebraucht.

An diesem Spätnachmittag fanden sie die Dammkrone kinderfrei vor, sie folgten ihr eine ganze Weile, bis der Damm gleichsam einsackte und einen Hohlweg für die Schienen bildete. Als sie ihren bevorzugten Rastplatz erreicht hatten, zog Harry seinen Mantel aus und bot Eduard die eine Hälfte als Sitzunterlage an. Trotz seines dünnen Pullovers fror er nicht, Eduard dagegen schlotterte sacht, obwohl er unter seinem Mantel zwei Pullover übereinander trug.

„Frierst du?“, fragte Harry besorgt.

„Nicht wirklich.“

„Du zitterst aber.“

„Das macht nur der leere Bauch.“ Eduard rieb sich lächelnd die Hände, um anzuzeigen, wie sehr er sich aufs Essen freute.

„Schön hier“, brummte Harry, als sie alles zu ihrer Behaglichkeit für einen Imbiss arrangiert hatten. Einträchtig teilten sie Lachs und Brot. Zur Garnierung wuchs ein bisschen wilder Kerbel direkt zu ihren Füßen. Auf dem roten Lachs sah er wunderhübsch aus. Von Eduard hatte Harry gelernt, nicht nur auf solche Kleinigkeiten zu achten, sondern sie auch zu genießen. Besser konnte es ihnen überhaupt nicht mehr gehen. Harry seufzte vor Wonne, Eduard hustete ein wenig, aber es klang fröhlich.

„Den Lachs und das Brot kann man wirklich essen, nich wahr?“, fragte Harry rein rhetorisch.

Eduard nickte zustimmend. „Für ein Picknick im Freien absolut akzeptabel. Die liebe Frau Klein hat wahrscheinlich keine Ahnung von Mango-Chutney, das würde das Lachsaroma heben, dann hätten wir die volle Breite.“

'Die volle Breite'! Harry dachte, wie herrlich es war, dass es noch eine winzige Steigerung geben könnte – nicht, dass sie die unbedingt brauchten. Innerlich schwebte er vor Glückseligkeit meilenweit über der Böschung. So von oben betrachtet, sah die Welt einfach großartig aus.

Ein leiser Schauder rieselte ihm den Rücken hinunter, Vorbote des Regionalexpresses, der gleich als Abgesandter ferner Länder und Meere aus Richtung Amelsbüren vorbeizischen würde. Unten glimmte der silbrige Doppelstreifen des Gleises wie ein Kometenschweif in der Unendlichkeit. Auf so einem Gleis waren er und Eduard sich gar nicht mal weit von hier vor vier Jahren begegnet. Es war dann Harry gewesen, der umkehrte und die Gleise an der Seite Eduards zurücktrottete. Auf dem Weg nach Ascheberg, das er am Morgen erst verlassen hatte, machte ihn Eduard mit seinem Lebensprinzip vertraut, und schon am Abend erlebte er ein bis dahin abweisendes, stockkonservatives westfälisches Landnest im milden, wärmenden Licht der *Höflichkeit*.

In seinem früheren Leben war Harry als Bauarbeiter tätig gewesen, ein nicht gerade für feinsinnige Umgangsformen bekannter Beruf, und zwei ruppige Jahre auf der Straße hatte er vor der Begegnung mit Eduard bereits hinter sich. Eduard hatte sein etwas zu trinkfreudiges, etwas zu rohes Gemüt in Ordnung gebracht und wahre Schätze an Einsicht zutage gefördert. Er hatte ihn die Dinge richtig sehen gelehrt und mit erstaunlichem Erfolg an seiner Ausdrucksweise gefeilt. Arschloch kam in seiner Sprache praktisch nicht mehr vor.

An diesem feuchten, windigen Oktobertag mischte sich der Gestank von Dieselöl von den Gleisen und das Aroma von zartem Kerbel auf geräuchertem Lachs zum satten Duft eines erfüllten Lebens.

„Wollen wir?", fragte Eduard und packte sorgfältig die Reste des Brots für das Frühstück ein. Eine viertel Stange Brot und einen schönen rotbackigen Apfel als Glücksverheißung für den nächsten Tag. „Ich komme gern vorm Dunkelwerden nach Hause."

Sie rutschten von der Böschung und trotteten etwa einen Kilometer die Gleise entlang. Wo der Wald beinahe bis an die Bahnlinie heranreichte, bogen sie ab. Zielstrebig überquerten sie im letzten Tageslicht einen kleinen Bach und einen Forstarbeiterweg.

Ihre Behausung lag mitten in dichtem Gehölz. Zusammengebaut aus den Resten eines verfallenen Hochsitzes, einer alten Gummiplane und Erlenzweigen, die Eduard fachkundig mit einer Taschenmessersäge unten an den Stämmen entfernt hatte, bot ihr Unterstand ihnen beiden genügend Platz, um sich lang auszustrecken. Die Rückwand lehnte an einem Stein, hinter dem sie, besonders sorgfältig getarnt, ihre Vorratskammer mit allen notwendigen Utensilien eingerichtet hatten.

Nach Davensberg hinein gingen sie nie mit großem Gepäck. Säcke und unförmige Plastiktaschen, hatte Eduard erklärt, machten die Leute bloß misstrauisch.

Aus dem Eingang ragten Schuhe, die keinem von ihnen gehörten. In den Schuhen steckten Füße, leicht nach außen gedreht.

Ihr Besucher machte einen sehr ruhigen Eindruck. Er lag in der Hälfte, die Harry für gewöhnlich beanspruchte, und schlief offensichtlich. Nicht einmal, als sie sich an den Schuhen vorbei in ihr Nest quetschten, regte er sich. Als höfliche Menschen richteten sie sich erst einmal auf dem verbliebenen Platz ein, sahen ihm beim Schlafen zu und überdachten die Lage.

Der Mann mochte Ende dreißig sein. Er hatte dichte schwarze Haare, und sein kantiges Kinn ließ auf einen willensstarken Menschen schließen. Bekleidet war er mit einer schwarzen Lederjacke, die an eine Fliegerjacke erinnerte, nur edler und teurer und nicht im mindesten abgewetzt, und schwarzen Jeans, an deren Hosenbeinen Dreck klebte, als sei der Mann eine Weile durchs Unterholz gekrochen. An sich war der Wald ringsum nicht wirklich groß genug, um sich darin zu verlaufen, aber anscheinend war es dem Mann bis zur Erschöpfung gelungen.

Harry und Eduard schätzten ihn als typischen der Natur entwöhnten Städter ein. Sie plauderten leise miteinander und hofften, dass ihr Gast endlich aufwachte, doch den Gefallen tat er ihnen nicht.

Nachdem Eduard mehrfach auf seine kalten Hände geblasen hatte, entzündete er eine kleine Petroleumlampe und stellte sie direkt neben sich, um sie sofort löschen und in seinem Mantel verschwinden lassen zu können, falls sie sich geirrt und doch einen Forstbeamten vor sich hatten. Forstbeamte hielten nichts von brennenden Petroleumleuchten in Unterständen.

Auf dem Gesicht des Unbekannten lag so etwas wie ein mildes, fast schon kindliches Erstaunen, das sich im Verlauf der nächsten Stunde in einen Schimmer von Furcht verwandelte, jedenfalls hatte Eduard diesen Eindruck. Vielleicht träumte der Mann schlecht, vielleicht rief auch das flackernde Licht der Lampe eine Täuschung hervor.

Als Harry die Beine einzuschlafen drohten, streckte er sie vorsichtig aus, bis seine Schuhe den Körper vor ihm berührten, und auch dann hielt er in der Bewegung nicht inne, sondern schob die Stiefelspitzen unter die Lederjacke dem Fremden in die Rippen. Der gab keinen Laut von sich.

„Harry!", mahnte Eduard. „Was würdest du sagen, wenn dir jemand im Schlaf in die Rippen tritt?"

„Schwer abzuschätzen, aber vermutlich würde ich ihm eins in die Fresse hauen, wenn ich wach würde", räumte Harry ein und zog einen Fuß zurück. Die Stiefelspitze glänzte seltsam feucht. Harry stippte einen Finger in die Feuchtigkeit und hielt ihn ins Lampenlicht.

„Sieht wie Blut aus", stellte Eduard fest und begann wieder zu zittern.

„Ich glaube", sagte Harry gepresst, „das ist Blut."

Gemeinsam drehten sie den Körper um, schauten sich den Rücken an und fühlten schließlich den Puls. Nun ließ sich nicht mehr leugnen, dass sie ihren Unterschlupf mit einer Leiche teilten. Der letzte Hauch von Gemütlichkeit ging flöten. Geahnt hatten sie schon etwas, es nur nicht zugeben wollen. Zuzugeben, eine Leiche am Hals zu haben, bedeutete, lauter unangenehme Überlegungen anstellen zu müssen. Und was für eine Leiche! Eduard wurde von einem Hustenanfall geschüttelt, der verzweifelt klang. Harry kroch nach draußen, packte den Toten an den Knöcheln und begann zu ziehen.

„Halt!", sagte Eduard streng. „Das gehört sich nicht."

Harry kam wieder herein und starrte ihn verständnislos an. „Der Kerl is tot, und wir haben nich genug Platz zum Schlafen, wenn wir ihn nich raustun."

„Dieser Mensch", sagte Eduard leise, „ist bei uns gestorben. Es wäre nicht nett, ihn einfach nach draußen zu schmeißen. Tote haben ihre eigenen Rechte."

Zum ersten Mal kam Harry Eduards Vorstellung von Höflichkeit verrückt vor, aber schließlich akzeptierte er den Einwand. Eduard sprach sich auch dagegen aus, die Taschen des Toten zu durchsuchen. Harry meinte, sie könnten doch auf ein Handy stoßen und eventuell irgendwo anrufen und …

Auf diesen Vorschlag wollte Eduard sich schon gar nicht einlassen. Was Harry vorgebracht hatte, konnte ihnen nur unabsehbare Schwierigkeiten eintragen. Am besten, sie taten erst einmal gar nichts. Von den zwei alten Wolldecken, die Harry aus ihrem Vorratskämmerchen holte, breiteten sie eine über den Toten, die andere wickelten sie sich um die Schultern, wobei Harry darauf achtete, Eduard das größere Stück Decke zuzuschanzen.

„Wenn wir auf unserem Weg bleiben und uns stets korrekt benehmen, kann uns eigentlich nicht viel passieren", erklärte Eduard noch, bevor er, den Kopf auf den Knien, wegdöste.

Harry blieb wach und allen Schrecken dieser Nacht ausgesetzt. Die Gegenwart der Leiche ließ in dem wundersamen Kokon aus Freundlichkeit und gutem Benehmen, mit dem Eduard sie beide gegen die Unbilden der Welt abschirmte, eine rissige Stelle aufscheinen, die Harry in Angst versetzte.

Wie alt war Eduard? Er schätzte ihn auf Anfang sechzig, fast dreißig Jahre älter als er, und Eduard war jetzt seit zehn Jahren als Tippelbruder unterwegs. Bei dieser Art, sein Leben zuzubringen, zählte jedes Jahr doppelt, das hieß, er hatte dem gefühlten Alter nach die siebzig überschritten. Ein Greis von über siebzig konnte sich weder einen derartigen Husten noch eine solch ungemütliche Nacht leisten.

Was Harry in Eduards Augen gelesen hatte, war die Bereitschaft, sich auf das näher rückende Ende einzustellen. Einmal hatte Eduard erwähnt, dass er sich, wenn es mal so weit mit ihm wäre, im Wald verkriechen wollte, um still und friedlich in die andere Welt hinüberzugehen. Erst neulich hatte er wieder das Verkriechen erwähnt, und Harry hatte um seines eigenen Seelenfriedens willen ihn rasch davon abbringen müssen.

Am Morgen fühlte sich Harry wie gerädert. Draußen vor ihrem Unterschlupf reckte und dehnte er ausgiebig seine knackenden Glieder, während ihn eine stille Wut auf den Toten überkam. Was hatte den bloß getrieben, sich ausgerechnet bei ihnen einzunisten? Eduard guckte hohläugig und mitgenommen aus seiner Deckenhälfte hervor und bat Harry krächzend, ihm einen Schluck Wasser zu besorgen. Dann hustete er fürchterlich. Als Harry mutmaßte, dass da wohl was Ernsthaftes im Anzug war, winkte er lässig ab.

„Ich brauche bloß ein bisschen Wasser, um die Schleimhäute zu befeuchten und die Kehle zu klären“, flüsterte er mühevoll und hustete wieder mordsmäßig.

Als Harry mit dem Wasser zurückkam – er hatte eine ramponierte Thermoskanne am Bach gefüllt –, brachte er einen kleinen schicken Rucksack mit und wirkte nervös. Eduard hatte das Gesicht des Toten aufgedeckt, als wenn er sich vergewissern wollte, wie ihr stummer Gast die Nacht verbracht hatte, und war jetzt munterer. Die düstere Stimmung beim Aufwachen war verflogen. Ihr Herr X sah aber auch zu friedlich aus, er gab keinerlei Anlass zur Sorge.

Beim Frühstück hustete Eduard nicht mehr. Harry hatte auf einem Spirituskocher eine Blechtasse Pulverkaffee für jeden (mit Ausnahme des Toten) zubereitet, und den schlürften sie, hingebungsvoll die Wärme genießend. Eduards blasse, papierdünne Hände hielten die Tasse wie einen kostbaren kleinen Schrein umschlossen. Erst nach dem Frühstück aus trockenem Brot und Apfel wandte er seine Aufmerksamkeit dem Rucksack zu.

„Der sieht hübsch aus, wo hast du ihn her?"

Der Rucksack war aus schwarz gefärbtem, glänzendem Rindsleder gefertigt. Eduard sah die Qualität auf einen Blick, schließlich hatte er jahrelang als zweiter Buchhalter in einer Schuhmanufaktur gearbeitet. Ihm hatten es vor allem die handgenähten Exemplare aus erstklassigem Leder angetan. Beim Anblick des Rucksacks meldeten sich allerlei Erinnerungen, auch nicht so gute, von denen er sich jedenfalls nicht die Laune verderben lassen wollte. Der Rucksack stand zwischen ihm und Harry wie ein vom Himmel gefallenes Geschenk, nur die tiefschwarze Farbe gefiel ihm nicht, die wirkte irgendwie abgründig, andererseits waren die elegantesten Schuhe stets schwarz eingefärbt – je schwärzer, desto edler. Gefühlvoll strich Eduard mit seinen von der Blechtasse erwärmten Fingern über die schmiegsame Oberfläche.

„Da lacht einem das Herz", nuschelte er verlegen, „fragt sich bloß, wo kommt der her?"

Harry nickte zu dem Toten hinüber. „Muss ihm gehört haben. Lag draußen vor unserem Kabuff. Gestern im Dunkeln, als ich die Decken reinholte, hab ich ihn nich gesehen."

Auf einmal hatte er einen Zweihunderteuroschein in der Hand, und ihm stand der Schweiß auf der Stirn.

„Du hast reingeschaut!", sagte Eduard mit leisem Tadel.

„Hab ich", bestätigte Harry heiser.

Nun überkam Eduard doch die Neugier, und er zog den Rucksack zu sich heran. Vorsichtig machte er die Klappe auf, immer noch mehr auf das exquisite Stück Handarbeit als auf den Inhalt konzentriert. Der erwies sich als ein Haufen gebündelter bunter Papierchen, die Harrys Augen wie Wunderkerzen flimmern ließen. Außer den Euros kamen hübsch viele Dollarnoten zum Vorschein. Eduard kramte in all dem Papier wie zwischen Asbestplatten herum.

„Was meinst du, wieviel es ist?", fragte Harry mit belegter Stimme.

Sorgfältig schloss Eduard die Lederklappe über dem fremden Reichtum. „Das ist nebensächlich. Wir sollten es schleunigst loswerden."

„Den sollten wir loswerden", entgegnete Harry mit einem harten Blick auf die Leiche. „Dies ist unsere Butze und kein Mauso …, kein Mauso …",

„… leum." Auf einmal kam richtig Bewegung in Eduard. Er robbte auf den Knien an den Toten heran, zog die Decke beiseite und durchsuchte ihn sorgfältig, wobei ihm die Totenstarre die Arbeit erheblich erschwerte. Außer einem ausländischen Pass führte der Mann eine Pistole bei sich. Aber damit konnte er sich kaum selbst in den Rücken geschossen haben. Allmählich tat sich da ein riesiges Problem auf.

Eduard hustete einmal hinter vorgehaltener Hand, dann stand sein Entschluss fest. „Wir müssen nicht nur den Toten loswerden, sondern alles, begreifst du?"

„Nich das Geld", sagte Harry widerspenstig.

„Vor allem das Geld! Wer weiß, wem es gehört."

Erregt deutete Harry auf den Toten. „Ist mir egal, er hat's hergebracht, jetzt ist es über, also gehört's uns. Ist doch logisch."

Eduard sah ein, dass er die Sache anders angehen musste. „Hast du Sorgen? Fehlt dir etwas Wichtiges?" Er legte eine dramatische Pause ein und beantwortete seine Fragen selbst. „Nein! Wir sind freie Herren unseres Schicksals. Wir schulden niemandem etwas, keiner kann uns was, wir sind durch und durch ehrbar. Dieses Geld würde unseren ganzen Lebensstil verderben. Mit dem Geld würde sich alles ändern."

Eine gigantische Wolke von Wünschen und Begehrlichkeiten

quoll in Harry auf, und er musste zugeben, dass ihn diese ungeheure, noch diffuse Wolke ängstigte. Aus Eduards Rede klang einerseits viel Vernunft, andererseits …

Harry lachte ungläubig.

„Hast du Schiss? Weil wir einen Sack voll Knete gefunden haben? Macht uns doch nichts. Wär ja verrückt, oder?"

Forschend sah ihn Eduard an. „Vielleicht sollten wir erst einmal ein bisschen Abstand gewinnen. Was hältst du davon, wenn wir wieder nach Davensberg gehen und schauen, ob sich was ergibt?"

Harry wollte nicht sagen, dass es mit einem Zweihunderteuroschein in der Tasche nicht mehr dasselbe sein würde, den Müll anderer Leute durchzusieben.

Müll hatte sie bis jetzt mit allem Lebensnotwendigen versorgt. Sobald sie in einem Städtchen ankamen – sie zogen die kleineren Gemeinden den Großstädten vor –, erkundigten sie sich nach den Sperrmüllterminen und machten sich dann auf, zwischen kaputten Fahrradschläuchen, löchrigen Eimern und auseinandergebrochenen, siffigen Sperrholzmöbeln etwas Verwertbares zu finden. Manchmal stießen sie auf einen hübschen alten Bilderrahmen oder eine halbkaputte Kuckucksuhr, die sie für ein paar Euro an einen Trödelhändler verscherbeln konnten. Einmal hatte ihnen eine alte Bibel vierzig Euro eingebracht, das war ein Festtag gewesen, den sie in einem Schnellrestaurant ausgelassen gefeiert hatten. Eduard hatte Harry zwei Bier genehmigt und sich selbst ein Glas Rotwein, von dem ihm hinterher schlecht geworden war.

In der letzten Zeit hatten die lohnenden Funde allerdings merklich abgenommen. Und hin und wieder hatten sie Ärger mit Leuten gehabt, die mit Lastwagen an jeden Müllhaufen heranfuhren und gegen die Konkurrenz erstaunlich schnell Brechstangen zur Hand hatten. Obwohl Harry nicht gerade ein Schwächling war und schon gar kein Feigling, musste er wegen Eduard jedesmal einen schmählichen Rückzug antreten.

Jetzt hatten sie schon seit einer Woche keinen Euro mehr eingenommen, und dennoch war Eduard nicht sonderlich besorgt.

Nicht von ungefähr schlenderten sie wieder den Gehweg vor dem Supermarkt entlang, und tatsächlich kam ihnen Frau Klein entgegen, die ihren vollgepackten Trolley hinter sich herzog. Ihr Auftauchen gerade zur rechten Stunde mutete wie eine Bestätigung des von Eduard kreierten Lebensstils an, ein wichtiger Hinweis, der auf Harry ordentlich Eindruck machte. Da kam ein Engel der Fürsorge auf sie zu, und er raschelte in der Manteltasche mit einer Banknote, die ihm eventuell doch nicht rechtens zustand.

Schwungvoll, die eine Hand noch in der Tasche, verbeugte er sich vor der kleinen, alten Frau.

„Guten Tag auch."

Frau Klein schrak zusammen. Ihr Blick fiel auf die Hand, die in der ausgebeulten Tasche steckte.

„Was wollen Sie von mir?", fragte sie mit unnatürlich hoher Stimme.

Aus ihrem Trolley ragte wieder Brot heraus, und daneben wippte das büschelige Grün von Karotten. Auf Karotten hatte Harry gar keinen Appetit, aber unter ihnen mochte ja noch etwas anderes stecken. Vielleicht Mettwürstchen.

„Wir sind's doch, Frau Klein", sagte Eduard mit Altherrencharme, hustete aber unangenehm.

Womöglich noch aufgeregter, hakte Frau Klein einen Arm in den Griff des Trolleys und schaute hektisch umher.

„Ich weiß nicht, was Sie von mir wollen", schrie sie.

Schuldbewusst wich Harry zurück, alle Selbstsicherheit war von ihm abgefallen. Zwei Passantinnen wurden aufmerksam, mit bösen Blicken starrten sie herüber. Harry versuchte, den Geldschein in der Tasche loszulassen, doch irgendwie klebte er an seinen Fingern. Da wusste er, dass ihnen dieser Schein bei der Begegnung mit der netten alten Dame in die Quere gekommen war. Ihm war ja schon klar, dass mit dem unverhofften Reichtum etwas nicht stimmte. Immerhin lag wegen dieses schmutzigen Geldes ein Toter in ihrer Unterkunft.

„Sind das schon wieder die Penner?“ Metallisch scharf schnitt die Stimme in Harrys Ohr. Und schon kam der widerliche Herr Kremer heran, Verachtung und Triumph im Blick, weil sich Frau Klein sofort zu ihm flüchtete.

Eduard zupfte an Harrys Arm. „Lass uns verschwinden.“

Verstört und irritiert trabten sie los, bogen in einen Fußgängerpfad ein und schauten sich um, ob ihnen jemand folgte. Die Blicke der Leute waren nicht länger freundlich oder zumindest gleichgültig. Aber wahrscheinlich, dachte Harry, waren nur seine Nerven überreizt.

„Warum hat sie uns nich erkannt?“, fragte er.

„Wer? Frau Klein? Möglicherweise ist ihr Gedächtnis nicht mehr in Ordnung. Wenn dieser Herr Kremer nicht aufgetaucht wäre, hätten wir ihr sicher begreiflich machen können, wer wir sind. Denk nicht mehr drüber nach. Wir haben einfach einen ungünstigen Zeitpunkt erwischt.“

Das wollte Eduard sich wohl selbst einreden, überlegte Harry und ließ seine Gedanken eindringlich um einen Rucksack voll Geld kreisen. Der Sack war schließlich genau so ein herrenloses Fundstück wie die alte Bibel.

Sie waren schon auf der Burgstraße, als Eduard Harrys Arm packte.

„Da kommt unser Mittagessen“, sagte er leise.

Vor ihnen lag die Seitenfront eines Lokals. Gerade warf ein Küchenjunge in weißer Schürze und grau gestreiftem Hemd etwas aus einem Korb in die große Mülltonne, die direkt unter einem auf Kipp stehenden Milchglasfenster stand. Aus dem Fensterspalt drangen appetitliche Düfte nach draußen. „Schauen wir mal, was uns da serviert worden ist.“

Kaum war der Junge durch die Klapptür verschwunden, huschte Eduard an die Tonne heran und winkte Harry, ihm zu helfen, den Gleitdeckel aufzustemmen. Missmutig folgte Harry seiner Aufforderung, sah aber erst in die Tonne, als Eduard einen Überraschungsschrei ausstieß. Fast hätte er den Deckel herabsausen lassen. Eduard zog zwei bratfertige Täubchen heraus, hielt sie kurz an die Nase, verdrehte die Augen, steckte die Vögelchen hurtig in seine weiten Manteltaschen und widmete sich wieder der Erforschung der Mülltonne. Sie hatten eine Goldgrube entdeckt! Denn wenige Augenblicke später fand Eduard ein Stück prachtvollen Schinkens, etwas Selchfleisch und einen unwahrscheinlich würzigen Ziegenkäse und griff gerade nach zwei aufgeweichten Brötchen, als ein Ruf seinem Treiben ein Ende setzte.

„Chef", schrie der Küchenjunge, „da wühlt einer in unserem Abfall."

Noch einen Tag zuvor hätten Harry und Eduard die Situation gelassener genommen. Eduard hätte mit Grandezza eine Erklärung abgegeben, aber nun zog er seine Hände zurück. Harry ließ den Deckel los und dachte über die Eigentumsverhältnisse beim Müll nach. Die waren zwischen ihm und Eduard nie ein Thema gewesen.

In der Tür erschien ein stattlicher blonder Mann mit Kochmütze und einem gewittrig finsteren Gesicht. Angepöbelt worden waren sie schon öfter, aber nie hatte Harry Beleidigungen so sehr persönlich genommen wie diesen verächtlichen Blick. Er ging ihm durch und durch.

„Aasgeier", schimpfte der Mann mit schleppender Stimme und leichtem Akzent, „Schweinebande, macht …"

* * *

Harry war verstummt.

Warum hatte der Kerl aufgehört, zu erzählen? überlegte der Wirt. Und wieso schauten ihn alle an? Gerade hatte er so schön daran gedacht, wie sein Koch erst letzte Woche ein paar Pilze aus dem Wald mitgebracht hatte.

„Sie wollen's nicht wissen?", fragte Daniel Meyer schließlich und zog ungläubig eine Augenbraue hoch.

Bei den Pilzen waren einige dabei gewesen, die etwas eigentümlich aussahen. Wie herausoperierte Schamlippen, doch das Pilzbuch, das der Wirt konsultierte, bewies, dass es sich um Exemplare des sehr seltenen Zinnoberroten Prachtbecherlings handelte, der an feuchten Stellen auf abgestorbenen, moosigen Laubholzästen wuchs. Dennoch konnte er sich nicht überwinden, die anscheinend essbaren Pilze, die sein Koch zusammen mit delikaten Kalbfleischstreifchen zubereitet hatte und die in der Pfanne nicht mehr so auffällig aussahen, zu verzehren. Ihm war bei der ersten Konfrontation mit den seltsamen Pilzen schlecht geworden.

Ein raues Lachen ließ ihn auffahren. Karrack hatte sich vorgebeugt und zwinkerte ihm zu, und für einen Moment kam es ihm vor, als sähe ihm der Mann direkt ins Hirn.

Gruselig, sehr gruselig. Er musste sich schütteln.

„Er hört nicht zu", raunte Frau Winter.

Und ob er zuhörte! Er hatte ziemlich genau Davensberg verstanden, sah nur keinen Anlass, sich dazu zu äußern.

Er hätte die Pilze essen sollen, egal wie eklig er sie fand. Der Koch hatte sie schließlich eigens für ihn geschmort.

„Erzähl weiter, Harry", sagte Marion leise. „Wir sollten noch nicht aufgeben. Ich hab schon noch Hoffnung."

Wieder nahm der Wirt Zuflucht zum Wein. Der Wein roch nach feuchtem Moos, wie die Pilze damals, aber das schreckte ihn nicht.

* * *

„Arschlöcher, Schweinebande, macht …", schimpfte der Koch mit ausgeprägten Rachenlauten.

Eduard bückte sich rasch nach einer Flasche, die neben der Mülltonne stand, und zog Harry am Ärmel mit sich. Harrys Beine fühlten sich seltsam steif an, auch sein Nacken, wo er noch immer den vernichtenden Blick spürte.

Nur sehr allmählich gewann die Freude über ihre Funde die Oberhand.

„Weißt du, was das ist?“ Eduard hob die zugekorkte Flasche hoch. „Das hier“, fuhr er blinzelnd fort, „krönt das unwahrscheinliche Glück, das wir gerade hatten, denn in dieser hübschen Boutille gluckert ein zwanzig Jahre alter Bordeaux.“

„Mann“, versetzte Harry heiser, „und den kannste noch trinken?“

„Ich bereite uns“, versprach Eduard feierlich, „das beste Essen, das du jemals genossen hast.“

Mit so einem Versprechen ließ sich der Blick des Kochs eventuell verwinden.

Den Platz an der Böschung, wo sie ihren letzten Imbiss eingenommen hatten, ließen sie links liegen. Für die langwierigen Vorbereitungen und das Zeremoniell, das Eduard als Balsam für ihre Seelen vorschwebte, brauchten sie noch mehr Abgeschiedenheit, eine kleine Welt für sich, in der sie kein unfreundlicher Mensch behelligte.

Harry half Eduard fürsorglich durchs Gestrüpp, das ein Stück weiter an der Böschung wuchs. Ihnen beiden war eine Stelle in den Sinn gekommen, die ihnen für ihren Festschmaus ideal erschien. Ein paar niedrige Haselbüsche mit flammendem Laub rahmten ihn ein. Harry sägte zwei Astgabeln zurecht, Eduard baute einen Ring aus Schottersteinen, in dessen Rand sie die Stöcke für ihren Behelfsgrill rammen konnten. In der Mulde dazwischen entzündeten sie das Feuer.

Während die ersten Flammen verhalten züngelten, marinierte Eduard die Vögel mit ein paar Spritzern Rotwein, anschließend knetete er aus einer Scheibe Schinken und einem Brötchen eine lockere Füllung. Endlich steckte er die Tauben auf den Spieß, der nun mindestens eine Stunde lang mit Fingerspitzengefühl über dem Feuer gedreht werden musste.

Das war Harrys Aufgabe. Angesichts der schmurgelnden Vögel lief ihm das Wasser im Mund zusammen.

Freudig bewegt, lehnte sich Eduard auf die Ellbogen zurück, schaute durch eine Lücke zwischen den Haseln auf die Bahngleise und schob sich Streifchen von Selchfleisch in den Mund. Schon jetzt umspielten vom Grill her Wohlgerüche ihre Nasen.

„So etwas", sagte Eduard versonnen, „bekommt der beste Koch nicht hin. In diesen Hightech-Küchen von heute ist Natürlichkeit gar nicht mehr denkbar. Dabei bringt nur die Rustikalisierung am Bratspieß unter freiem Himmel die volle Breite des Geschmacks."

Da war wieder das Zauberwort gefallen. Harry schmeckte es auf der Zunge und am Gaumen, zusammen mit einem Schluck des göttlichen Rotweins, der nur ganz unwesentlich – wie Eduard behauptete – nach Korken schmeckte. Ob Kork oder nicht, genau so rustikal hatte Wein an einem Feuer aus grünem Holz zu schmecken. Der Rauch nebelte die Täubchen wohlwollend ein und gab ihnen zusätzliches Aroma.

Als das Mahl endlich beginnen konnte, bildete die Haut der Vögel eine dünne, krosse Schicht, die man mit den Zähnen behutsam aufknacken musste, um an das köstliche saftige Innere zu gelangen. Das zweite schön knusprig geröstete Brötchen bildete die Beilage, und danach wartete Eduard noch mit dem Ziegenkäse auf, dem er ebenfalls die perfekte Rauchbeize verpasst hatte. Mehr vor Dankbarkeit als von dem Qualm tränten Harry die Augen.

„Das ist das Paradies", stöhnte er in hellem Entzücken.

„Schlaraffenland", korrigierte Eduard träumerisch, „da fliegen dir die gebratenen Tauben in den Mund."

„Wir mussten unsere erst noch vom Stock abziehen", wandte Harry ein, „aber das hat mir nichts ausgemacht."

Ohne Zweifel war dieses Mahl der prachtvolle Höhepunkt ihrer kulinarischen Karriere und eine Entschädigung für die Unannehmlichkeiten des Tages. So gut wie Eduard könnte kein gelernter Koch Tauben zubereiten mit nichts als qualmendem Feuer, zwei Blättern wildem Salbei und einer Schinkenscheibe.

Auf einmal fiel Harry der Koch wieder ein, der sie von der Küchentür her so verächtlich gemustert hatte.

* * *

Und wieder hatte Harry Hirsch aufgehört.

Böse starrte ihn der Wirt an. Er würde nichts sagen, ganz bestimmt nicht, und schon gar nichts fragen.

„Wie hieß dieser Koch?", fragte stattdessen Daniel.

Der Wirt spürte, wie ihm das Blut aus den Wangen wich, während er stur den Blick erwiderte.

„Ich will nicht wissen, wie der Koch hieß", knurrte er und knirschte vor Anspannung mit den Zähnen. „Lassen Sie mich bloß mit ihm zufrieden."

Auf einmal sah Harry Hirsch gar nicht mehr wie ein Penner aus, der sich nur für Fressen, Saufen und Rumprügeln interessierte, sondern wie ein alttestamentarischer Mahner, der gerade das jüngste Gericht ankündigen wollte.

Hinter seinen groben Zügen mit der verwitterten Haut schien ein anderes Gesicht hervor, ein steinernes, strenges – das Gesicht eines unerbittlichen Richters.

Der Wirt spürte, wie ihm das Herz im Halse schlug.

„Bitte", röchelte er kaum verständlich, „erzählen Sie weiter."

Der Richter, in den sich Harry verwandelt hatte, nickte ernst.

* * *

Nun fiel Harry der Koch wieder ein, der sie von der Küchentür her so verächtlich gemustert hatte.

„Weißt du was?" fragte er ruhig. „Ich will in das Lokal, mich an einen Tisch setzen und Tauben bestellen." Schon sah er sich im Speisesaal von oben herab nach dem Kellner winken und die Karte verlangen. Das hatte viel mehr Stil, als dem Koch in die Eier zu treten.

„War an unseren Tauben irgendwas zu beanstanden?"

Eduards Kochkünste zu kritisieren lag Harry meilenfern. Etwas heftig wandte er ein: „Haste dich nich gefragt, warum die Vögel im Abfall gelandet sind? Da muss was faul dran gewesen sein." Eigentlich hatte er etwas anderes sagen wollen.

Eduard seufzte, als müsste er einem Begriffsstutzigen mühevoll etwas erklären. „Lebensmittel sind Waren und Waren Abschreibungsmöglichkeiten. Leute mit viel Geld kaufen Schiffsanteile, die Schiffe machen Verlust, und der Verlust wird abgeschrieben, das spart den Reichen eine Menge Steuern. Nobelrestaurants laufen nur mit sehr viel Geld, da muss reichlich jongliert werden. Ist zuviel Geld in der Kasse, muss Ware vernichtet werden eben wegen der Abschreibungen."

Eduards Erklärung kam Harry noch kurioser vor als manch andere in der Vergangenheit.

„Woher willste wissen, dass das Lokal ein nobler Schuppen ist?"

Eduard hielt ein abgenagtes Taubenbein hoch. „Das hier stammt nicht von einer gewöhnlichen Flugratte. Diese Tauben sind über der kastilischen Hochebene oder auf Malta herumgeschwebt, die haben nie dreckige Stadtluft gerochen. Hast du das denn nicht geschmeckt?"

„Schon", räumte Harry gedehnt ein, „aber sind Tauben nich 'n bisschen zu winzig für die Abschreibung?" Er grinste versöhnlich.

Zu ihrer Freude lugte die Sonne durch die Wolken und ging in einem spektakulären Abendrot unter, während sie sich die letzten Scheiben Räucherkäse und Schinken schmecken ließen.

„Du", sagte Eduard und nahm mit einem langen Blick Abschied von einem im großen und ganzen freundlichen Herbst, „wir sollten langsam ins Winterquartier wechseln. Es gibt sicher noch was zu tun, bevor wir uns ganz zurückziehen."

Draußen, das war die Erfahrung aus sechs Jahren Tippelbruderschaft, bekam man ungefragt die volle Schönheit, aber auch die ganze Härte der Jahreszeiten mit. Ein Gedanke, der Harry vor allem in Hinblick auf Eduards Husterei Sorgen bereitete. Ihr Winterquartier lag gut hundert Kilometer entfernt in einem Felstunnel im Teutoburger Wald, an dessen Ende Wasser aus dem Stein rieselte und beständig Frischluft wehte. Harry konnte nicht verhindern, dass sich ihm ein paar Alternativen aufdrängten. Einen Winter hatten sie wegen einer Schwächephase Eduards tatsächlich in einem Obdachlosenheim verbracht. Noch Monate danach hatte er den Gestank alter Männer in der Nase gehabt und an einem Gefühl von Niederlage gekaut, obwohl es ihnen in dem Heim nicht schlecht ergangen war. Inzwischen boten sich ihnen doch ganz andere Möglichkeiten. Sicher war Eduard gewitzt genug, ihnen unauffällig ein Bankkonto einzurichten, oder besser noch zwei oder drei – Harry begann generalstabsmäßig ihr Wiederauftauchen in der bürgerlichen Gesellschaft zu planen. Und erst, als er sein Konzept fertig durchdacht hatte, begann er vorsichtig, Eduard in seine Pläne einzuweihen.

„Nicht mit mir", sagte Eduard stumpf, „das funktioniert nie."

„Willste lieber in einem feuchtkalten Felstunnel verrecken, als in einer gemütlichen Gartenlaube den Winter zu verbringen?"

Rund um Münster gab es eine Menge Gartenlauben, die er für sehr geeignet hielt. Manche waren nicht nur mit Gartenzwergen, sondern zusätzlich mit Waschmaschine und Kabelfernsehen ausgerüstet. Einmal hatten sie fast drei Wochen in einer verbracht, bevor sie entdeckt und rausgeworfen worden waren. Diesmal würden sie eine *pachten*.

„Was mit mir wird", erklärte Eduard bedächtig, „ist sowieso klar. Darüber brauchen wir gar nicht zu reden. Für die Zeit, die mir noch bleibt, haben wir unser Leben sehr schön im Gleichgewicht, etwas daran zu ändern wäre blanker Wahnsinn. Wir können morgen wieder zu diesem Lokal gehen und die tollsten

Sachen aus der Tonne fischen, wir müssen's nur geschickter anstellen. Ich versprech dir, wir ziehen mit gepökelten und geräucherten Tauben und den feinsten Würsten von hier los, halten den ganzen Winter über ein Festmahl nach dem anderen, und keiner kann uns was. Wir brauchen das Geld nicht."

Von seinem früheren Leben hatte Eduard nie viel erzählt. Harry wusste, dass er einmal eine recht gut bezahlte Stellung gehabt hatte und einen Chef, der ihn ab und zu aus einer Laune heraus in Spitzenrestaurants mitnahm. Nach seiner Entlassung war es irgendwann schwierig gewesen, das Geld für die Miete aufzubringen. Mit der Wohnung, den Möbeln und einem Auto war ihm auch die Frau abhandengekommen. Solche Geschichten kannte Harry in allen Variationen, eine davon war seine eigene, allerdings ohne Abstecher in die Spitzengastronomie. Da klaffte eindeutig eine Erfahrungslücke.

Innerlich kam er wieder auf das Schrebergartenidyll zurück. Nur um sich Mut zu machen, würde er sich in den nächsten Tagen mal die eine oder andere Laube in Münster-Hiltrup über den Zaun hinweg anschauen, und sobald er eine besonders ansprechende gefunden hatte, Eduard wie von ungefähr dorthin lotsen. Die Dinge selbst sprachen ja ganz höflich ihre eigene Sprache, er musste Eduard nur dazu bringen, ihr zu lauschen. Das war klüger, als mit ihm zu zanken. Eduard sollte sich nicht unnötig aufregen.

In dieser Nacht bugsierte er den Toten ohne viel Federlesens aus ihrer Unterkunft hinaus, damit er und Eduard sich wie gewohnt in ihre Decken kuscheln konnten. Vom Wein genügend beduselt, erhob Eduard keine Einwände. Den Rest aus der Flasche hatten sie sich als Schlummertrunk aufgespart und verbrachten tatsächlich eine unbeschwerte Nacht.

Am Morgen hustete Eduard sich dennoch beinahe die Seele aus dem Leib und sah sich außerstande, Harry dabei zu helfen, den Toten fortzuschaffen. Also würde Eduard etwas zu essen auftreiben, während Harry sich mit der Leiche befasste.

„Versprichst du mir, das Geld mit einzugraben?", fragte Eduard beschwörend. „Ich besorg uns Essen in Schlaraffenlandqualität." Er zwinkerte Harry zu.

Eduard hatte eine neue magische Formel gefunden, die augenblicklich für Stimmung sorgte, dabei hatten sie nur kalten Kaffee zum Frühstück gehabt, weil ihnen der Spiritus ausgegangen war.

Nachdem Eduard sich durch das Gebüsch davongeschleppt hatte, machte auch Harry sich daran, seiner Aufgabe nachzukommen. Eine Weile zog er den Toten an den Füßen durch den Wald und nahm sich vor, die Schleifspur später zu beseitigen, aber schließlich wuchtete er sich die schlaffe Gestalt auf die Schulter. Als er sich weit genug von ihrer Behausung entfernt glaubte, ließ er den Toten herunterplumpsen. Ganz in der Nähe entdeckte er ein Sumpfloch, er brauchte es nur mit einem kräftigen Ast ein wenig zu erweitern. Während er noch grub, fielen ihm ein paar merkwürdige Pilze ins Auge, die sich an ein moderndes Ästchen klammerten, seltsam unanständig aussahen und orangerot leuchteten.

Ob die essbar waren?

* * *

Diese Pilze kannte er doch, dachte der Wirt. Er war mit dem Koch zusammen noch mal losgezogen, um mehr davon zu suchen, aber eigentlich nur, um mit ihm allein im Wald zu sein. Denn dieser Wald hatte die eigentümliche Angewohnheit, mit seinen versteckten Fallgruben in Form von Sumpflöchern und den Nebelfetzen, die im Spätherbst um halbversunkene Baumstümpfe waberten, die Menschen dazu zu bringen, näher zusammenzurücken. Streitigkeiten erschienen auf einmal nicht mehr so wichtig, wenn man erst erkannt hatte, dass so ein Urwald kein Kinderspielplatz war. Äste brachen, über den Boden krochen Schlinggewächse, Kreuzottern und Blindschleichen schlängelten sich vorbei, Kröten spuckten Gift, wenn man nicht aufpasste, Sumpfohreulen schuhuten, bis sich einem vor Furcht die Nackenhaare aufrichteten. Hinter jedem Busch lauerte etwas. Das war vielleicht das Schrecklichste, dass man nicht sehen konnte, was da lauerte – aber es war da.

Etwas ging hier um, das nicht ganz von dieser Welt stammte.

Wilbert hatte es doch auch gespürt.

Wie aus der Ferne drang auf einmal wieder Harrys Stimme an sein Ohr.

* * *

Es hatte etwas Natürliches und Folgerichtiges, einen toten Menschen der Erde zurückzugeben, allerdings beschlichen Harry Bedenken wegen der guten Lederjacke und der kaum getragenen Jeans. Es gehörte sich nicht, die mitzubeerdigen. Da die Totenstarre längst nachgelassen hatte, ließ sich der Tote leicht ausziehen. Harry warf den ausländischen Pass und die Pistole mit in die Sumpfgrube, nicht ohne vorher mit der Unterhose des Toten seine Fingerabdrücke abzuwischen.

Gegen Mittag war er fertig und stiefelte zurück. Einmal hielt er an, um das Geld aus dem Rucksack zu nehmen. Bis auf drei Scheine packte er es in eine Plastiktüte, die er extra für diesen Zweck mitgenommen hatte, und vergrub sie zwischen den Wurzeln einer Buche, in die er sorgfältig ein großes Z für Zaster ritzte.

Eduard kauerte in einer Ecke, die Decke um seine Schultern. Seine Lippe blutete. Augenblicklich packte Harry die Wut.

„Hat dich der Küchenjunge oder der Koch vertrimmt?“, fragte er barsch.

Eduard lächelte schwach. „Nimm das bloß nicht wichtig. Ich hab das mit dem richtigen Timing noch nicht heraus, und am besten arbeiten wir bei solchen Sachen sowieso zu zweit.“

Für Harry war es unerträglich, seinen Freund als Häufchen Elend zu sehen, zusammengeschlagen von einem Küchenjungen, einem besseren Fußabtreter, oder einem Koch, der seine Zeit damit zubrachte, Gemüse kleinzuschnippeln und Fleisch durch den Wolf zu drehen, um übersättigte Städter abzufüllen. Was waren diese Primitivlinge schon wert im Vergleich zu einem Mann wie Eduard, der die Welt durch Höflichkeit verzauberte?

„Wo willst du hin?", rief ihm Eduard nach, als sich Harry wieder nach draußen schob.

Kurz darauf war er wieder da, er hatte sich nur umgezogen.

„Mir Respekt verschaffen! Damit!" Er ließ einen Geldschein flattern. „Die Arschlöcher kriechen vor mir, wenn die so was sehen."

Eduard richtete sich auf und krallte seine schwachen Hände in die schwarze Lederjacke. „Tu's nicht."

„Ich kauf uns alles, was wir brauchen. Du bleibst hier." Er wollte sich losmachen.

„Du Idiot", schrie Eduard, „du gottverdammter Idiot! Geht denn überhaupt nichts in deinen Quadratschädel rein? Das ist heißes Geld."

Harry fing an, den kleinen Eduard hin- und herzuschütteln, ganz flau war ihm dabei, aber er musste an seinem Kurs festhalten.

„*Du* kapierst nichts." Am Ende verpasste er Eduard einen ordentlichen Kinnhaken, um von ihm loszukommen. Eduard schrie auf und fiel nach hinten, doch da war Harry schon auf dem Weg nach draußen. Vor lauter Scham wagte er nicht, zurückzuschauen.

Im Örtchen stürmte er schnurstracks in die Apotheke, zog einen Zweihunderteuroschein heraus und ließ sich Hustensaft, Pillen, Pulswärmer, heilsame Cremes und Wadenwickel in den Rucksack packen. Der Apotheker gab erstaunlich unbefangen das Wechselgeld auf den großen Schein heraus, wahrscheinlich war er froh, so viel von seinem Krempel auf einmal loszuwerden. Der problemlose Einkauf setzte Eduard mit all seinen Bedenken ins Unrecht.

Auf der Straße warf Harry sich den Rucksack wieder über die Schulter. Zufällig erblickte er sich dabei in der Schaufensterscheibe des Nachbarladens, eines Friseursalons. In seiner neuen schicken Kluft gefiel er sich außerordentlich, auch wenn er sich in dem gespiegelten Schnösel kaum wiedererkannte. Als er sich die Haare nach hinten strich und kurz erwog, nach einem Haargel zu fragen, einem möglichst teuer duftenden, glitt hinter ihm langsam ein schwerer Wagen mit getönten Scheiben vorbei.

Ohne lange nachzudenken, spurtete Harry über die Straße, rannte den Bürgersteig entlang und befand sich plötzlich vor dem Lokal, in dem er noch eine Rechnung offen hatte. Er und Eduard, für den er die Sache gleich mitregeln wollte.

Er riss die Tür auf. Sofort kam ein junger Kellner auf ihn zugeflattert und mit ihm schwappte der Duft nach gutem Essen und Fetzen leiser Unterhaltung, dazu ein Frauenlachen, untermalt von dezentem Gläserklirren und Besteckklappern wie eine Woge bürgerlichen Wohllebens auf ihn zu.

„Haben Sie reserviert?“

Harry blieb breitbeinig in der Tür stehen, hielt sich mit einer Hand am Rahmen fest und sah dem Wichtel direkt in die Augen. „Muss man das hier?“, fragte er so laut und barsch, wie es der Frosch, den er in der Kehle spürte, zuließ.

„Für gewöhnlich schon“, antwortete der Kellner mit einem Hauch von Anspannung und sah über die Schulter in den Gastraum.

Alle Tische bis auf zwei besonders kleine, die direkt an der Wand standen, waren mit mehreren Personen besetzt. Es glänzte nur so vor silbernen Kerzenhaltern, weißen Tischdecken und teuren Blumengestecken, die jedes für sich nach Hochzeitsdekoration aussahen. An einem der beiden kleinen Tische saß ein Herr, der mit griesgrämiger Miene einem Kellner Anweisungen erteilte. Äußerst beflissen beugte sich der Kellner so weit zu ihm herab, dass die Hose über dem Hintern spannte.

Immer noch im Eingang verharrend, hatte Harry sich bislang weder zum Gehen noch zum Bleiben entschlossen. Gehen hieße, den Schwanz einkneifen, bleiben hieß, in einer Atmosphäre, in der jedes Geräusch so gedämpft klang, als würde das Essen unter Wasser in einem Aquarium serviert, mindestens eine Stunde auszuharren, während Eduard auf ihn wartete.

Als ihn der nervöse Kellner hereinwinkte, siegte die Neugier. Harry konnte dem Kerlchen gar nicht rasch genug zu dem letzten freien Tischchen folgen. Auf dem Tisch stand so viel herum, dass für das Essen gar kein Platz mehr war. Stumm machte sich Harry ans Werk, reichte dem Kellner das Blumengesteck und zwei von den überflüssigen Weingläsern, raffte zwei Gabeln und zwei Messer zusammen und steckte sie dem Jungen, der dabei leicht in die Knie ging, in die Anzugtaschen.

Komischer Kerl, dachte Harry und griff nach der Speisekarte.

Beim Studieren der Speisekarte verschwammen ihm die Buchstaben vor den Augen, die Preise hingegen erkannte er klar und deutlich. Angesichts dieser Preise kam ihm der Verdacht, dass an Eduards fabulöser Abschreibungsgeschichte etwas dran sein musste. Im ersten Impuls wollte er aufstehen und den Spinnern, die hier das monatliche Haushaltsgeld für eine dreiköpfige Familie für ein einziges Essen hinauswarfen, nicht länger Gesellschaft leisten. So was beleidigte den gesunden Menschenverstand.

Er sah sich nach den anderen Gästen um.

Einige der Frauen sahen so hübsch und gepflegt aus, dass Harry sich flüchtig fragte, ob er sich hätte waschen sollen, statt sich nur einmal mit feuchten Fingern durch die Haare zu fahren und die Stiefel am Waldrand flüchtig mit Gras abzuputzen. Rasieren wäre auch keine schlechte Idee gewesen.

Der Kellner kam wieder an seinen Tisch. Er wirkte noch zappeliger als vorher, und sein Blick flackerte.

Entschlossen klappte Harry die Karte zu. „Ich möchte“, sagte er im allerbesten Höflichkeitston, „eine gebratene Taube, Sauerkraut und Petersilienkartoffeln, lässt sich das machen?“

Er würde Eduard haarklein berichten, wie die Taube geschmeckt hatte.

Ein zweiter Kellner huschte neben den ersten, sie tuschelten kurz miteinander, geduldig wartete Harry das Ende ihrer Konferenz ab. Er rieb sich nicht einmal die Nase, obwohl diese beträchtlich juckte. Der zweite gab nickend sein Einverständnis zu Harrys Bestellung. Als sie sich zurückzogen, eilte schon ein dritter mit einem Riesending von Karte herbei und säuselte leise etwas von Wein. Harry schob ihn sacht aus seinem Blickfeld und rief den anderen Burschen nach: „Und geht es etwas schneller mit dem Essen? Ich hab's eilig.“ Einer der Kellner drehte sich erschrocken um und kam zurück. „Und dann bringen Sie mir bitte auch ein Bier, ja?“ Er hatte keineswegs geschrien, nur eine Spur lauter gesprochen.

Aber die Leute an den Nachbartischen hörten auf zu essen und starrten zu ihm herüber. Wahrscheinlich hatten sie das vorher schon getan, nur fiel es ihm jetzt auf. Die konnten ihn alle mal. Manierlich entfaltete er seine gestärkte Stoffserviette und wandte sich freundlich an den jungen Mann, der mit seiner Karte neben ihm stehen geblieben war und auf dessen Stirn ein Schweißfilm glänzte.

„Sie können mir auch einen zwanzig Jahre alten Bordeaux bringen, wenn Sie den im Angebot haben.“

„Das“, flüsterte der junge Mann wohlerzogen, „lässt sich einrichten.“

Nach ein paar Minuten brachte einer der Kellner etwas Leberwurst auf einem Tellerchen mit einem Scheibchen Brot. Harry erinnerte höflich an seine Bestellung.

„Das ist nur der Gruß aus der Küche“, murmelte der Kellner und ließ das Tellerchen stehen.

Zwangsläufig musste Harry wieder an den Koch denken, der Eduard die Lippe blutig geschlagen hatte. Angewidert schob er den Teller von sich, noch lieber hätte er ihn gegen die Küchentür geworfen.

Er nippte nur einmal am Wein und hätte nicht sagen können, ob er ihm schmeckte.

Die Gäste ringsum gafften ihn jetzt nicht mehr offen an, sondern wandten sich ab, sobald sich ihre Blicke kreuzten. Dabei scharrte er weder mit den Stiefeln auf dem Boden, noch schnäuzte er sich in die Serviette. Er benahm sich wie jeder andere. Selbst an seinem Aussehen konnte nicht wirklich etwas zu beanstanden sein, schließlich saß zwei Tische weiter ein Mann mit Dreitagebart und Lederjacke völlig unbeachtet neben seiner aufgedonnerten Freundin, die ein enges rotes Kleid trug und – Harry lugte nach unten – knallrote Stiefel mit einem weißen Fellrand. So was trugen doch nur Nutten.

Die Jacke hatte er nicht abgelegt. Das Einschussloch hinten hatte er mit den Fingern zugequetscht, man konnte es jetzt für einen Materialfehler halten.

Er zeigte nicht einmal Ungeduld, saß einfach nur ruhig da. Und hatte mit einem Mal das Gefühl, sehr weit weg von all diesen Leuten zu sein. Blicke wie die, die sie ihm zuwarfen, kannte er aus den Anfangszeiten seines Wanderlebens. Mit Eduard hatte sich einiges geändert. Wenn sie trotzdem einmal Verachtung, Herablassung und Misstrauen begegneten, hatte Eduard das sehr geschickt mit seiner Höflichkeit verwischt. Aber jetzt wusste Harry auf einmal Bescheid.

Die ganze Verzauberung durch die Höflichkeit löste sich auf. Was übrig blieb, war gemeine, nackte Wirklichkeit. Eine dumpfe Wut machte sich bemerkbar, er begann, die Leute unverhohlen anzuglotzen.

Der ziemlich dicke Herr am Nebentisch wirkte auch nicht entspannt, offenkundig waren sie beide Außenseiter, auch wenn es ein paar Unterschiede gab. Während er immer noch auf die

Taube wartete, erhielt der Mann pausenlos etwas vorgesetzt und probierte wenigstens drei verschiedene Weine aus. Einmal schlürfte er den Wein durch die Zähne. Das war nicht die feine Art, die Harry von Eduard gelernt hatte. Doch dieser Kerl kam anstandslos damit durch. Das konnte nur am Geld liegen.

Irgendwann schnappte Harry das Wort „Restaurantkritiker" auf, das erklärte einiges. Von solchen Leuten hatte er schon gehört, die hatten ihre Fresssucht zum Beruf gemacht und mussten jeden Tag bis zum Umfallen auf Probe essen. Harry stellte sich das schrecklich vor.

Die Taube, die schließlich auf seinem Teller landete, schmeckte ausgezeichnet. Und dennoch! Es war beklemmend, dass etwas so gut schmecken und man es doch so wenig genießen konnte. Keine Rede von der „vollen Breite". Die würde es nie mehr geben.

Der Kellner kam sofort, als er ihn heranwinkte und die Scheine aus der Tasche zog.

Auf dem Weg zur Tür blieb er am Tisch des Kritikers stehen und wartete, bis dieser zu ihm aufschaute.

„Wirklich prima schmeckt eine Taube, wenn sie draußen am Stock überm Feuer gebraten wird. Gegenüber so einer Taube kann der Koch hier einpacken, schreiben Sie das auch." Hinter ihm stand alarmiert der Kellner. „Und was diesen Gruß von Ihrem Koch betrifft", sagte er gelassen zu ihm, „bestellen Sie dem Kerl von mir, dass er ein Arschloch ist."

Während er die Straße entlanghastete, erschien plötzlich wieder der Wagen mit den getönten Scheiben neben ihm. Das Fenster an der Beifahrerseite glitt ein Stück herab. Jemand sagte etwas in einer fremden Sprache, und da fand er, dass er schneller laufen sollte. Um den Wagen abzuhängen, umrundete er den Hexenturm, aber das brachte gar nichts. Als er vom Mühlendamm in den Lenorenweg abbog, war die Limousine wieder da. Hinter ihm klappte eine Autotür, er rannte jetzt, der Rucksack hoppelte unangenehm auf seinem Rücken. Es hörte sich wie ein stetes Plopp-Plopp an. Jemand schrie etwas und kam ihm nach. Er kroch durch das Loch im Zaun, hangelte sich den Damm hoch und hetzte mit langen Sprüngen über die Gleise. Einer von diesen Plopps klang etwas lauter, als er von den Schienen sprang, um endlich im Wald unterzutauchen.

Beinahe wäre er gefallen, er fing sich gerade noch und rannte weiter. Er schlug Haken um die Bäume, nutzte die Deckung von verfilztem Gebüsch. Vom Rücken her breitete sich eine unerträgliche Hitze aus, und ihm fiel das Atmen immer schwerer. Seine Lungen brodelten.

Eduard lag still und friedlich da, den Kopf auf den Stein hinten in ihrer Unterkunft gebettet, und sah ihm mit leerem Blick entgegen. Seinem Ausdruck nach hatte er sich in weite Ferne aufgemacht. Harry kroch wimmernd zu ihm und zog in einer letzten Anstrengung die Decke über sie beide. Ein bisschen, und das musste an Eduards Klamotten liegen, roch es nach gebratener Taube.

* * *

Wilbert stand auf und stellte sich mit dem Rücken ans Feuer.

„Und dann?“

Harry seufzte. „Na ja, sie waren tot, nich? Zwei Förster oder so haben sie gefunden. Eduard hatte ’nen Schädelbruch und … und sein … sein Kumpel ’nen Steckschuss in der Lunge.“

„Kann mir schon denken, wer die Leute in dem Wagen waren“, bemerkte Meyer verdrossen. „Todsicher osteuropäische Autoschieber, die auf Luxusschlitten spezialisiert waren.“

Marion wischte sich Lachtränen aus den Augenwinkeln und zwinkerte Harry aus unerfindlichen Gründen zu.

„Das spielt doch überhaupt keine Rolle“, mischte sich Frau Winter ein und wandte sich an den Wirt. „Aber da wir gerade beim Thema sind: Wo ist eigentlich Ihr Personal? Oder haben Sie heute Ruhetag? Das hätten Sie uns sagen können.“

Knuspersandwich vom Wildlachs

400 g Lachsfilet
1 Baguette, TK
2 EL Olivenöl
2 EL „Sweet Chili"-Soße
2 EL Petersilie

Das gefrorene Baguette in hauchdünne Scheiben aufschneiden und die portionierten Lachsstücke damit umkleiden. Zwischen Lachs und Brot kommt eine Schicht Petersilie und ein wenig süße Chilisauce. Die Sandwiches in heißem Olivenöl von jeder Seite ca. 1 min anbraten und ruhen lassen.

„Wieso *beim Thema*? Meine Personalangelegenheiten gehen Sie einen feuchten Kehricht an", entgegnete der Wirt unwirsch. Die wollen doch nur, dass ich nach diesem Lokal in Davensberg frage, genau das wollen die, aber wenn die denken, ich gehe ihnen auf den Leim, dann haben sie sich geschnitten. Er hätte ihnen sagen können, dass es in Davensberg überhaupt keine Apotheke gab, nicht mal einen Drogeriemarkt; einen Supermarkt und einen Friseur dagegen schon. Der Friseurladen lag neben der Tankstelle. Wenn überhaupt, konnte Harry höchstens die vier oder fünf Kilometer zur Apotheke nach Ascheberg gerannt sein, doch das bezweifelte er. Es war viel wahrscheinlicher, dass der Penner im Davensberger Supermarkt gewesen war und ordentlich Schnaps und Zigaretten gekauft hatte. Nur was spielte das für eine Rolle? Es war ihm unheimlich, wie ihn diese Erzählungen einkreisten.

Laut fuhr er fort: „Wenn Sie so wollen, hab ich heute Ruhetag. Und ich möchte noch etwas zu der letzten Geschichte sagen. Es ist die erste, die mir gefallen hat. Nichts, was ich bisher gehört habe, war erbaulich: weder das Abschlachten von Gänsen noch die Gelüste verdrehter alter Schachteln oder das Gehabe von Männern, die nicht mit ihren Frauen umgehen können. Aber diese letzte Geschichte mag ich." Er machte eine Pause. „Es war eine sehr ansprechende Erzählung über wahre Freundschaft", fügte er bedächtig hinzu.

„Und die, glauben Sie, beurteilen zu können?", fragte die Winter und wies mit einer Stricknadel auf ihn. „Was verstehen Sie denn von Freundschaft?"

„Oder von unerfüllten Sehnsüchten und zärtlichen Gefühlen?", setzte Marion süffisant hinzu und lächelte Harry an. „Das war so süß, was du über die roten Stiefel gesagt hast."

„Na ja, ich hab wenigstens meinen Teil geleistet", entgegnete Harry, der wohl auf mehr Resonanz gehofft hatte. „Und was ich noch fragen wollte: Wie heißt die Bruchbude hier, kann mir das mal endlich einer sagen? Zum Spukenköttel?"

Wilbert prustete.

Als niemand antwortete, setzte Harry den schnurrenden Mauritius auf den Boden, schnürte seine Stiefel auf und trat sie aufatmend von den Füßen. Der Kater begann sofort, mit den Schnürsenkeln zu spielen. Eine Weile sahen ihm alle wohlwollend zu, und Harry wackelte mit den befreiten Zehen. Das sah lustig aus, vor allem weil die großen Zehen nackt und schmutzig aus bedenklich großen Löchern aus den Socken ragten.

Die Winter warf ihm einen fertig gestrickten Wollsocken zu. Er passte wie angegossen. Gelächter kam auf, die Sessel wurden zurechtgerückt, aus der Halle klang wieder ein Scharren herüber, von dem jedoch niemand Notiz nahm.

Nur der Wirt lauschte. „Ich muss doch mal …", begann er in einem Ton, als spräche er zu sich selbst.

„Hatte Ihr Koch Freunde?" fragte die Winter laut und hörte auf, Maschen für einen neuen Anschlag zu zählen.

„Wie?", schreckte der Wirt auf. Die Fragerei fing wieder an, er hätte es wissen müssen.

„Bei manchen Freunden brauchst du keine Feinde", warf Wilbert ein.

„Was wollen Sie damit sagen?"

„Das geht zu weit", wandte Franz Parkow auf einmal ein, „das grenzt an Beleidigung."

Dankbar sah ihn der Wirt an. „Das sehe ich auch so. Und überhaupt …"

„Ach wirklich?", fiel ihm Parkow ins Wort. „Ich glaube kaum, dass Sie mich verstehen. Sie verstehen überhaupt nichts, das ist ja das Elend mit Ihnen." Er sandte einen langen Blick in die Runde. „Harry hat uns eine wundervolle Geschichte vorgetragen, und keiner hat ihm dafür gedankt. Ich finde es bemerkenswert, wie er Kleinigkeiten aufgegriffen und in die Erzählung eingebaut hat. Die Stiefel zum Beispiel. Oder die Decke über Daniels Beinen. Genauso lumpig stelle ich mir die Decken von Eduard und Harry vor. Und es gibt da noch ein paar Details …"

Marion staunte. „Die Decke ist mir gar nicht aufgefallen. – Solche Kniffe hast du angewandt?“ Fragend schaute sie Harry an. „So viel Phantasie habe ich nicht von dir erwartet. Du hast also richtig was *erfunden*?“

„Und ich dachte, das täten wir alle“, sagte Harry bescheiden.

„Na ja, aber musstest du deinen Harry so naiv daherkommen lassen?“, nörgelte Daniel.

„Du meinst doof?“, fragte Harry beleidigt nach. „Das merk ich mir. Aber warum war der Koch überhaupt da, wenn heute Ruhetag ist? Kann mir das mal einer sagen? Wohnt der hier?“

Manche Menschen, grübelte der Wirt, fühlten sich von Katastrophen magisch angezogen. Das konnte man bei jedem Hausbrand oder Verkehrsunfall erleben, es war eine niederträchtige und unausrottbare Neigung. Immer weniger zweifelte er daran, dass keiner von seinen unerwünschten Gästen einen Funken Mitgefühl mit ihm oder dem toten Koch aufbrachte, hier saßen Aasgeier um ihn herum. Und über Aasgeier wusste er Bescheid. Sie rissen die Bäuche verendeter Tiere auf und machten sich mit besonderem Eifer über die Eingeweide her. Bis zur Halskrause steckten sie ihre Köpfe in die warmen Kadaver und zogen die blutigen Gedärme heraus. Auch an seinen Gedärmen spürte er die Aasgeier rupfen. Und da hatte er eine geniale Idee. Wenn sie nicht gingen, warum ging er nicht? Schwankend kam er auf die Füße.

„Sie hatten Ratten erwähnt. Vielleicht ist doch eine durch die Katzenklappe hereingeschlüpft und macht draußen Rabatz. Es wird Zeit, dass ich mal nachschaue.“ Er versuchte, sich zwischen zwei Sesseln durchzuzwängen, aber die Winter stieß ihm eine Stricknadel tief in den Oberschenkel. „Ich glaube, Sie sollten sich lieber um das Feuer kümmern“, sagte sie und lächelte ihn an.

Es tat kaum weh. Da steckte eine dicke Stricknadel in seinem Bein, und er spürte nur ein Kitzeln! Träumte er? Nein, er träumte nicht, dessen war er sich sicher, so sicher, wie er gerade laut rülpste und den säuerlichen Geschmack von Wein im Mund spürte. Merkwürdig, dass keine Weinfontäne aus dem Loch sprudelte, als die alte Hexe mit einem Ruck die Stricknadel herauszog.

Über ihm kreisten zwei Fledermäuse.

„Und ich nehme mir diese Ratte vor", sagte Daniel und schälte sich schwerfällig aus der Decke.

Die alte Hexe reichte ihm die Stricknadel.

Der Wirt taumelte zurück und rieb sich fassungslos den Oberschenkel. Der juckte jetzt. Es war nicht mehr zum Aushalten! Er musste raus hier, auf der Stelle, er machte einen Schritt auf die Tür zu und wedelte die Fledermäuse beiseite, die ihm beinahe ins Gesicht geflogen wären. Bevor er den nächsten Schritt tun konnte, riss Harry blitzschnell ein Gehörn von der Wand, trat ihm in den Weg und hielt es ihm auffordernd hin.

Der Kerl schien gewachsen zu sein, wie war das denn möglich? Außerdem trug er jetzt eine schwarze, speckige Lederjacke. Der Wirt schaute zu ihm auf und musterte das stoppelbärtige Gesicht. Die meiste Zeit hatte er Harry für einen dümmlichen Rüpel gehalten. Aber nun hatte er wieder so einen durchdringenden, gnadenlosen Blick und nagelte ihn damit fest.

Unversehens kroch eine schreckliche Wut in ihm hoch. Er ballte eine Hand zur Faust und konzentrierte sich darauf, Harry seinen ganzen Zorn in einem einzigen furchtbaren Schlag in die Magengrube zu rammen.

Der Kerl vor ihm senkte das Gehörn, bis die Geweihstangen mit ihren spitzen Enden auf den Unterleib des Wirts zielten.

„Na, wird's bald?", bellte Harry.

Noch einmal nahm der Wirt seinen ganzen Mut zusammen.

Warum schlug er dem Kerl nicht endlich die nackte Faust in den Wanst?

Weil er ein Feigling war.

Er konnte gar nicht anders, als die Hände auszustrecken und das Gehörn entgegenzunehmen. Unter dem eiskalten Blick Harrys trampelte er es kurz und klein und warf die Stücke in die

Glut. Dann schaute er mit schwimmenden Augen zu, wie ein funkelndes Höllenfeuer aufzüngelte, und schleppte sich schließlich wie ein Verurteilter zu seinem Sessel zurück.

Kurz darauf trat Daniel wieder ein.

„Keine Ratten", sagte er enttäuscht, „es war rein gar nichts zu machen." Er reichte der Winter die Stricknadel, die sie ihm seufzend abnahm.

„Also noch eine Runde. – Franz, würdest du bitte übernehmen?" wandte sie sich an ihren Nachbarn.

„Nein, nein", wehrte Franz Parkow kopfschüttelnd ab, „ich wäre nicht der Richtige. Es ist so weit", er richtete den Blick seiner vorstehenden Augen auf Karrack, der sich in seiner Ecke schon eine Weile sehr still verhalten hatte. „Erzählen Sie uns die Geschichte, die Sie die ganze Zeit erzählen wollten."

„Ja?" Karrack lächelte ungläubig.

„Muss das sein? Warum ausgerechnet er?", fragte Daniel knapp.

Erst kroch Karrack in sich zusammen, dann straffte er sich und stieß ein kurzes, heiseres Heulen aus, das vom Wind aufgenommen wurde, der gerade in den Kamin fuhr und die Flammen auflodern ließ.

„Jeder kommt dran", sagte Frau Winter streng und äugte zum Wirt. „Jeder", wiederholte sie drohend.

Den Gastwirt überlief es kalt. Mit zitternden Händen angelte er nach einer neuen Flasche Wein, seinem Rettungsanker, der ihn davor bewahren sollte, verrückt zu werden.

Karrack begann. Seine Stimme knarzte und knackte, und je weiter die Geschichte sich fortspann, desto mehr wurde ihr Klang zu einer reinen Folter …

VI
Der Pallasianer

Der Mann, der K. am Tisch gegenübersaß, hatte ein wunderschönes Nussknackerkinn.
Auch die Kleidung gefiel K., sie zeugte von Geschmack, und es war so angenehm, dem Mann dabei zuzusehen, wie er mit einem gekonnten Ruck die Leinenserviette entfaltete, ohne ein Glas umzustoßen.

Das Lokal, in dem sie zusammen speisen wollten, gehörte zu den besseren, hier wurde von den Gästen erwartet, dass sie Semmelknödel nicht mit dem Fischmesser zerteilten. Natürlich entsprachen die Preise dem Niveau – aber es war für K. eine innere Verpflichtung, bei einem ersten Treffen keine Kosten zu scheuen, selbst wenn er damit rechnen musste, dass die sparsamen Portionen seiner Fressgier nicht genügend Nahrung boten. Die unausweichliche Folge war eine gewisse Unleidlichkeit, die sein Urteilsvermögen trüben konnte.

Der Küchenchef sollte sogar ein Sternekoch sein, wenn auch ein Niederländer.

An sich hatte K. nichts gegen niederländische Köche, hielt jedoch an seiner Abneigung gegen niederländische Tomaten fest, obwohl diese inzwischen essbar sein sollten.

Einmütig bestellten sie nach einem Blick in die Speisekarte eine Rindfleischconsommé.

Erst nach der Bestellung kam das Gespräch so richtig in Gang, und K. merkte entzückt, dass die Stimme seines Gastes das

Timbre eines warmen, kultivierten Universitätsprofessors – eines liebenswürdigen Menschen hatte.

Aber noch erlaubte K. sich nicht, an einen Glückstreffer zu glauben.

Auch bei diesem Treffen war er scheinbar zu spät gekommen. Genauer gesagt, hatte er sich hinter einem Auto versteckt, um seinen Gast beim Betreten des Lokals unauffällig zu beobachten, sich ein erstes Urteil zu bilden und sich eine Fluchtmöglichkeit offenzulassen.

Wie verabredet, hatte der Kandidat ein zusammengerolltes Exemplar der Davert-Depesche unter dem Arm getragen.

Der Kellner trug mit der Miene eines staatlich geprüften Zeremonienmeisters die Suppe auf.

K. hielt den Atem an.

Ein Mann, der seine Suppe schlürfte, schied aus.

Sein Gast tunkte den Löffel genau im richtigen Winkel in die goldklare Flüssigkeit, und seine Miene spiegelte ein wunderbares, leichtes Behagen wieder, als er dezent schluckte. Die erste Prüfung – oder war es bereits die zweite oder dritte? – hatte er damit bravourös bestanden.

Beherzt griff nun auch K. zum Löffel und achtete für einige unbeschwerte Augenblicke nur auf die Suppe, die er genussvoll, wenn auch zügig und unangenehm laut Löffel für Löffel herunterschluckte, während sein Adamsapfel wie ein in Panik geratener Ochsenfrosch in seiner Kehle hüpfte.

Während der Kellner die Suppenteller abräumte, schielte er so auffällig unter den Tisch, dass er beinahe einen der Löffel fallen ließ. K. sah sich gezwungen, der Sache nachzugehen. Der Tisch war mit dem üblichen weißen Leinen gedeckt, vier Zipfel hingen in den vier Himmelsrichtungen über den Rand der runden Platte. Unter einem der Zipfel lugte ein Schuh hervor, wie K. nun bemerkte. Auf die Schuhe seines Gastes hatte er draußen nicht geachtet, allerdings war es auf dem Parkplatz zu dunkel gewesen, um sie genau zu erkennen.

Hier dagegen sah er die Katastrophe nur allzu deutlich. Gegen das schwarze Leder war nichts einzuwenden, außerdem hatte der Schuh eine gefällig gerundete Kappe und sah überhaupt sehr teuer aus, aber ganz und gar unakzeptabel war die Plateausohle.

K. fühlte sich betrogen.

Zwei Tage später traf er sich erstmals mit Herrn Lesabéndio. Zu dieser Zeit dachte er ernsthaft daran, sein sehr spezielles Projekt aufzugeben. Herr Lesabéndio hatte von vornherein zugegeben, nur lächerliche 1,64 Meter groß zu sein statt der geforderten 1,80. Soviel Unverfrorenheit erweckte in K. eine gewisse Neugier. Außerdem hatte Herr Lesabéndio mit einer Art demütiger Hartnäckigkeit in seinen E-Mails darum gebeten, wenigstens einmal von Angesicht zu Angesicht mit Herrn K. plaudern zu dürfen. Ganz unverbindlich.

Was hatte er, K., nach der Begegnung mit einem Mann, der ihn mit Plateausohlen hinters Licht führen wollte, noch zu verlieren?

Der Name Lesabéndio musste ebenso erfunden sein wie die Namen all der anderen, die mit Herrn K. im Internet Kontakt aufgenommen hatten, aber es war bei weitem der geheimnisvollste. Er hatte etwas Märchenhaftes, Verspieltes ganz im Gegensatz zu Pumpernickel, Saumagen oder Gänseklein. Herr K. hatte den Namen durch die üblichen Suchmaschinen laufen lassen, doch ein Lesabéndio war in keinem noch so entlegenen Zusammenhang aufgetaucht.

Das Treffen fand morgens um acht Uhr im Park vor dem Zoo von Rheine statt. Herr Lesabéndio hatte angegeben, auf der Durchreise in Rheine kurz Station zu machen. Auch K. befand sich auf der Durchreise.

Um die wenigen Laternen hing das Licht wie diffuse Gaswolken. In der Dämmerung hoben sich an diesem nasskalten Novembermorgen die kahlen Bäume kaum aus dem Schummerlicht hervor, hier und da hockte ein Wacholderbusch oder ein Rhododendron wie ein grämlicher Gnom mitten unter ihnen. Ein Tag, an dem die Melancholie von allen Seiten auf den einsamen Herrn K. zukroch. Und dann kam festen, unbeirrbaren Schrittes der kleine Herr Lesabéndio auf ihn zu. Das Licht sammelte sich auf seinem großen, breitflächigen Gesicht, und sein grünlicher Mantel leuchtete wie eine Frühlingswiese. In der Hand hielt er einen schönen, nicht zu großen Koffer, der verblüffend dem von Herrn K. glich.

Als Kandidat schied Herr Lesabéndio natürlich aus. Insofern brauchte sich K. keinen Illusionen oder quälenden Erwägungen hinzugeben.

Seltsamerweise hob sich aber seine Stimmung angesichts dieses munteren Gartenzwergs.

„In welcher Branche sind Sie tätig?", fragte er leutselig.

Unmerklich hob Herr Lesabéndio seinen Koffer. „Antimaterie."

„Antimaterie?", fragte Herr K. verblüfft.

„Und Sie?"

Die Frage überrumpelte K., so dass er wahrheitsgemäß antwortete: „Baumaschinen und Werkzeuge." Er schüttelte seinen Koffer, etwas klapperte darin.

„Materie", korrigierte Herr Lesabéndio, „das habe ich mir gedacht. Sie sind ganz der Typ für Materie." Er schaute mit der Treuherzigkeit eines Heidewachtels zu ihm auf.

Von Anfang an war Sympathie im Spiel.

Sie fielen in Gleichschritt. Von weitem mussten sie Don Quichotte und Sancho Pansa ähneln. Nach einer Stunde schieden sie frohgemut voneinander, die ganze Zeit hatten sie sich über nichts anderes als Fahrtrouten, Hotels und Lokale ausgetauscht. Mehrmals hatte Herr Lesabéndio K. zum Lachen gebracht, wenn er über zu teure Restaurants und eitle Küchenchefs herzog. Erheitert dachte K., dass die Aufnahme eines Humoristen wie Herrn Lesabéndio vermutlich zu Blähungen führte: Lachblasen, die seine inneren Systeme in Unordnung versetzen würden.

„Ist es nicht erstaunlich", fragte Herr Lesabéndio aufgeräumt zum Abschied, „dass wir diese durch und durch friedliche Stunde miteinander verbracht haben? Wissen Sie, was normalerweise passiert, wenn Antimaterie und Materie aufeinander treffen?"

„Nein, was denn?"

„Sie löschen sich gegenseitig aus", erklärte Herr Lesabéndio zufrieden und ging davon.

Die Nebelschwaden hatten sich nicht verflüchtigt, das Tageslicht ließ sie nur noch deutlicher hervortreten und so verschwand der rundliche Herr Lesabéndio in seinem grünschimmernden Mantel geistergleich im Nirgendwo.

Herr K. verkaufte weiter Baumaschinen, grämte sich über seine schwindenden Umsätze und verfolgte nebenbei seine Suche nach dem idealen Partner weiter. An Heiligabend saß er bei einem hochgelobten Italiener mit einem Mann zu Tisch, der genau die richtige Größe hatte, ohne Unsicherheit einen Bardolino zu Rindercarpaccio auswählte und dessen Fingernägel perfekt manikürt waren. Das Schönste an ihm waren seine blauen Augen, die hatten es K. so richtig angetan.

Aber leider sahen die kurzgeschorenen Haare auf der rosigen Kopfhaut seines Weihnachtsgastes irgendwie nicht gut aus. Jedesmal, wenn er in der Unterhaltung die Stirn runzelte, stellten sich diese Borsten senkrecht. Die Spitzen flimmerten im Licht des mit Silberkugeln und Lametta behängten Christbaums neben ihm, und K. überkam die irritierende Illusion eines weihnachtlich geschmückten Mastschweins. Und er verabscheute Schweinefleisch.

Als er im Januar Herrn Lesabéndio wiedersah – beide hatten zufällig am gleichen Tag in Nordkirchen zu tun –, sprach er ihn auf sein Pseudonym an: „Warum haben Sie den Namen Lesabéndio gewählt?"

Diesmal wandelten sie die Wege im Schlosspark entlang. Perfekt gerade Wege an leeren, traurigen Brunnen und barocken Figuren vorbei, die ihre froststarren Arme sehnsuchtsvoll in einen gleichgültig grauen Himmel reckten. In den Beeten hatten Maulwürfe hässliche Hügel aufgeworfen.

„Aus Verehrung und aus Seelenverwandtschaft. Sie müssen wissen, Lesabéndio war ein bemerkenswert strebsamer Bewohner des Asteroiden Pallas."

K. beschlich das seltsame Gefühl, der kleine Herr Lesabéndio hier neben ihm hätte plötzlich den Verstand verloren.

„Was Sie nicht sagen."

„Sie nehmen mich nicht ernst."

„Und Sie nehmen mich auf den Arm", entgegnete K. unbedacht.

Herr Lesabéndio schwieg beleidigt.

„Oder?", fasste K. nach.

„Bitte", wehrte Herr Lesabéndio leise ab, „so sollten wir nicht miteinander kommunizieren."

K. hatte immer noch den Eindruck, als hätte sich Herr Lesabéndios Geist in eine andere Welt verabschiedet, und das machte ihn vorsichtig. Leute, die ernsthaft über Pallasianer reden, waren unberechenbar.

„Was für ein Fabelwesen ist denn nun dieser Lesabéndio?", ging er vorgeblich auf ihn ein.

„Sie verstehen mich immer noch nicht!", antwortete Herr Lesabéndio nachdrücklich. „Aber ich will es Ihnen nachsehen. Er ist Pallasianer, das habe ich Ihnen ja schon gesagt. Pallasianer sind äußerlich gänzlich anders als wir, eine andere Spezies, das begreifen Sie doch?"

K. nickte trotz Vorbehalten und stellte sich grüne Marsmännchen vor.

„Sehen Sie, Sie müssen ihn sich mehr oder weniger schlauch- beziehungsweise gurkenförmig denken", erklärte Herr Lesabéndio lebhaft, und K. mühte sich redlich, das Bild einer sprachbegabten Gurke vor seinem inneren Auge erstehen zu lassen.

„Ach ja?", nuschelte er entsetzt.

„Ein Pallasianer“, fuhr Herr Lesabéndio eifrig fort, „verfügt über einen einzigen kräftigen Saugfuß, der ihm selbst an senkrechten Felswänden weite Sprünge gestattet, über Augen von außergewöhnlicher Sehschärfe und eine grün und braun gesprenkelte, ungeheuer dehnbare Haut.“

Hier hätte K. gern eingehakt, denn in seiner Vorstellung ließ sich die Gurke beim besten Willen nicht dehnen. Und braune Stellen deuteten auf Fäulnis hin.

„Wie gesagt“, tönte Herrn Lesabéndios Stimme weiter an sein Ohr, „das sind alles nur die Äußerlichkeiten, und ich gebe gern zu, sie *könnten* irritieren.“

K. hätte ihm gern unumwunden beigepflichtet, ja, er spielte mit dem Gedanken, sich gegen die Zumutung einer dehnbaren pallasianischen Gurke deutlich zu verwahren, wurde aber gerade noch rechtzeitig abgelenkt.

Sie umrundeten ein Becken mit fischschwänzigen Pferden, deren Anblick K. nachdenklich stimmte.

„Meinen Sie, solche Pferde gibt es irgendwo?“, fragte er.

„Nicht auf Pallas“, winkte Herr Lesabéndio ein wenig unwirsch ab. „Eigentlich nirgendwo, das sind alberne Phantasiegeschöpfe, wissen Sie. Ich bin noch nicht fertig. Denn sehen Sie: Das Wichtige und Wesentliche ist das Bestreben eines Pallasianers, sich in ein höheres Wesen zu verwandeln. Er konzentrierte sich darauf, sich mit dem ganz Großen zu verbinden.“

Das gab der Gurke ein anderes Gesicht.

K.s Bewerbung um ein größeres Reisegebiet war mit dem Hinweis auf seine schlechten Vorjahresumsätze erst kürzlich abgelehnt worden. Seine Firma brauchte einen Mann mit mehr Einsatzvermögen, wurde ihm unverblümt mitgeteilt. Er wusste ja selbst, wie sehr ihn sein privates Projekt davon abhielt, sich mit voller Kraft dem Verkauf von Baumaschinen und Werkzeugen zu widmen.

„Ostwestfalen-Lippe?“

Ja, Ostwestfalen-Lippe entsprach genau seiner Vorstellung, wenn er doch noch Ostwestfalen-Lippe zugeteilt bekäme, dann … K. schielte sehnsuchtsvoll nach oben in den grauen Himmel.

Herr Lesabéndio wiegte bedächtig den Kopf. „Sehen Sie, intuitiv liegen Sie richtig, mein Lieber, nur Ihr Geist fasst es noch nicht ganz. Ich meine natürlich die Sonne." Und dann verbreitete er sich weitschweifig über Metaphysik, Transzendenz, Inkarnationen und ähnlichen Humbug.

Als er endlich auch mal wieder etwas sagen konnte, bekannte Herr K., aus Bequemlichkeit Atheist zu sein.

Mit der Zeit rückte Herr Lesabéndio zu seinem Vertrauten auf, ohne dass es ihm richtig bewusst wurde. Sehr häufig redeten sie über die Krise in der Bauwirtschaft. Dabei kam ihm gelegen, dass Herr Lesabéndio, wenn er nicht gerade über Pallasianer redete, der perfekte Zuhörer war: geduldig und über die Maßen mitfühlend.

Möglicherweise – bisweilen beschlich K. dieser Verdacht – verstand er aber gar nichts von der Bauindustrie.

Manchmal hatten sie nur eine halbe Stunde Zeit füreinander – etwa auf einem Autobahnrastplatz –, und nie vergaß Herr Lesabéndio, sich nach den Fortschritten bei K.s großer Suche zu erkundigen. Einmal berichtete ihm K., dass er nun häufiger Angebote erhielt, die er nur als Verirrung bezeichnen konnte.

„Was sagen Sie dazu?", erkundigte er sich.

Herr Lesabéndio sagte nichts darauf, und K. fragte sich, ob er sich nicht deutlich genug ausgedrückt hatte.

„Der letzte Kandidat", fuhr er daher mit einem vorwurfsvollen Unterton fort, „war dreißig und hatte ganz entzückende Ohrmuscheln. Die schönsten, die ich je gesehen habe, sie gefielen mir auf Anhieb."

Er warf Herrn Lesabéndio einen prüfenden Seitenblick zu, doch dieser hatte eine Miene aufgesetzt, der nichts zu entnehmen war. Sie war so bar jeden Ausdrucks wie eine niederländische, sehr gerade gewachsene Salatgurke – und K. erschrak, sobald er sich dieses unpassenden Vergleichs so richtig bewusst wurde. Um sich des Gedankens zu entledigen, sprach er hastig weiter.

„Er war dreißig, prall und frisch, wenn Sie wissen, was ich meine …“. K. stockte, prall und frisch, das klang, als würde er über …, nein, er wollte das Wort nicht mal denken. Nicht mal das Wort Salat, aber leider drängte sich sofort Gurke und schlimmer noch, pallasianische Gurke in sein Bewusstsein.

„Er hatte überhaupt keine Ähnlichkeit mit einer Gur … Schon deswegen war ich bereit, mich auf ihn einzulassen, ja wirklich, nicht nur wegen der prallen, nein, der schönen, saftigen Ohrmuscheln.“ K. stockte erneut, schluckte und sprach voll panischer Verzweiflung weiter. „Er hat mir, als wir die Kneipe verließen, den Arm um die Schultern gelegt und gesagt, … er hat gesagt“, stöhnte er auf, „er hat gesagt: ‚Ich steh auf Auspeitschen‘.“

„Und das war ein Missverständnis?“, erkundigte sich Herr Lesabéndio in neutralem Ton.

Oder klang da doch eine dezente Schärfe durch?

K. war sich nicht sicher.

„Natürlich war es ein Missverständnis – irgendwie.“ Er war immer noch durcheinander.

„Die Irgendwie-Missverständnisse“, erklärte Herr Lesabéndio streng, „sind schlimmer als die Missverständnisse, viel schlimmer. Sie ziehen Unglück und Verderben geradezu magisch an.“ Er schwieg einen Moment. „Haben Sie schon einmal an eine Frau gedacht?“

Der Vorschlag warf K. beinahe um.

Sie promenierten zwischen parkenden Autos hin und her. Der Lärm störte sie nicht, denn sie waren ganz in die Welt des stets philosophisch ruhigen Herrn Lesabéndio eingetaucht. Unbeachtet von ihnen, entstiegen um sie herum sommerlich gekleidete Menschen ihren Fahrzeugen oder fuhren nach dem Genuss von fettigen Snacks davon.

Herr Lesabéndio hatte in einem Ton gefragt, als wüsste er bestens über Herrn K.s Vorhaben Bescheid.

Aber wie sollte er?

Ab und zu hatten sie natürlich auch über Pallasianer gesprochen. Wenn er es recht bedachte, ziemlich oft sogar. Pallasianer mit all ihren Eigentümlichkeiten waren ein für K. zunehmend heikles Thema, denn er konnte sich immer weniger vom Bild einer grün und braun gesprenkelten Gurke freimachen, und einmal hatte er beim Einkaufen im Supermarkt sogar den Eindruck, die Gurken dort sprachen mit ihm.

Gesprochen hatte allerdings nur der Supermarktmitarbeiter, der gerade hinter K. stand und ihn auf die Bioqualität des Gemüses hinweisen wollte. Das beruhigte ihn nicht wirklich, ein deutlicher Rest Unsicherheit und Verwirrung blieb.

Mittlerweile hatte K. herausgefunden, dass der rundliche Herr Lesabéndio für einen kleinen Verlag arbeitete, der aber keine esoterische Literatur vertrieb, wie er wegen der Fixierung auf Pallasianer halb und halb erwartet hatte, sondern nüchterne Sachbücher. Das letzte Verlagserzeugnis war ein recht unverständliches Werk über Quantenphysik. Soweit K. ermittelt hatte, kam der Begriff „Antimaterie“ einige Male vor.

„Frauen kommen nicht in Frage, sie sind zu wesensfremd.“

Noch wesensfremder als Gurken, hätte K. mit leidenschaftlicher Überzeugung hinzufügen können.

„Ein Pallasianer“, sagte Herr Lesabéndio versonnen, als hätte er seinen letzten Gedanken erraten, „wäre allenfalls äußerlich fremd, das sollten Sie sich endlich eingestehen. Und er hätte für Ihr Anliegen vollkommenes Verständnis.“

„Woher wollen Sie das wissen?“, wehrte K. ab.

„Weil ich Sie längst durchschaut habe.“

Warum ließ er, K., diesen undurchsichtigen Herrn Lesabéndio nicht einfach stehen? Gespräche wie dieses, die K. unweigerlich unter die Haut gingen, waren keineswegs erfreulich. Warum also dieses masochistische Festhalten an einer höchst fragwürdigen Bekanntschaft? Er konnte es sich nicht erklären, wie Herr Lesabéndio so viel Macht über ihn gewonnen hatte, dass er sich immer wieder auf ihn einließ.

„Und was haben Sie über mich herausgefunden?", hörte er sich demütig flüstern.

„Sie sind ein asexueller Atheist", erklärte Herr Lesabéndio liebenswürdig, „wenn ich Sie richtig verstanden habe. Also das reinste Vakuum, wenn ich so sagen darf. Im Grunde genommen kommt bei Ihrer Orientierung *nur* ein Pallasianer in Frage."

So persönlich wurde Herr Lesabéndio für gewöhnlich nicht. Herr K. hatte sehr genau begriffen, was der andere ihm zu verstehen gab.

Zeigte sich hier eine versteckte Hinterhältigkeit? War das der Auftakt zu einem kleinen Erpressungsmanöver? Vielleicht sah der nette Herr an seiner Seite jetzt den Zeitpunkt für gekommen, die Katze aus dem Sack zu lassen.

„Und Sie?", fragte K. scharf zurück. „Wie halten Sie's mit Sex?"

Gleichmütig zuckte Herr Lesabéndio die Schultern und sah einem eisleckenden, honigblonden Jungen nach.

„Kennen Sie Thomas Mann?"

„Müsste ich den kennen? In welcher Branche ist er?"

„Dichtkunst, Sie haben sicher Werke von ihm in der Schule gelesen."

„Na schön, ist aber lange her. Und wie kommen Sie jetzt auf ihn?", fragte K. aufgebracht. Je schneller er das Gespräch beendete, desto besser. Danach, das schwor er sich, war Schluss mit den Treffen.

Herrn Lesabéndios Augen strahlten in heiterer Friedfertigkeit und Unschuld. „Genau wie er begnüge ich mich mit dem *Anblick* eines schönen Knaben. Als Nektar für meine Seele brauche ich nicht mehr."

Ich schon, hätte K. gern erwidert. Nur leider hatte ihn das Gespräch eine heilige Furcht vor Herrn Lesabéndio gelehrt, und so schwieg er. Und doch …

Schon eine Woche später trafen sie sich wieder, denn K. musste sich schmerzvoll eingestehen, dass ihm sonst etwas sehr Wichtiges und mittlerweile Unentbehrliches in seinem Leben fehlte. Eigentlich verabscheute er diese Abhängigkeit. Mehrmals versuchte er daher einen Streit vom Zaun zu brechen, erreichte aber nur, dass er sich hinterher jedes Mal etwas zerknirschter bei dem unwandelbar aufgeräumt und gelassen bleibenden Herrn Lesabéndio entschuldigte.

K. begann sich zu ändern. Ende September nahm er den Abfall seiner betagten Nachbarin mit zur Mülltonne, obwohl sie nicht darum gebeten hatte, und er frisierte seine Reisekostenabrechnung nur noch mit dem größten Bedauern.

Die letzte Bestätigung, in seinem geheimnisvollen Freund ein höherentwickeltes menschliches Wesen vor sich zu haben, erhielt er bei ihrem einzigen gemeinsamen Mittagessen in dem Lokal in Davensberg, wo immer noch dieser Niederländer als Küchenchef tätig war. K. wählte gebratene Rinderleber auf Strohkartoffeln, Herr Lesabéndio ließ sich eine Art Pilzschaum zubereiten, der nicht auf der Speisekarte stand.

So sehr sich K. auch bemühte, er sah Herrn Lesabéndio weder kauen noch schlucken. Der orangefarbene Pilzschaum auf dem Teller nahm ab, ohne dass K. mitbekam, wie sein Freund sich die Nahrung einverleibte.

Herr Lesabéndio hatte seinen Sommermantel abgelegt und danach noch das Jackett. Darunter war ein kurzärmeliges Poloshirt zum Vorschein gekommen. An den kräftigen Unterarmen spannte sich die Haut so glatt und prall wie bei einer Gur … K. stockte der Atem, hastig schluckte er die Strohkartoffeln herunter, die er gerade auf die Gabel gespießt hatte. Hier und da war die Haut seines Freundes mit braunen Flecken gesprenkelt, die K. sofort ins Auge sprangen. Er versuchte, sie gedanklich als eine Art großer Sommersprossen abzutun, Sommersprossen waren ja etwas sehr Gewöhnliches. Gurken hatten keine Sommersprossen.

K. goss sich auf einen Zug ein Glas Wein in den Hals, danach konnte er seine Betrachtung etwas ruhiger fortsetzen.

Der Mann ihm gegenüber machte einen rundum kompakten Eindruck, dagegen kam K. sich trotz seiner überlegenen Körpergröße unterentwickelt vor. Anscheinend verbrachte sein Freund mehr Zeit im Freien, als K. bei einem so aufs Geistige ausgerichteten Menschen vermutet hätte. Nur – was hatte er hinsichtlich Herrn Lesabéndios Körper bisher überhaupt gedacht? Tatsächlich hatte er ihn kaum wahrgenommen, erst an diesem Tag rückte er in sein Blickfeld und fand Einlass in seine Gedanken. Was K. sah, beunruhigte ihn, weil es ihm unerklärlicherweise gefiel. Sogar die … Sommersprossen.

„Sie mögen Innereien gern?", fragte Herr Lesabéndio, auf K.s Teller deutend.

„Wenn schon, sollte man alles mögen", antwortete K. Er wies auf den Pilzschaum. „Und Pallasianer ernähren sich von Pilzen?", fragte er humorvoll.

Hätte er das bloß nicht gefragt. Es war ja unvermeidlich, wie sich das weitere Gespräch nun entwickelte.

Vom Nachbartisch stieg K. der Geruch von frischem Gurkensalat in die Nase, eine höllische Qual. Er trank noch ein Glas Wein.

Herr Lesabéndio lächelte versonnen. „Im Allgemeinen schon. Nachts ruhen sie auf Pilzwiesen und nehmen durch ihre geöffneten Poren alle für sie lebenswichtigen Substanzen rückstandsfrei aus den Pilzen auf. So etwas wie Ausscheidung kennen sie nicht."

„Da haben Sie aber was gesagt!" K. lachte laut auf und sprühte Weinnebel über den Tisch. „Es gibt keine verdreckten Autobahnklos auf Pallas?"

Überall war der Tisch nun dunkelrot gesprenkelt.

Herr Lesabéndio sah ihn strafend an, und sogleich sackte K. in sich zusammen.

„Tut mir leid, tut mir leid, tut mir ehrlich leid, ich …"

„Bitte“, fiel ihm Herr Lesabéndio würdevoll ins Wort, „bleiben wir doch mal bei der Sache, auch wenn es Ihrem flatterhaften Geist so schwerfällt. Mir scheint, Sie konnten sich früher besser konzentrieren. Also: keine Ausscheidung und keine Verwesung organischer Substanzen, das gibt es auf Pallas nicht.“

K. wischte sich eine Träne aus dem Augenwinkel, so aufgewühlt fühlte er sich auf einmal.

„Anscheinend macht Ihnen eine solche Welt Freude. Keine Verwesung! Heißt das, auch keine Leichen?“, fragte er und starrte blinzelnd zur Decke hinauf. Wieder war es Herrn Lesabéndio gelungen, ihm Interesse abzunötigen. Es war die pure Hinterlist, wie er K. in seinen Bann zog.

„Wie sterben sie?“, flüsterte er außer sich.

Herrn Lesabéndios Augen schweiften über ihn hinweg, als schaute er in eine ferne, schöne Heimat. „Wenn ein Pallasianer sich mutlos, schwach und dem Tod nahe fühlt, wird er immer kleiner und durchsichtiger und bittet schließlich einen Freund, ihn in sich aufzunehmen. Für einen Pallasianer ist es undenkbar, eine solche Freundschaftsbitte abzulehnen. Er macht seine Poren ganz weit, der todgeweihte Pallasianer dagegen zerbröselt in einer fluoreszierenden Lichterscheinung und wird vollständig aufgesogen beziehungsweise aufgenommen. Kaum ist das geschehen, übertragen sich einige seiner besten Eigenschaften auf den anderen, er wird größer, stärker …“

„Ja!“ K. konnte nicht mehr an sich halten. „Das ist es!“ Erschüttert schlug er die Hände vors Gesicht. „Erzählen Sie mir mehr darüber, viel mehr, ich will alles wissen“, murmelte er kaum hörbar.

„Sind Sie nun so weit, sich mir zu öffnen?“

Als K. seine Hände herunternahm, traf ihn ein liebevoller Blick. Er fühlte sich nicht nur geschmeichelt, sondern auch ein ahnungsvolles Schaudern überlief ihn. Jede Verwirrtheit fiel von ihm ab.

Es tat so gut, gemustert und bis ins Innerste durchschaut zu werden!

Einen Moment gab er sich einem Taumel hin und schwelgte in der Vorstellung, die Erfüllung seines Traums zu erleben.

Das war ja Wahnsinn!, mahnte eine Stimme in ihm. So doch nicht!

Hastig ging er in Gedanken die Parade seiner Ausgeschiedenen durch, das sollte ihm helfen. Die ganze Zeit hatte er natürlich Herrn Lesabéndio im Blick und stellte Vergleiche an.

Der Mann war eindeutig zu kurz.

Aber er hatte nie einen unanständigen Witz erzählt oder beim Essen gerülpst. K. war Kandidaten begegnet, die an Fußpilz litten oder schlimmer noch, an Kopfläusen, Darmparasiten oder Haarausfall.

Herrn Lesabéndios Gesicht wies keinerlei prägnante Züge auf, und seine Gestalt war auch nicht ideal, sondern tonnenförmig oder nudelholzartig, sie erinnerte an eine Presswurst oder an eine …

Da geschah auf einmal etwas Merkwürdiges. Den offensichtlichen Mängeln zum Trotz strahlte der gediegene Herr Lesabéndio vor ihm im Licht der Vollkommenheit.

Wie war dieses Wunder möglich?

„Haben Sie schon einmal über Schmerzen nachgedacht?“, fragte K. weich.

„Schmerz und Qual sind die größten Glückserzeuger“, antwortete Herr Lesabéndio so leise, als lauschte er einer aus der Ferne zu ihm dringenden Stimme.

„Ist das auch so eine Weisheit der Pallasianer?“, warf K. ein, obwohl er bemerkte, dass Herr Lesabéndio seinen Gedanken noch nicht zu Ende geführt hatte.

„Wenn man nach einer Steigerung der Empfindungen strebt, muss man bereit sein, Schmerz in Kauf zu nehmen. Ich sehe keinen Grund, mich vor dem Entsetzlichen zu fürchten. Bei aller

Qual liegt doch eine ungeheure Seligkeit darin, in etwas Größeres einzugehen."

Aber ja, dachte K. andächtig.

„Ich würde mich so gern einem größeren Stern unterordnen", bekannte Herr Lesabéndio.

Wie konnte man ihn bloß mit einem Stern vergleichen? K. fühlte sich überwältigt. Und dennoch hielt ihn ein Rest von Vorsicht davon ab, auf der Stelle der ungeheuren Verlockung zu erliegen. Es stand einfach zuviel auf dem Spiel für ihn. Er erhob sich, um zu zahlen.

Bevor er das Lokal in gehobener Stimmung verließ, bedankte er sich persönlich beim Küchenchef, dem großen, gutaussehenden Niederländer, für die vorzügliche Leber – außen leicht kross, innen noch blutig – die er in dieser Qualität noch nie konsumiert hatte. Er fühlte sich so gestärkt, als hätte er soeben einen Pallasianer in sich aufgenommen.

Trotz all der eigentlich günstigen Vorzeichen traf er sich in den folgenden Monaten mit einem rumänischen Ringer, einem sehnigen, westdeutschen Radrennfahrer und zuletzt mit einem Matrosen, der selbst in einer Dortmunder Kaschemme penetrant nach Jodsalz roch. Da endlich sah er ein, dass er die rein leibliche Seite völlig überbewertet hatte, und so fiel die endgültige Entscheidung zugunsten von Herrn Lesabéndio.

Zunächst war natürlich eine schriftliche Erklärung zur rechtlichen Absicherung nötig. Herr Lesabéndio erledigte diese Aufgabe mit Takt und in einer beeindruckenden Schönschrift. In seinem Testament hinterließ er allerdings seine Ersparnisse von 12 365 Euro nicht K., sondern seinem Verlag zur Beköstigung armer, talentierter Jungautoren, er hatte dabei die Förderung von Buchprojekten im Sinn, die sonst vielleicht nie zustande kämen. Eine weitsichtige, noble Geste, wie K. ungern zugab.

Aufgrund einiger zeitlicher Schwierigkeiten Herrn Lesabéndios verzögerte sich das finale Ereignis. Als bester Termin stellte sich schließlich der 2. November heraus. Gutwillig erklärte sich K. einverstanden, vermutete er doch eine Symbolik dahinter, die ihm als Atheisten naturgemäß fremd blieb. Herr Lesabéndio legte ihm bei ihrer letzten Besprechung tatsächlich einen überraschend schwülstigen Abschiedsbrief vor, in dem weitschweifig von einem Fest der Liebe die Rede war. Als Geschenk brachte er ein dünnes, und, wie er sagte, antiquarisch erworbenes Buch mit, das sich K. später anschauen wollte. Insgeheim nahm er sich vor, die fleckige, eselsohrige Schwarte ungelesen wegzuwerfen.

Endlich war der Moment da, auf den sie beide so lange hingearbeitet hatten. Herr Lesabéndio hatte gelobt, in den letzten drei Tagen seines Lebens nur noch klares Wasser zu sich zu nehmen und sich zuletzt der unangenehmen Prozedur einer gründlichen Darmreinigung zu unterziehen. K. ließ ihn in seinem Schlafzimmer allein, damit er in innerer Sammlung und frei von Peinlichkeit seine Kleidung ablegen konnte, und traf selbst einige Vorbereitungen. Er stellte eine scharf geschliffene, langschäftige Holzfälleraxt hinter die Küchentür, die übrigen Werkzeuge wie Knochensäge, Ausbeinmesser und Skalpelle zum Häuten verdeckte ein Tuch auf dem Küchentresen.

Scheu trat Herr Lesabéndio schließlich herein. K. blinzelte. Hier stand tatsächlich ein Pallasianer vor ihm, ein Wesen mit dem typischen gurkenförmigen Körper und den bräunlichen Flecken auf der extrem glatten Haut. Eine Haut, die im Licht der abgeblendeten Küchenlampe sanft fluoreszierte. K. vermutete, dass sich Lesabéndio einer Ganzkörperrasur unterzogen hatte. Wie aufmerksam, wie rücksichtsvoll! Wie zur Bestätigung nahm Lesabéndio sein Haar vom Kopf, das sich als frappierend echt wirkende Perücke entpuppte.

K. tastete nach der Axt.

„Bitte!“ Lesabéndio hob zitternd eine Hand.

Wollte er jetzt noch um Bedenkzeit bitten?

K. holte aus und schlug zu.

Erst lange nach Mitternacht setzte er sich zu einer kleinen Schlachtplatte aus zwei Scheiben gebratener, innen blutiger Leber und einem Carpaccio aus dem großen Gesäßmuskel nieder. Zum Schluss saugte er einen Markknochen aus, denn Lesabéndio hatte ihm versprochen, in der Sekunde des Hinscheidens sein ganzes Sein und Wesen in Hirn und Mark zu verdichten. Seine Heiterkeit, seine Gelassenheit und das Vermögen, stets Herr seiner selbst zu sein und so alles zu erreichen, was er sich je gewünscht hatte.

K. war entschlossen, sich seinen Körper restlos einzuverleiben. Daher verbrannte er die Knochen, die ausgerupften Nägel und den zerbrochenen Schädel zusammen mit getrockneten Maronen in einem kleinen Grundofen zu feinem grauem Pulver, das sich mit etwas Mehl, Hefe, Salz und Wasser recht leicht zu Fladenbrot verbacken ließ. Nach genau sechs Monaten und einundzwanzig Tagen war von Herrn Lesabéndios Leib jeder Krümel in den seinen übergegangen. In dieser Zeit hatte er einige Male das dünne Buch studiert, Lesabéndios Hinterlassenschaft an ihn, in dem alles über die Welt des Asteroiden Pallas zu finden war. Und mit jedem Lesen fühlte K. sich dem kleinen Stern und der tiefen Weisheit seiner Bewohner mehr verbunden.

Als die ersten Flecken auf seiner Haut auftraten, sah er seinen Wunsch, sich in einen neuen, stärkeren, mächtigeren Lesabéndio zu verwandeln, in Erfüllung gehen. Es war wundervoll. Von der Kraft des Pallasianers beflügelt, nutzte er den Aufschwung in der Bauindustrie und fuhr größere Umsätze ein.

Zwar wunderten sich seine Vorgesetzten und Kollegen über die Veränderungen seines Aussehens, aber das war nur Neid. Nein, er fühlte sich besser und besser und vor allem so leicht, als würde er bald fliegen können.

Die Welt um ihn herum veränderte sich bemerkenswert, das hieß, er nahm sie als völlig unwichtig gar nicht mehr wahr, nachdem er lange direkt in die Sonne geblickt hatte. Irgendwer sagte zwar, dass er sich die Netzhaut verbrannt hätte, nur stimmte das nicht. Er sah geradeaus durch die Sonne auf die Pilzwiesen von Pallas, doch das glaubte ihm natürlich niemand.

Er dagegen war sich sicher, dass er weder an einer Lungenentzündung litt, wie man ihm weismachen wollte, noch an anderen Infektionskrankheiten, schon gar nicht an Nierenversagen, das täuschte, denn sein Leib war schließlich dabei, sich in den eines Pallasianers zu verwandeln.

Als dieser Prozess abgeschlossen war, musste K. sich nur noch in einem unbewachten Moment nach Pallas aufmachen.

Irgendwann gelang ihm das. Mit größter Anstrengung zog er sich mitten in der Nacht die Infusionsschläuche aus den Adern und flog von seinem Krankenhausbett aus direkt auf den Asteroiden Pallas zu Herrn Lesabéndio, der ihn bereits erwartete.

* * *

Karrack lehnte sich zurück und kreuzte die Arme über der Brust.

„Erzähl du den Rest", sagte er zu Franz Parkow.

Parkow legte die Fingerspitzen aneinander, stützte kurz das Kinn darauf und hob es wieder.

„Soll ich wirklich?"

K. nickte sehr bestimmt.

„Nun, wenn du meinst." Nachdenklich lupfte Parkow sein Toupet und setzte es sich wieder auf. „Eigentlich ist doch schon alles gesagt. Alles Wesentliche jedenfalls."

Er legte eine Pause ein.

Meyer hustete.

„Vielleicht solltet ihr noch erfahren", erklärte Parkow schließlich, „dass nur die Nachbarin, der K. mal den Müll hinuntergetragen hatte, an der Beerdigung teilnahm. Er wurde auf Gemeindekosten so preisgünstig wie möglich eingeäschert und anonym bestattet."

Karrack verdrehte qualvoll die Augen, hielt aber tapfer den Mund.

„Woher wollen Sie das denn wissen?", mischte sich dagegen der Wirt ein.

Sauerbraten vom Schweinefilet mit Kirsch-Chutney und Pastinaken-Püree

800 g Schweinefilet
100 ml Balsamicoessig dunkel
150 ml Rotwein
150 ml Portwein rot
2 Zwiebeln
100 g Karotten
100 g Sellerieknolle
1 EL Tomatenmark
1 Zweig Rosmarin und Thymian
2 Lorbeerblätter
1 EL Wacholderbeeren
1 EL Nelken
80 g Butterschmalz
50 g Butter
Salz, Pfeffer und Zucker

Sellerie, Karotten und Zwiebeln in Würfel schneiden und mit 50 g Butterschmalz in einem Topf anrösten. Das Tomatenmark, Kräuter und Gewürze hinzufügen und mitrösten. Nun Essig, Wein und Portwein hinzufügen und 10 min kochen lassen. Das Schweinefilet parieren, portionieren und mindestens 12 Stunden in diesen Sauerbratenfond einlegen. Anschließend das Schweinefilet aus der Marinade nehmen, diese auf ein Viertel einkochen und mit der Butter montieren. Das Schweinefilet in einer heißen Pfanne mit Butterschmalz stark von beiden Seiten anbraten, auf ein Blech legen, Soße hinzufügen und bei 90 °C im Ofen ca. 15 min ruhen lassen.

Kirsch-Chutney

300 g entsteinte frische Kirschen
2 EL braunen Zucker
1 EL Balsamicoessig
Pfeffer aus der Mühle

Den Zucker karamellisieren und anschließend mit den restlichen Zutaten ca. 5 min köcheln lassen.

Pastinaken-Püree

3 Pastinaken
1 Zitrone
1 EL Butter
50 ml Sahne
Salz, Pfeffer, Muskatnuss

Die Pastinaken schälen und in Würfel schneiden. Die Würfel dann in Salz-Zitronen-Wasser ca. 10 min kochen. Die weichen Pastinaken-Würfel abgetropft in einem Becher mit Salz, Butter, Sahne, Pfeffer, und Muskat pürieren.

Parkow lächelte feinsinnig und fuhr fort, als hätte er den Einwand nicht gehört: „Und erst bei Durchsicht seiner Hinterlassenschaft erkannte ein Angestellter der Stadt, wie groß K.s Verrücktheit wirklich gewesen war. Als die Polizei versuchte, etwas über den Verbleib eines Mannes herauszufinden, der sich das spaßige Pseudonym Lesabéndio zugelegt hatte, kam nichts dabei heraus. Einen Herrn Lesabéndio hatte es natürlich nie gegeben."

K. stöhnte.

„War's das jetzt?" Harry sprang auf die Füße, stolperte über Mauritius und klammerte sich an den Kaminsims, um nicht zu fallen.

„Schwein", brüllte er Karrack an, „du gottverdammtes Schwein!"

„Kannibalistisches Ungeheuer!", blökte Wilbert.

Daniel schnellte überraschend vital aus seinem Sessel, die Winter raffte sich ebenfalls auf, die Stricknadeln in einer Faust, und rückte grimmig mit den anderen gegen Karrack vor.

Bevor sie ihn erreicht hatten, machte Harry kehrt, riss das größte Geweih von der Wand – eines mit zweiunddreißig Spitzen – und trompete: „Aus dem Weg!"

Hastig wichen die anderen zurück. Das Geweih vor der Brust, pirschte Harry auf Karrack zu. Der hatte sich in seine Ecke geduckt und sah ihm schreckensstarr entgegen.

„Lass mich mal vorbei." Im letzten Moment schob Marion Harry beiseite und kniete sich vor Karrack. „Achte nicht auf die anderen, die wollen sich nur mal austoben, Karlchen. Jetzt lass dich doch mal anschauen", sagte sie in mitleidigem Ton, fasste ihn an die Nase und wendete sie hin und her. „Sieht mir wie ein Rüsselchen aus, oder was meint ihr?" Sie wandte sich zu den anderen um. „Sieht die Nase nicht wie ein Schweinerüsselchen aus? Woher hast du das nur?", fragte sie Karrack. Sie drehte seinen Kopf zur Seite und schob das unordentlich lange Haar vom Ohr zurück. Willig ließ er alles mit sich geschehen. „Und dann guckt euch mal dieses Blumenkohlöhrchen an. Ist das nicht niedlich? Und diese Hängebäckchen, und die Triefaugen! Sehen mir nach Beagle aus. Du armer, armer Kerl, da passt aber auch gar nichts zusammen."

Harry prustete als Erster los, dann stimmten die anderen in das Gelächter ein.

Karlchen Karrack grinste nur verlegen.

Meyer drehte sich zum Wirt um. „Ist der nicht wirklich komisch? So ein zusammengestoppelter Kerl? Haben Sie so einen schon mal gesehen?"

Karracks Gesicht wirkte tatsächlich wie zusammengenäht.

„Ich finde daran nichts witzig", entgegnete der Wirt aufgebracht. „Ich find's nur widerlich, die ganze Geschichte ist widerlich. Und Sie", er deutete auf Parkow, „sind wohl darin verwickelt, oder wieso wissen Sie so gut Bescheid?"

Trotz der unzureichenden Beleuchtung waren die bräunlichen Flecken auf Franz Parkows Handrücken nur allzu deutlich zu erkennen. Alle Geschichten hatten etwas mit den Leuten, die sie erzählten, zu tun, das war dem Wirt schon länger klar. Es war so einleuchtend wie zwei mal zwei fünf ergibt, oder die Quadratwurzel aus eintausendfünfhundertzweiundsechzig genau sechseinhalb oder Krötenpisse gut gegen Hexengift ist. Aber er sah eine gewisse Gefahr voraus, den Verstand zu verlieren, wenn er auch nur einen Moment ernsthaft und nüchtern über die Geschichten nachdachte. Denn wenn die letzte etwas mit Karrack und Parkow, dieser Schweine …, dieser Schleiereule, zu tun hatte, dann …

Draußen rasselte die Uhr und schlug schließlich schleppend langsam die Stunde. Wie ein ungewöhnliches Echo drang ein Rumpeln aus der Halle. Vielleicht kippte jetzt wieder der Schirmständer um.

Von allein?, fragte sich der Wirt und wandte seine Aufmerksamkeit nur zu gern diesem neuen Problem zu.

Längst hatte ihn ein seltsames inneres Frösteln befallen. Vage entsann er sich, dass es mit dem Datum des Tages eine besondere Bewandtnis hatte. 2. November. Vergeblich grub er in seinem Gedächtnis nach einem Anhaltspunkt. Es war schon so endlos lange her, dass christliche Feste für ihn eine Bedeutung gehabt hatten. Hatte der 2. November überhaupt etwas mit christlichen Festen zu tun? Er war sich nicht ganz sicher und starrte den vergilbten Kalender an, in dessen bräunliche Ränder Spinnmilben ein Muster gemilbt …, genagt hatten. Der Kalender hatte hier bereits gehangen, als er und sein Koch das Haus vor ein paar Jahren übernommen hatten. Der Koch war eigentlich dagegen gewesen, die Bruchbude zu übernehmen, sie war ihm viel zu abgelegen, aber dann hatte er sich umentschieden, nachdem er mit ein paar roten, weiß betupften Pilzen von einem Spaziergang zurückgekehrt war. Nach der Mahlzeit hatte sie beide eine große Leichtigkeit überkommen. Allerdings hatte der Wirt für sich behalten, dass eine uralte Cousine des letzten Besitzers ihm im Vertrauen mitgeteilt hatte, dass sich hier im Haus ein paar magische Linien kreuzten.

Magische Linien!

Nach der Pilzmahlzeit hatte er daran geglaubt wie an ein Versprechen auf Glückseligkeit.

2. November.

In Karracks Geschichte hatte der 2. November eine Rolle gespielt. Bestimmt hatte der Kerl das Datum einfach vom Kalender abgelesen.

Von wegen Magie!

„Das Lokal, heißt das ‚Zum Spöken …', Spöken wie Spuken?", fragte Harry.

Marion lachte. „Ja, wirklich Liebling, spuken ist genau richtig, tun wir das nicht alle?"

„Zum Spökenkiekeriki?", fragte Harry nach.

Meyer lachte, bis ihm die Tränen kamen. „Jetzt hast du es fast, Kumpel, bist ganz dicht dran."

„Und jetzt zu dir, Schätzchen", sagte Marion zum Wirt.

Mittlerweile fand dieser, dass Karrack eher rustikal als übel aussah, und rustikal hieß, dass er sehr gut in die Gegend passte. In der Davert wuchs auch so allerhand wild durcheinander: finstere Fichten vertrugen sich blendend mit knorzigen Teufelseichen, gruseligen Blutbuchen und Stinkstiefeln, wie auch den hier häufigen Stinktäublingen, den Riesenfledermausohren und … und … wie kam er bloß auf Fledermausohren?

„Was?" Er schaute auf.

Marion stand vor ihm und deutete in die Ecke auf Karrack.

„Siehst du ihn?"

Teile des Hirschgeweihs schmurgelten im Feuer, andere lagen auf dem Boden vor dem Kamin verstreut. An den Wänden klafften etliche Lücken, Hinweise darauf, dass anscheinend schon mehr fehlte, als er gedacht hatte. Ein ausgestopfter Dachs saß etwas einsam auf seinem Brettchen ziemlich hoch oben an der Wand und linste betrübt herunter, als würde er sich danach sehnen, gleichfalls im Feuer zu landen, statt von Parasiten befallen weiter vor sich hin zu bröseln. Der Wirt tastete nach seiner Jacketttasche und dachte über die Kunst nach, im richtigen Moment abzutreten.

Franz Parkow schob zwei Geweihspitzen auf dem Boden herum. Das Scharren übertönte nur mangelhaft ein Schlurfen aus der Halle. Es war ein schweres, unregelmäßiges Schlurfen, als käme da etwas Monströses unter großen Mühen auf das Kaminzimmer zu.

Marions Augen leuchteten gespenstig auf.

Ich muss endlich nachsehen, was draußen los ist, dachte der Wirt. Wenn's bloß nicht noch einer von diesen Spinnern ist. Wieder machte er Anstalten, sich zu erheben, hielt aber inne. Plötzlich spürte er, wie alle ihn beobachteten, wie sie jede Regung von ihm belauerten. Gierig und unheimlich. Selbst diese alte Dame, die mit ihrer Strickerei äußerlich so harmlos und betulich wirkte. Ihr Blick wurde hart, durchdringend, geradezu gemein. Der Wirt erwartete fast, dass sie den Mund aufriss und ihre Fangzähne entblößte.

Unvermittelt brach das Schlurfen ab.

Es war, als würde selbst der Raum den Atem anhalten.

„Ich sehe ihn schon die ganze Zeit", nuschelte der Wirt.

„Schauen Sie mal richtig."

Harry Hirsch hatte mit beiden Händen Karracks Hängebacken gepackt, schüttelte sie sacht und hielt auf einmal eine davon hoch.

„Also, wir haben uns gedacht, wir stopfen Ihnen die Einzelteile von Karracks Gesicht in den Hals, wenn Sie nicht endlich …" Marion sagte das ganz nüchtern, und der Wirt glaubte ihr, denn sein Magen krumpelte sich schmerzhaft zusammen.

„Das wollen Sie doch nicht wirklich tun? Mir ist jetzt schon schlecht." Der Wirt starrte den schwabbeligen Fleischbatzen an. Wo er an K.s Wange gesessen hatte, schimmerte nun weiß und knochig der Oberkiefer und der Kerl bleckte einseitig die freiliegenden Zähne.

„Das liegt ganz bei Ihnen", schnarrte ausgerechnet Karlchen K. aus seiner Ecke.

Entsetzt wandte sich der Wirt ab.

Es war rattenkalt im Raum, stellte er unvermittelt fest, die Temperatur musste jäh um fünfzehn Grad gefallen sein bis zu einer richtigen Friedhofskälte. Daniel saß wieder im Sessel und zog sich die Decke bis zum Kinn, Johannas Nadeln wirbelten um den Faden, als müsste sie mit dem nächsten Atemzug den zweiten Socken fertig stricken, um den einen, noch nackten Zeh Harrys vor der Kälte zu schützen.

Die Ahnung von etwas Ungutem schritt auf leisen Sohlen wie der Vorbote eines drohenden, unabwendbaren Verhängnisses durch das Zimmer. Verzweifelt heulte der Wind von draußen eine Warnung durch alle Ritzen der morschen Fenster.

Es klang wie *hellowien*.

„Was soll ich denn tun?", wisperte der Wirt.

„Erzählen Sie uns", flüsterte Marion mit hypnotischer Eindringlichkeit, „etwas über wahre Freundschaft …"

„Über Vertrauen …", murmelte Daniel beschwörend und schlotterte sichtbar unter seiner Decke.

„Über selbstlose Liebe …", flehte Wilbert demütig.

Wider Willen spürte der Wirt Rührung aufwallen.

„Ja", tönte es knarzend aus Karlchens dunkler Ecke, „erzählen Sie uns etwas über eine wirklich enge, unauflösliche Verbindung zwischen zwei Menschen."

Schlagartig fiel die Rührung vom Wirt ab, spöttisch musterte er das Ungeheuer, das sich seelenruhig die lose Backe wieder anheftete. „Netter Versuch", sagte er höflich, „bin beinahe darauf reingefallen. Ein Wort von Ihnen hatte mir wirklich noch gefehlt."

„Warum konnte der Dämlack nicht den Mund halten?", schimpfte Wilbert. „Diesmal waren wir so dicht dran."

Der Wirt rülpste angeheitert.

Gemütlich lehnte er sich in seinem Sessel zurück und ließ die feurige Drachenspucke im Glas kreisen. „Hören Sie schon auf! Denken Sie, ich weiß nicht, was Sie von mir erwarten?" Er prostete dem einsamen Dachs zu, den er inzwischen als sympathischen, neutralen Beobachter schätzte, und wandte sich wieder an seine Gäste. „Ganz, wie Sie meinen. Sie werden ja sehen, ob Sie was davon haben." Er schielte in sein Weinglas. „Dann werde ich Ihnen jetzt die Geschichte *wahrer* Freundschaft und Liebe nicht länger vorenthalten …"

VII
Poffertjes

Das Gespräch in Amsterdam war unbefriedigend verlaufen. Es sah so aus, als würde der Auftrag nicht zustande kommen. Mehrere Tage Arbeit umsonst investiert. Deprimiert und müde fuhr Robert auf die E 30, er wollte nicht mehr in Amsterdam übernachten, wie er es ursprünglich vorgehabt hatte.

Käme er noch am Abend in Münster an, wo er am Tag darauf seinen nächsten Termin hatte, könnte er sich besser auf das Gespräch vorbereiten, aber eigentlich fuhr er nur los, weil ihm Amsterdam jetzt stank.

Zu seinem Glück hatte er das Radio eingeschaltet, so erreichte ihn die Nachricht von einem ausgedehnten Stau hinter Apeldoorn, obwohl er kaum hingehört hatte. In Gedanken war er immer noch in Amsterdam. Kurz entschlossen nahm er die nächste Autobahnabfahrt, ohne genau zu wissen, wie er nun nach Münster kommen sollte. Um sich zu orientieren, fehlte ihm eine Karte, und sein brandneues Navigationsgerät hatte ihm nach der Zieleingabe „Münster“ eine Menge Optionen angeboten, und die korrekte Wiederholung der Eingabe hatte auch beim zwanzigsten Mal nur dazu geführt, dass er unter anderem die Wahl zwischen der Münsterstr. in Ulm und Monestero in Italien hatte. Um nicht dem Impuls nachzugeben, das Navigationsgerät mit einem Schraubenschlüssel neu zu programmieren, hatte er es schließlich ausgeschaltet.

Er fuhr aufs Geratewohl weiter und merkte nach zwei Stunden, dass er Hunger und Durst hatte. Auf einer schmalen Landstraße – es kam ihm so vor, als hätte er sich jetzt endgültig verirrt – sah er vor sich Licht aus einem Gebäude schimmern, das sich im Näherkommen als Gasthaus entpuppte. Ein behäbiges, rotes Backsteinhaus mit tiefgezogenem Walmdach, breiten, weißen Fensterumrahmungen und einem weiten Vorplatz, dessen Kies große, tückisch aussehende Plaggen matschiger brauner Blätter bedeckten. Die Reifen schlidderten über den Blättermatsch wie über Seife, das Haus flog auf Robert zu, und nur angestrengtes Intervallbremsen und eine schwindelerregende Volldrehung brachten den Wagen gerade noch rechtzeitig zum Stehen, andernfalls wäre er durch die Haustür direkt in die Gaststube gerauscht.

Aufseufzend schob Robert sich aus dem Auto und schlug mit einem lauten, wütenden Knall die Tür zu.

Kein anderes Fahrzeug stand vor dem Haus, auch das gefiel ihm nicht besonders. Hoffentlich war er nicht der einzige Gast, das wäre ein ganz schlechtes Zeichen. Halb elf Uhr abends erschien ihm nicht zu spät, um wenigsten noch auf drei oder vier andere zu treffen. Nur ein Bier auf die Schnelle, beschloss er, nach dem Matsch auf dem Vorplatz war hier sicher mit ranzigem Fett, Gummifleisch und zerkochten Kartoffeln zu rechnen.

Zur Vorsicht würde er auf Flaschenbier bestehen.

Als er eintrat, fragte er sich natürlich, wer in einer derartigen Einöde überhaupt einen Gasthof betrieb. Die letzte halbe Stunde war er nur durch Wald gefahren, die Autoscheinwerfer hatten kahle Birken und Kiefern beleuchtet.

Eine Weile saß er unbeachtet am Tisch, in seine Akten vertieft, dann hörte er, wie die Bedienung neben ihn trat, er schaute nicht einmal auf, die dunkle rustikale Täfelung, die verdächtig nach Schimmelpilzbefall aussah, hatte ihn schon beim ersten Blick noch mehr deprimiert, als er ohnehin bereits war.

„Ein Pilsener aus der Flasche – bringen Sie einfach die Flasche und ein sauberes Glas“, grummelte er. Erstaunlich laut grummelte sein Magen mit.

„Und eine Kleinigkeit zu essen“, fügte er zu seiner eigenen Überraschung hinzu.

Der Kellner schwieg.

„Geht das?“, fragte Robert nach und besann sich dann wieder auf seine Vorsicht. „Ach, lassen Sie's.“

„Wir haben zwar schon geschlossen“, antwortete eine schleppende, aber gutmütige Stimme mit deutlichem Akzent, „aber ein Bier und ein Happen gehen immer.“

Kurz darauf erschien das Bier. Robert atmete auf, nahm einen tiefen Zug und versenkte sich wieder in seine Kalkulationen für das Amsterdamer Projekt auf der Suche nach einer Nachbesserung. Der angekündigte Happen ließ auf sich warten, das war ihm recht, denn er würde das Essen sowieso stehen lassen. In dieser Kaschemme war es schon ein Risiko, Bier zu trinken. Er trank es langsam und überlegte, ob er noch eins trinken sollte, schwankte jedoch, ob er sich auf nüchternen Magen zwei Biere leisten konnte. Da erreichte ihn unversehens ein unwahrscheinlich verlockender Duft.

Es roch nach Weihnachten!

Nach Vanille, Zimt und Butter, es roch so überwältigend, dass vor Roberts innerem Auge Schneeflocken, klingelnde Glocken und eine geschmückte Tanne vorüberflogen und sich das übermächtige Gefühl in ihm ausbreitete, gleich über die Maßen nicht nur mit Butterkeksen, sondern vor allem mit Liebe verwöhnt zu werden.

Ungläubig starrte er auf den Teller, der, wie von Geisterhand gebracht, vor ihm stand. Er tastete nach der Serviette.

Etwa ein Dutzend mandelförmige, kinderfaustgroße Gebilde schwammen in zerlassener Butter. Wie Neuschnee glitzerte Puderzucker auf dem breiten Tellerrand, wo er nicht in der Butter versinken konnte. Ja tatsächlich, er hatte sich nicht getäuscht, über dem Teller schwebten Zimt- und Vanillearomen, und er musste wieder an Liebe denken.

Wie in Trance wischte er die Gabel an der billigen Papierserviette ab.

„Und was ist das?“

„Poffertjes. Guten Appetit, Mijnheer.“

Robert schenkte nicht einmal jetzt dem Kellner einen Blick, er bedankte sich auch nicht, er aß. Die süßen Pfannküchlein zergingen auf der Zunge. Sie verbreiteten bis in jede Pore Wärme und Wohlbehagen, wie in einem Schaumbad hüllten ihn angenehmste Empfindungen ein, sanft und zärtlich.

Als er die Gabel nach dem letzten zusammengekratzten Rest Butter, Zimt und Zucker beiseite legte, konnte er es kaum fassen, dass er im Grunde genommen nur Pfannkuchen gegessen hatte.

Er schaute auf.

Der Mann, der an seinen Tisch getreten war, lächelte ihn wissend an.

„Genug?“ Es war die gleiche Stimme wie zuvor. Ein großer, breitschultriger Mann stand vor Robert, er hatte dichtes blondes Haar und blaue Augen: ein Bilderbuch-Niederländer, ganz in weiß. Die schlecht sitzende Jacke mit den zwei Reihen dunkler Knöpfe warf an den Schultern Falten und spannte ein wenig über dem Bauch.

„Sie sind der Koch“, sagte Robert überflüssigerweise.

Der Koch legte ihm eine große, kräftige Hand auf die Schulter und lächelte noch immer warmherzig. „Es freut mich, dass es Ihnen geschmeckt hat.“

„Geschmeckt?“ fragte Robert ungläubig. „Das war unglaublich. Sagen Sie mal, haben Sie da irgendein Turboaroma reingemixt?“

Unwillkürlich verengten sich die Augen des Kochs.

Eigentlich hatte Robert ihn nicht beleidigen wollen. Eigentlich hatte ihm vorgeschwebt, zur Würdigung der Poffertjes etwas Geistvolles von sich zu geben, das ihm nur nicht eingefallen war, denn sein Verstand arbeitete noch nicht wieder richtig. Er hätte sich in den Hintern treten können. Einem Koch, selbst einem unterbelichteten in einer abgelegenen Kaschemme wie dieser, mit künstlichen Aromen zu kommen, war blöd, saublöd. Und unterbelichtet war dieser Koch garantiert nicht, das spürte Robert bis in die Haarspitzen. Der Mann sah gut aus, und er stellte es sich als recht anregend vor, mit ihm noch eine Weile hier allein zu sein.

„Ich wär dann soweit." Ein schmächtiges Kerlchen von etwa fünfzehn, sechzehn Jahren war in der Küchentür aufgetaucht und schaute verdrossen herüber.

„Mein Lehrling", erklärte der Koch, „der arme Junge ist erledigt, er muss ins Bett", fügte er voller Mitgefühl hinzu. „Jetzt schließen wir wirklich."

„Ach."

Widerstrebend erhob Robert sich, zog die Brieftasche heraus, zahlte und verabschiedete sich ein wenig steif, während der Küchenjunge mit finsterer Miene in der Tür stehen geblieben war, eine personifizierte Mahnung zur Eile.

„Tja, wissen Sie, ich weiß nicht mal, wo ich hier bin. Ich war heute in Amsterdam und bin wegen eines Staus von der Autobahn runtergefahren, der E 30 bei Apeldoorn. Ich muss weiter nach Münster, können Sie mir einen Tipp geben, wie ich dorthin komme? Mein Navigationsgerät ist kaputt, oder es hat eine Macke." Er sagte nicht, ich komme bald wieder, hatte es sich aber fest vorgenommen.

„Macke?", fragte der Koch.

Der Küchenjunge schlug mit der Faust gegen den Türrahmen, das regte Robert auf.

„Ja, Macke, das Ding spinnt. Wenn ich den Angaben folge, lande ich in Italien. Nach Italien will ich nicht."

Der Koch grinste.

„Sie müssen einfach die Straße weiterfahren, bis sie an eine große Kreuzung kommen. Da gibt's Hinweisschilder."

„Danke. Ich hätte da noch eine Frage."

Der Koch sah flüchtig zu seinem Lehrling, der gerade laut aufstöhnte, dann wandte er sich wieder Robert zu.

„Und die wäre?"

Robert hätte gern gefragt, warum schicken Sie den Bengel nicht einfach nach Hause.

„Wie kann ein so einfaches Gericht zu einem solchen kulinarischen Erlebnis werden? Denn das waren Ihre Poffertjes." Endlich hatte er wenigstens etwas von seiner sonstigen Eloquenz zurückgewonnen.

Der Koch zwinkerte belustigt. „Das liegt allein an den Zutaten."

Jetzt grinste auch Robert. Schade, dass sie nicht doch noch ein Bier zusammen trinken konnten. Bestimmt mochte der Koch Bier, er selbst stand eher auf Rotwein. „Sie sind ein Schwindler." Einen Augenblick trafen sich ihre Blicke, und Robert fiel es noch schwerer, sich loszureißen.

„Na dann", sagte er bedauernd und ging zur Tür.

Als er ins Auto stieg, bemerkte er, dass über dem Eingang des alten Hauses auf einem Eichenbalken „Poffertjeshus" stand.

Am nächsten Morgen musste er wieder an Drogen in den Poffertjes denken, aber durchaus in positivem Sinn, denn nur so konnte er sich das Hochgefühl erklären, das ihn befähigte, mit einem forschen Anruf den Amsterdamer Auftrag doch noch unter Dach und Fach zu bringen.

Und die Glückssträhne hielt an! In der nächsten Zeit gingen seine Geschäfte glänzend, in halb Europa schloss er lukrative Verträge ab. Sein vor vier Jahren gefasster Entschluss, sich selbständig zu machen, und sein unermüdlicher Fleiß zahlten sich nun aus. Zu seinem Mercedes kaufte er sich ein schnittiges BMW-Cabrio als Zweitwagen.

Trotz seines festen Vorsatzes dauerte es sechs Monate, bis es ihm an einem ungewöhnlich warmen Aprilabend gelang, das abgelegene Poffertjeshus wieder anzusteuern.

Fünfhundert Meter vor der Einfahrt passierte er ein erstes Hinweisschild, zweihundert Meter weiter das nächste, und das letzte und größte stand nur noch zehn Meter von der Einfahrt entfernt.

Jetzt wurde er richtig neugierig.

Statt dreckigem Kies und Blättermatsch bildete eine Art lackschwarzer spitzzahniger Rollsplitt den Belag auf dem großen Parkplatz, und Robert hatte den Eindruck, mit seinen noch fast neuen BMW-Reifen über ein Nagelbrett zu fahren.

Der Gastraum hatte sich in ein Fressbiotop nach Feng-Shui-Richtlinien verwandelt. Anders konnte sich Robert das reichliche Vorhandensein von blinkenden Spiegelelementen, Kristallen, Klangspielen und dem kleinen Wasserfall an der Wand nicht erklären, der die nebelig feuchte Atmosphäre einer Badegrotte schuf, in der Robert sofort das Hemd am Leib klebte.

Erstaunlicherweise war das Lokal gut besucht – es gab kaum noch einen freien Tisch –, und das hieß, dass es trotz der abschreckenden neuen Ausstattung mit dem Gasthaus bergauf zu gehen schien. Das hätte Robert eigentlich nicht überraschen dürfen. Ein exzellenter Koch zog die Leute immer an.

Er bestellte Poffertjes.

„Und wie wollen Sie sie haben?", fragte der junge Kellner höflich. Verwirrt starrte Robert ihn an.

„Mit Erdbeermousse, Cognacpflaumen und gehackten Walnüssen, mit clotted cream, crème brûlée, kandierten Veilchenblüten …", leierte der Kellner geduldig herunter und wies beiläufig auf die Speisekarte, die Robert nicht beachtet hatte.

„Ganz schlicht."

„Schlicht ohne alles?"

„Nur Poffertjes", gab Robert stur zurück.

Die Pfannküchlein entpuppten sich vom kulinarischen Standpunkt als eindimensionale Angelegenheit. Ohne alles hieß tatsächlich ohne allen Geschmack – vom Zucker abgesehen, der schmeckte süß. Seine fast schon manische Begeisterung beim letzten Besuch hatte doch wohl nur an der besonderen Situation des Abends gelegen: dem Hunger, der Müdigkeit, der Enttäuschung in Amsterdam – und der Begegnung mit dem Koch.

Mehr als die Hälfte der Poffertjes ließ er auf dem Teller liegen, der Appetit war ihm gründlich vergangen.

„Hat es geschmeckt?", fragte der Kellner routinemäßig beim Abräumen.

„Großartig", knurrte Robert angewidert. „Und bestellen Sie dem Koch: weniger Zucker wäre auch noch zuviel gewesen."

Unsicher schaute der Kellner auf die ungegessenen Poffertjes.

„Wie Sie meinen, aber wir haben eine Köchin …"

Auf einmal überkam Robert Erleichterung.

„Eine Köchin! Also, das ist …", stotterte er. „Vor ein paar Monaten hatten sie noch einen Koch, das weiß ich genau", fuhr er ruhiger fort. „Einen exzellenten Koch. Was ist aus ihm geworden?"

Die Frage schien den Kellner in Verlegenheit zu bringen, er zögerte, bevor er antwortete.

„Meinen Sie Egmont van Wijn? Der ist weg."

„Wie er hieß, weiß ich nicht. Und seit wann ist er weg?"

„Weiß ich nicht."

Niedergeschlagen verließ Robert das Gasthaus.

In den folgenden zwei Jahren nutzte er jede Gelegenheit, die ihn geschäftlich in die Niederlande führte, dazu, Poffertjeshäuser aufzusuchen, und immer wurde seine Hoffnung in mehr als einer Hinsicht enttäuscht. Er belästigte Kellner und Inhaber mit Fragen nach dem Koch, die ihm die bestellten Poffertjes eigentlich schon beantwortet hatten. Nur allmählich verblasste die Erinnerung an einen Abend besonderer Fülle und Leichtigkeit.

Eines Tages hatte er in Enschede zu tun, nach einer schleppenden Besprechung steuerte er auf der Rückfahrt ein Lokal in Gronau an. Es war kein Gourmettempel, aber ein gediegenes Haus, das direkt an der Straße lag. Zu seiner Überraschung stand auf der Speisekarte: „Poffertjes."

Inzwischen konnte er das süße, fettige Zeug nicht mehr ausstehen.

„Und wie sind Ihre Poffertjes?“, fragte er dennoch.

„Also, ich würde Tiramisu nehmen, aber das hat auch zuviel Kalorien“, sagte die Kellnerin mit entwaffnender Offenheit. Grob geschätzt, wog sie mehr als zwanzig Kilo zuviel.

„Bringen Sie mir Poffertjes“, sagte Robert aufseufzend. Eine dreiviertel Stunde später stand Egmont van Wijn an seinem Tisch. Robert erinnerte ihn an ihre Begegnung im Poffertjeshus in den Niederlanden. Egmont beäugte ihn zunächst misstrauisch, dann gab er vor, ihn auch nicht vergessen zu haben. Als Robert schüchtern anregte, nach Feierabend noch einen Wein oder ein Bier zusammen zu trinken, willigte Egmont überraschend ein.

Robert bestellte über sein Handy ein Hotelzimmer.

Noch in der gleichen Nacht gingen sie zusammen ins Bett. Am nächsten Morgen musste Robert so früh aufstehen, dass er Egmont nicht wecken mochte. Er hinterließ ihm einen liebevollen Gruß und seine Telefonnummer mit der Bitte, sich baldigst bei ihm zu melden, bevor er so glücklich wie selten das Hotel verließ.

Egmont meldete sich nicht. Bei seiner nächsten Tour, die Robert über Gronau führte, erfuhr er, dass man Egmont entlassen hatte. Die Umstände kamen nicht zur Sprache. Robert bohrte nach, der Geschäftsführer des Lokals gab sich zugeknöpft und wurde allmählich ungehalten. Wenn er auch nicht zu seiner Klientel gehörte, mochte Robert doch nicht das Risiko eingehen, durch aufdringliches Betragen aufzufallen. Er verabschiedete sich.

Die nächste Begegnung mit Egmont verdankte er seiner neuen Gewohnheit, sich hin und wieder auf zweitklassige Lokale einzulassen, wenn es lediglich darum ging, den Magen zu füllen.

Auch diesmal war er der letzte Gast, wieder war er der Verlockung einer Speisekarte erlegen, die „Poffertjes“ verhieß, und diesmal weinte er, als er das letzte der Pfannküchlein genossen hatte.

Er schaute nicht auf, als jemand an seinen Tisch trat. Nein, es waren zwei, verschwommen bemerkte Robert neben einer schwarzen noch eine weiß gekleidete Gestalt, die er allein an den Umrissen erkannte und – am Vanilleduft.

„Vielleicht hat's ihm nicht geschmeckt", flüsterte der Kellner unglücklich. „Zuviel Butter, sagt der Chef auch immer."

„Im Gegenteil."

Robert erschauerte. Auch die Stimme würde er immer erkennen.

„Egmont", sagte er nur.

Der unverwechselbare Zimt- und Vanilleduft, den Egmont aus der Küche mitgebracht hatte, stülpte sich nun wie eine Glocke über sie beide.

Egmont setzte sich und nahm Roberts Hand.

„Heute ist mein Geburtstag, ich bin vierzig geworden", stammelte Robert.

„Da wüsste ich ein hübsches Geschenk für dich", sagte Egmont mit sonorer Stimme, nahm Roberts Hand und legte sie sich auf den Bauch. Es tat gut, diesen starken Körper zu spüren.

Egmont kam wieder in Roberts Hotelzimmer mit, anscheinend hauste er irgendwo nicht sehr komfortabel zur Untermiete.

Dieses Mal wollten sie sich nicht wieder aus den Augen verlieren. In der Morgendämmerung tasteten sie sich aneinandergeschmiegt an den Plan für ein eigenes Haus heran, ein kleines, exklusives Hotel mit etwa acht Zimmern für Leute, die nach einem erlesenen Essen und entsprechenden Getränken nicht mehr nach Hause fahren wollten. Genau genommen war das Haus Roberts inniger Wunsch, Egmont musste erst überzeugt werden. Er gab sich unverständlich zögerlich, auch noch, als Robert erklärte, die Finanzierung bekäme er schon hin. Wozu noch Geld in Aktienfonds bunkern? Und den BMW, mit dem er Egmont hatte beeindrucken wollen, brauchte er auch nicht mehr. Ihn berauschte jetzt die Vorstellung, den Lohn harter Arbeit in Zärtlichkeit und Freude zu verwandeln.

„Ich weiß nicht." Egmonts niederländischer Akzent machte sich stärker bemerkbar, er sprach weit hinten aus dem Hals heraus, als schmurgelten dort seine Bedenken auf kleiner Flamme. „Geschäftliches und Privates verquicken tut nie gut."

Inzwischen saßen sie an einem Tischchen, nackt, aber ernsthaft das Projekt erwägend. Dennoch konnte Robert es sich nicht verkneifen, Egmont mit einer Hand die Flanke zu streicheln, wo sich sein Leib wie ein fester, glatter Strudelteig anfühlte.

„Ich richte dir die Küche aufs Feinste ein, absolut erstklassig", lockte Robert.

„Die Einrichtung ist in der Küche zweitrangig, glaub mir mal", winkte Egmont amüsiert ab. „Mit den richtigen Zutaten bereite ich dir ein Festmahl auf einem Campingkocher zu."

Entgegen besseren Wissens widersprach ihm Robert nicht.

Es dauerte fünf Monate, bis er eine geeignete Immobilie, eine Stunde von Hamburg entfernt, im pittoresken Fischerhude gefunden hatte. Ein halbes Jahr später konnten sie eröffnen.

Der Anfang geriet schleppend, weil Robert sich nur nebenbei um das Hotel kümmern konnte, denn nach wie vor richtete er Küchen in Nobelrestaurants ein. Irgendwoher musste das Geld ja kommen, um Kredite zu bedienen und das eigene Leben zu finanzieren.

Nachdem aber ein Restaurantkritiker ihr Haus entdeckt und einen von Superlativen überquellenden Artikel geschrieben hatte, überrollte sie das Glück. Einige Wochen später waren sie erstmals ausgebucht, nach einem Jahr auf Monate im Voraus, Hamburger Finanz- und sonstige Prominenz rangelte bei ihnen um die Plätze. Egmont erhielt seinen ersten Michelin-Stern. Dem ersten folgte der zweite, es ging weiter steil nach oben. Als Egmont zum Koch des Jahres gekürt wurde, feierten sie ausgiebig, nach der Feier verschwand Egmont mit einem der Lehrlinge und tauchte erst gegen morgen wieder auf.

Robert saß allein in der Küche und stierte voller Verzweiflung die blinkenden Designerstahlöfen und schimmernden Kupfertöpfe an, als Egmont hereingeschlendert kam und sich einen Stuhl heranzog.

„Weißt du, dass man dich belangen kann, wenn du mit einem Sechzehnjährigen ins Bett gehst? Noch dazu mit einem Abhängigen?“ blaffte Robert.

Egmont machte sich nicht die Mühe, irgendetwas abzustreiten. „Der Junge ist achtzehn, und ich habe ihn zu nichts gezwungen.“

Mit umflortem Blick und voller Vorwurf schaute Robert ihn an, gleichmütig gab Egmont den Blick zurück.

„Ich brauche das hin und wieder für meine Kreativität, ich bin ein Genie, wie du weißt.“

„Aber musst du auch ein Schwein sein?“

Egmont zuckte die massigen Schultern. „Als Koch bin ich nur gut, wenn ich mit allen Sinnen lebe – und Sex gehört dazu.“ Schwerfällig stemmte er sich hoch und machte sich zwischen Herden und Kühlschränken zu schaffen. Unterdessen hockte Robert in sich zusammengesunken und wie blind da, er driftete ab in eine traurige Stumpfheit. Da setzte Egmont ihm einen Teller mit Poffertjes vor die Nase.

Und schon stand mit allen guten weihnachtlichen Düften ein Fest der Liebe vor der Tür.

Bevor sie ihr Haus eröffnet hatten, hatte jeder seine Bedingungen gestellt. Egmont würde sich, abgesehen von der Ausstattung, in die Küche nicht reinreden lassen, Robert verlangte, dass niemals Poffertjes auf der Speisekarte stünden. Sie würden immer nur für ihn gebacken werden, als ein Siegel ihrer Gemeinschaft. Und jetzt schwammen sie vor ihm auf dem Teller in irischer Butter. Robert brach in Tränen aus. Egmont zog den Teller beiseite, damit die Butter nicht verwässerte, und legte Robert den Arm um die Schultern.

Robert aß die Poffertjes halb kalt, doch von Bissen zu Bissen verbreiteten sie mehr von ihrer wohltuenden Wirkung: sättigend, tröstend – und erleuchtend. Am Ende lächelte er wieder.

„Siehst du!“, sagte Egmont befriedigt und fuhr mit unwahrscheinlich treffender Logik fort: „Die Sache mit dem Küchenjungen hat überhaupt nichts mit uns zu tun.“

Dennoch warf Robert den Küchenjungen hinaus, beziehungsweise wurde ihn mit einer kleinen Abfindung und einer Empfehlung an einen anderen Gastronomen los. Die nächsten Küchenjungen suchte er aus, die Personaleinstellung würde in Zukunft allein seine Sache sein. Egmont war einverstanden. Eine Reihe von pickligen, hühnerbrüstigen Jünglingen zog durch ihre Küche und verwandelte sich dank Egmonts Kochkünsten in ansehnliche Burschen mit reiner Haut und festen Muskeln. Mit einigen fing Egmont etwas an, und Robert begann zornig, sich damit abzufinden.

Ab dem vierten oder fünften Jahr machten ihm die Jahresabschlüsse zunehmend Kopfzerbrechen. Trotz voller Auslastung blieb nicht nur nichts übrig, sondern unterm Strich stand ein Fehlbetrag, der in den kommenden Jahren weiter anwuchs.

Aufs Äußerste entschlossen, erhöhte Robert drastisch die Preise – ein paar Stammkunden blieben weg, und es gab böse Pressekommentare. Also senkte er die Preise wieder und quetschte einen zusätzlichen Tisch in den Speisesaal. Das Interesse der Kundschaft flaute dennoch weiter ab. Viele Gäste hatten es satt, zwei Stunden auf ihre Gänseleberterrine oder den pochierten Heilbutt auf Kressebeet zu warten.

Robert holte sich Rat bei einem Kollegen.

„Klopf deinem Koch auf die Finger. Die ganze Branche weiß, dass Egmont van Wijn größenwahnsinnig ist.“

„Was heißt hier größenwahnsinnig?“, fragte Robert betreten.

„Schau mal“, der Freund tätschelte ihm freundschaftlich die Hand und senkte die Stimme, „anscheinend bist du der einzige, der nicht mitbekommen hat, was läuft. Ich hab einen deiner ehemaligen Jungköche übernommen, der ist jetzt unser Sous Chef, erstklassig ausgebildet bei euch, das muss man euch lassen. Dein Egmont hat eine großartige Kochschmiede aufgezogen, aber eine ruinöse Küche. Gegen seine Verschwendung kannst du gar nicht anverdienen. Übrigens, du siehst schlecht aus. Mach mal Ferien und bring Egmont bei, dass kleine Tricks wie vorgefertigter Teig vom Großhändler und Mousse aus Zuchtlachs, wenn's nur darum geht, einen dekorativen Klecks auf den Tellerrand zu setzen, nicht den Untergang der Haute Cuisine bedeuten. Dein Koch ist vorher überall rausgeflogen, weil sich niemand von ihm ruinieren lassen wollte."

Robert arbeitete härter als zuvor und richtete noch mehr Küchen ein, er reiste bis in die aufstrebenden Metropolen Osteuropas, nach Budapest, Prag und Krakau. Und irgendwann, nach einer von Egmonts Eskapaden mit einem weiteren Küchenjungen, kam es zum großen Krach.

„Das lag in der Mülltonne." Robert knallte eine Kiste mit geräuchertem kanadischen Wildlachs auf einen Holztisch, dessen Platte aus einem einzigen Buchenstamm gesägt worden war: fugenlos, leimlos, eine Spezialanfertigung. Mit Schwung warf Egmont seine blonden Haare aus der Stirn und riskierte einen Blick auf den Lachs.

„Seit wann kramst du in der Mülltonne?" Sichtlich erfüllten Frieden und Heiterkeit den großen Kerl, die Nacht mit dem Küchenjungen musste ihm außerordentlich gefallen haben, er war eben erst zurückgekehrt.

Robert hätte ihm gern einen Tritt dorthin gegeben, wo's richtig weh tut. Aus Erfahrung wusste er jedoch, dass er Egmont nicht mit Moral kommen konnte. Moral hatte bei Egmont nur etwas mit Kochen zu tun.

„Dieser Lachs ist gestern geliefert worden, und soweit ich das sehe, ist er nicht zu beanstanden." Selbst nach den Stunden im Müll roch der Lachs noch ausgesprochen appetitlich. Ohne das Empfinden, dass ihm gerade die Galle hochkam, hätte Robert Lust auf ein Lachsbrötchen zum Frühstück gehabt.

„Das kannst du überhaupt nicht beurteilen", entgegnete Egmont frostig.

„Aber das hier“, brauste Robert auf und knallte Rechnung um Rechnung auf den Tisch.

Noch im Jahr der Eröffnung hatte Egmont eine Reise unternommen, um erstklassige Produkte für seine Küche direkt bei den Herstellern aufzutun. Irische Butter von einem abseits gelegenen Hof, der eine kleine Kuhherde hielt, die auf besonderen hügeligen Magerwiesen mit seltenen Wildkräutern graste, oder Lachs aus einer bestimmten Region Kanadas, in die sich kaum jemand verirrte. Produkte in einem Urzustand, der nach Egmont die Seele aller leiblichen Genüsse barg. Eine empfindliche Seele, die sich allzu rasch verflüchtigen konnte.

Die Summen auf den Rechnungen machten Robert schwindlig. Der aufwendige Transport der Kostbarkeiten verteuerte die Ware um das Dreifache, und der Lachs war nicht das Erste, was im Abfall landete. Bisher hatte Robert Egmonts Überspanntheit toleriert, nun ging ihm die Geduld aus. Außerdem hatte der Küchenjunge sich seit einer Woche kleine Frechheiten erlaubt. Roberts Stoizismus in diesen Dingen begann zu bröckeln.

Vorsichtig räumte er schlaffe Salatblätter, die an der Kiste hafteten, beiseite, legte den Lachs vollends frei, holte sich ein Brötchen und schnitt es bedächtig auf. Bevor er es belegen konnte, schnappte sich Egmont die Kiste und feuerte sie unter den Tisch. Robert sprang auf. Jetzt standen sie sich gegenüber, die Fäuste auf den Tisch gestemmt, Auge in Auge, grimmig und unversöhnlich. Robert zitterten die Knie. Er hasste Streit, ganz besonders hasste er Streit mit Egmont, schon weil er genau wusste, dass er gegen dessen Charme immer noch machtlos war.

„Du ruinierst uns! Deine Küche ist ein durch und durch defizitäres Geschäft, so wie du dich anstellst. Ich kann die Ware, die du wegschmeißt, nicht einmal reklamieren, du Scheißkerl!“, schrie er aus vollem Hals.

Egmont hatte es abgelehnt, die von ihm beanstandeten Lachse, Rehrücken und Salzwiesenlämmer Obdachlosenasylen und anderen wohltätigen Einrichtungen zukommen zu lassen. Was für ihn Müll war, landete auch dort. Da gab es keine Kompromisse.

Es war auch diesmal hoffnungslos, mit ihm zu streiten. Trotzdem tat Robert es bei dieser Gelegenheit ausgiebig, und irgendwie war ihm klar, dass es nicht nur um den Lachs und offene Lieferantenrechnungen ging. Er wurde ausfallend, Egmont dagegen nicht. Das gröbste Schimpfwort, zu dem er sich aufraffte, lautete Erbsenzähler.

Robert liebte Egmont auch wegen seiner Sturheit.

Ein Jahr nach diesem Streit mussten sie das Haus verkaufen. Mit dem, was nach Begleichung der Darlehen und anderer Verbindlichkeiten übrig blieb, und einigen neuen Krediten – noch waren sie kreditwürdig – eröffneten sie ein neues Etablissement in Schmallenberg. Noch einmal zogen sie die Schickeria an, wieder erschienen Presseberichte, die das Interesse anheizten. Der Höhenflug hielt drei Jahre an, dann folgte der Abstieg. Mit der Zeit wurden die Häuser schlichter, die Küche nicht. Wenn Robert Egmont anschaute, sah er jemanden, der sich nicht veränderte, denn er blieb groß, stattlich, das Gesicht faltenlos bis auf einen Strahlenkranz von Lachfältchen um die Augen, und erst jenseits der Fünfzig setzte er merklich Speck an, aber das stand ihm.

Den Blick in den Spiegel vermied Robert so weit als möglich, nachdem er sich bei seiner Heimkehr von einer besonders anstrengenden Tour einmal selbst erschreckt hatte: Er sah das sorgendurchfurchte, käsige Gesicht eines früh gealterten Versagers. Seine Edelküchen fanden kaum noch Absatz, schon wegen einer gewissen Marktsättigung.

Ihre vorletzte gemeinsame Station lag in Bochum-Wattenscheid, ein schauderhafter Ort, wenn man für Fußball oder Schrebergärten nichts übrig hatte. Danach arbeitete Egmont zwei lange Jahre als Angestellter, zuletzt in einem Lokal in Davensberg, doch nach einem knappen Jahr drohte ihm auch dort der Rauswurf.

Ihr Rückzug in die Tiefen der Davert in ein morsches, ehemaliges Jagdschlösschen war eine reine Verzweiflungstat, von Robert nur unternommen, um Egmont noch einmal einen eigenen Herd zu bieten.

Ab und zu verirrte sich ein Tourist an diesen verwunschenen Ort, häufiger allerdings waren sie nur der eigenen Gesellschaft ausgesetzt, was manchmal noch ganz schön war. Kanadischen Lachs gab es schon lange nicht mehr. Als dann doch noch einmal ein betuchter Gast hereinschneite, einer, dem man den Kenner irgendwie ansah, ein souverän und heiter wirkender Mann, holte Egmont seine letzten Schätze zusammen: eine kleine Partie der unvergleichlichen irischen Butter und sehr gute, frische Landeier von einem Hühnerhof hinter Ottmarsbocholt.

Zu dieser Zeit litt Robert bereits länger an viel zu hohem Blutdruck und einem Reizmagen, gegen den sogar Egmonts Kochkunst nichts ausrichten konnte.

Robert kam sich inwendig mehr und mehr in Salzsäure gebadet vor, und diese Säure prägte auch seine Grundstimmung.

Ohne ihn zu fragen, buk Egmont an diesem Tag Poffertjes, und Robert wurde Zeuge eines Verrats und eines Wunders, mit dem keiner mehr gerechnet hatte. Er sah, wie der Gast den Poffertjes und anschließend Egmont verfiel, der sich keineswegs zufällig in der Gaststube einfand. Freundlich und höflich setzte sich Robert zu den beiden, als der Gast, mächtig angefeuert von irischer Butter, Pläne für einen Neustart zu schmieden begann.

Robert hatte gleich das Gefühl, ausgeschlossen zu sein.

Er schmeckte Salzsäure im Mund.

Nach dem Essen verschwand Egmont mit dem Gast, und Robert hatte Zeit, über eine gut zwanzigjährige Partnerschaft nachzudenken, die ihrem Ende entgegenging. Er dachte auch über den neuen Mann für Egmont nach, er schätzte ihn auf Mitte vierzig und fragte sich, wie lange er wohl durchhalten würde. Egmont war zwar nicht mehr der Jüngste, aber so, wie er sich hielt, war zu befürchten, dass er ein biblisches Alter erreichen und auch diesen neuen Partner verschleißen würde.

Am Ende seiner Überlegungen angelangt, traf Robert einige Vorbereitungen. In voller Kenntnis, dass Egmont seinen Verrat mit den Poffertjes – Robert selbst wollte die Geschichte nicht zu hoch hängen – längst vergessen hatte, besorgte er frische Eier, nahm das letzte Paket irischer Butter aus der Tiefkühltruhe und wienerte den Stahlherd blank, eines der wenigen Stücke, das neben dem Buchenholztisch von den noblen Kücheneinrichtungen übrig geblieben war.

Am nächsten Morgen rief Egmont an und versprach, am Abend zurück zu sein. Kein Hauch von Schuldgefühl klang in seiner Stimme mit. Robert erwartete ihn, wie unzählige Male zuvor, in der Küche. Auf dem Tisch stand eine geöffnete Weinflasche bereit, Robert hatte sich ein Glas eingeschenkt und sah sinnend, wie die Lichter zweier Kerzen von der dunkelroten Tiefe aufgefangen wurden. Flackerndes, unruhiges Licht.

Er hörte, wie Egmont geschäftig den Kühlschrank öffnete, hörte ihn Eier aufschlagen, Teig quirlen, dann griff er den Geräuschen nach mit einer Hand nach der gemuldeten Kupferpfanne, mit der anderen schaltete er den Herd ein.

Es gab einen Knall.

Robert hörte, wie die Pfanne scheppernd auf die Fliesen fiel.

Egmont stöhnte nur einmal auf, bevor er, direkt vor dem Tisch, lang hinschlug. Und da sah Robert ihn endlich an. Noch ein oder zweimal lief ein Zucken durch den großen, kräftigen Körper, die Augen traten fast aus den Höhlen vor Qual, aber dann stockte der Atem, die Entspannung setzte ein, der Frieden.

Von Trauer überwältigt, schleppte Robert sich nach unten in den Keller, um die Hauptsicherung herauszudrehen und gefahrlos seine kleine Vorrichtung, die den gesamten Herd unter Starkstrom gesetzt hatte, abzubauen. Seines Wissens hatte er Egmont nie erzählt, dass er ganz früher einmal eine Ausbildung zum Elektriker absolviert hatte. Zu guter Letzt wuchtete er den erschlafften Körper vom Fußboden auf den herrlichen Buchenholztisch, der größte Koch aller Zeiten sollte eine würdige Aufbahrung erfahren. Rechts und links neben den Kopf platzierte er die brennenden Kerzen, die ihren Bienenwachsduft verbreiteten und einen warmen, versöhnlichen Schimmer auf das alterslose Gesicht des Toten warfen.

* * *

Der Wirt hatte den Kopf in die Hände gestützt, jetzt, am Ende seiner Erinnerungen angelangt, blickte er auf. Undeutlich wurde er sich eines Getuschels bewusst, dass er in den letzten Minuten gehört hatte, vielleicht war es auch ein Zischen aus dem Kamin gewesen. Wahrscheinlich Letzteres. Natürlich war außer ihm niemand da.

Mauritius döste auf dem Kamin, eine Pfote auf der toten Maus.

Das Feuer flackerte so unruhig, als wollte es möglichst bald aus dem Kamin entweichen. Das konnte Robert Osthaus gut verstehen, ihm war auch sehr nach Veränderung zumute. Blinzelnd musterte er die leeren Sessel um sich herum, auf denen sich Staub angesammelt hatte. Eine Putzfrau hatten sie sich schon längst nicht mehr leisten können.

„Robert?“, hörte er jemanden fragen.

„Er hört uns nicht“, sagte jemand anderes.

Um ihn herum manifestierten sich Schatten, die er nicht weiter beachtete, vielmehr schielte er ins Glas, das leer war. Er griff nach der letzten Flasche, der besten von allen, der feurigen Drachenspucke. Er freute sich schon darauf, dass sie eine heiße Spur seine Kehle herunter bis in den Magen ziehen würde.

„Ich hatte auf Knollenblätterpilze getippt oder wenigstens Rattengift“, sagte jemand.

„Knollenblätterpilze wirken nicht sofort, das dauert. Die Details spielen aber keine Rolle, es ist gleichgültig, wie er Egmont umgebracht hat. Motive sind wichtiger. Es muss doch eine Erlösung für ihn sein, endlich alles rausgelassen zu haben."

Robert Osthaus fühlte sich keineswegs erlöst. Dank der heraufbeschworenen Erinnerungen war er in tiefe Bedrücktheit gefallen. Kaum noch ansprechbar, die Ellbogen auf die Knie gestützt, hielt er den Kopf in den Händen, ein wahrer Trauerkloß. Nicht mal der Wein, nach dem es ihn gerade so heiß verlangt hatte, konnte daran etwas ändern. Eher lustlos schenkte er sich dennoch wieder ein.

„Hör mal Johanna", hob eine gedämpfte Stimme an.

„Ja?"

„Freust du dich auf Anna?"

„Aber ja doch."

„Obwohl du sie umgebracht hast?"

„Ach was. Es wird schön sein, wieder mit ihr zusammenzutreffen, da gibt's gar nichts."

Robert Osthaus hob den Kopf.

„Da staunen Sie, nicht wahr?", fuhr die alte Winter gelassen fort. Sie saß in ihrem Sessel und strickte. „Aber es ist schon so: Auf unserer Seite ist aller Groll vergessen und vergeben."

Robert versuchte, die Erscheinung wegzublinzeln, hatte aber keinen Erfolg. Im Gegenteil. Je mehr er sich anstrengte, die Leute nicht zu sehen, desto handfester manifestierten sie sich.

Da waren sie alle wieder.

Marion lächelte die Alte an, die mit ihr geredet hatte.

„Glauben Sie das ja nicht!" Die Tür ging auf, ein junger Mann lugte herein, ein zusammengeknülltes Hemd wie einen Schal um den Hals, das Gesicht von Ruß verschmiert.

„Ist das zu fassen! Das ist Marco, nicht wahr? Ich dachte, er wäre davongekommen", sagte Marion neugierig.

„Das wäre er auch – beinahe."

Der Junge schob sich herein. „Sie hat über den Räucherofen genau Bescheid gewusst", sagte er mürrisch. „Diese hinterhältige, geile …"

„Komm nur näher und sprich dich aus", regte Daniel leutselig an.

Marco blieb vor Johanna Winter stehen. „Alle diese Weiber, die über das Verfallsdatum hinaus sind, sollte man verbrennen, bevor sie Schaden anrichten, das ist meine Meinung."

„Da haben wir ja ein nettes Herzchen unter uns", flötete Marion, wandte sich an Johanna und lächelte maliziös. „Hast du uns nicht erzählt, wie zuvorkommend und höflich dein Mieter war?"

„Na ja", antwortete Johanna mit flacher Stimme, „so hätte ich ihn halt gern gehabt. Tatsächlich hat er bis in die Nacht hinein seine Stereo-Anlage plärren lassen, gegrüßt hat er nie und erst mittags die Rollläden hochgezogen."

„Da hab ich mehr Glück gehabt", stellte Marion fest. „Aber so ein Mann wie mein Hermännchen ist auch selten." Sie seufzte mit feuchten Augen. „Ich könnte das Wiedersehen kaum erwarten, wenn ich mich nicht zu trösten wüsste." Daniel zog sie grinsend auf seinen Schoß und begann, sie wieder zu küssen, während seine Hand im Ausschnitt ihrer Bluse verschwand.

Robert wünschte sich, dass Hermännchen überraschend aufkreuzte und für eine interessante Verwicklung sorgte. Und tatsächlich kam noch jemand herein. Ein schmächtiger, kleiner Mann in einem ellenlangen, abgetragenen Mantel.

Harry fing an zu zittern, als er ihn sah.

„Bin ich hier richtig?", fragte der Neuankömmling. „Im Spökenkieker?"

Daniel musterte ihn interessiert. „Aber ja, die Kaschemme heißt ‚Zum Spökenkieker'. Wir treffen uns immer hier. Das ist sozusagen unser Vereinslokal."

„Eduard", jammerte Harry, „bist du es wirklich?"

Eduard nickte schüchtern.

„Dann hast du da draußen rumrumort und den Schirmständer umgeschmissen oder war das dieser verkniffene Marco?“, fragte Wilbert nach.

„Warum bist du nicht längst reingekommen?“ Harry stand langsam auf.

„Ich wollte nicht stören“, antwortete Eduard bescheiden, „und außerdem …“

Daniel hörte auf, mit Marion zu schäkern, er schob sie ein Stück von sich, um den neuen Gast noch mal ins Visier zu nehmen. „Wieso hab ich dich draußen nicht gesehen? Wo hast du gesteckt?“

Eduard schüttelte abwehrend den Kopf. „Ich bin verschwunden, sobald einer von euch herauskam, und ich musste doch auf das Vieh aufpassen, das den Schirmständer …“

„Welches Vieh?“, fragte Wilbert und schaute sich nach Mauritius um. „Der Kater?“

Mauritius ließ die Maus laufen, die eilig um die Ecke des Kamins zu verschwinden suchte.

„Nicht der Kater.“ Eduard trat zur Seite.

Ein Tapptapp war zu hören, dann ein Laut, den die meisten nicht einordnen konnten, der aber am ehesten wie ein zischender Wassertropfen auf einer heißen Herdplatte anmutete, und während die Anwesenden noch rätselten, schwankte eine große prächtige Gans herein.

Überwältigt sackte Wilbert auf die Knie nieder. „Martina? Meine Martina? Was hast du da draußen getrieben? Komm her, mein Schatz!“ Ohne jede Hemmung liebkoste er die Gans, die ihm mit dem Schnabel aufgeregt schnatternd die Haare durchwühlte.

Mauritius hörte auf, der Maus nachzuschleichen. Ihm sträubte sich das Fell. Zornig oder vielleicht verängstigt – so genau war das nicht festzustellen – fauchte er die Gans an.

„Sei still, Mauritius!“, befahl Robert trübsinnig. „So eine Geistergans kann dir überhaupt nichts anhaben.“

Allmählich fand er das Getue mit der Gans lächerlich. Dagegen rührte ihn das Wiedersehen von Eduard und Harry Hirsch. Hirsch war wirklich ein zu dämlicher Name, doch auch Marion hatte nicht den größten Einfallsreichtum mit dem Nachnamen „Dachs“ bewiesen. Er prostete den verbliebenen Geweihen und dem Dachs auf seinem Brettchen zu und dachte, den Blick wieder auf Eduard und Harry gerichtet, dass der griesgrämige Marco in dieser Runde eine Ausnahme darstellte. Marions Bekenntnis zu ihrem Hermännchen, dem sie das geschickte Jonglieren mit Marmorplatten nicht verübelte, beschwor eine Zukunft herauf, an die er sich innerlich sacht und leise herantastete.

Unterdessen ließ Harry den schwächlichen Eduard in seinem Sessel Platz nehmen, zog die schwarze Lederjacke aus, hängte sie seinem Kumpel fürsorglich um die Schultern und warf einen begehrlichen Blick auf Daniels Decke.

Es war wieder wärmer geworden, trotz des unzureichenden Feuers. Stimmung kam auf, vor allem, weil Johanna Wange an Wange zu einer unhörbaren Musik mit dem Scheusal K. tanzte.

Draußen schlurfte schon wieder wer herum, in der Halle ging es anscheinend zu wie auf einem Bahnhof.

Robert entsann sich, wie ihn die alte Cousine seines Vorgängers davor gewarnt hatte, am 2. November nach Einbruch der Nacht noch jemanden hereinzulassen. Das hatte er nicht, das wusste er, Egmont war vor der Dunkelheit zurückgekommen. Dann fiel ihm die Katzenklappe ein, die so schlecht schloss. Egmont war ja ganz gegen die Klappe gewesen, er befürchtete völlig zu Recht, dass sich durch die Klappe Mäuse hereinschleichen würden. Mäuse, erkannte Robert in dem Moment, waren das kleinere Problem.

Es war ein schleppendes, von Pausen unterbrochenes Schlurfen, wie es an diesem Abend schon einmal zu hören gewesen war, und langsam wurden die anderen aufmerksam. Das Paar vor dem Kamin hörte auf zu tanzen, Harry ließ Eduard in Ruhe und zog endlich den zweiten, fertigen Socken an. Wilbert beendete das Schnäbeln mit Martina. Sehr behutsam setzte er sie auf den Boden. Martina schwankte auf die Tür zu und schlug machtvoll mit den Flügeln, eine wachsame Gans, die tapfer die Rolle der Beschützerin übernahm. An ihr würde niemand so leicht vorbeikommen.

Die Tür schwang weit auf.

„Hab mich schon gefragt, ob du überhaupt kommst, Egmont", sagte Robert.

Egmonts linke Gesichtshälfte hing schwer herab, seine Haare standen wie gedrehter Draht vom Kopf ab, tiefe Furchen hatten sich in seine Züge gegraben, als hätte er in wenigen Stunden als Vorgriff aufs Fegefeuer den Alterungsprozess von Jahrzehnten nachgeholt. Grau und hohläugig spähte er herein, der Bauch hing wie Ballast herab, nur unzureichend von der Hose gehalten, und er zog das linke Bein nach. Martina beachtete er überhaupt nicht, er sprach über ihr schmuckes Köpfchen hinweg.

„Weißt du, was die mit mir gemacht haben?", brüllte er. „Der eine Kerl hat mir mit 'ner Stricknadel in ein paar empfindliche Körperteile gestochen, der andere hat mir fast die Lider von den Augen gerissen und diese Schlampe da …", Egmont bedachte nacheinander Daniel, Harry und Marion mit wilden Blicken. „Ach, lassen wir das", schloss er vergrätzt.

Robert hatten nun einige Zweifel befallen. „Ich war ganz sicher, dass du hinüber bist."

Egmonts Augen wirkten kalt und tot. „Ich bin hinüber", gab er grollend zu, „du hast alles richtig gemacht."

„Ja, dann verstehe ich nicht …", stammelte Robert, auf einmal von Mitleid mit der ramponierten Gestalt überwältigt, die keinem Küchenjungen mehr gefährlich werden konnte.

„Das gibt sich alles wieder", erklärte Johanna, „er muss sich erst noch an seinen neuen Zustand gewöhnen und lernen, wie er mit sich umzugehen hat. Wenn er seine Blessuren nicht hätschelt, wie manche das tun, um als personifizierter Vorwurf herumzuspuken, verfliegen die Beschädigungen mit der Zeit."

Egmont wischte mit einer ungelenken Armbewegung über die Versammlung. „Was machen die alle hier? Was wollen sie?", stieß er unversöhnlich hervor. „Warum haben die mich gepiesackt, statt mich in Ruhe zu lassen?"

„Wir haben alle einmal Ihre unvergleichliche Kochkunst genießen dürfen, Egmont van Wijn, und haben uns heute in Anerkennung Ihres Genies zusammengefunden, um Ihnen und Robert bei Ihrer Versöhnung Beistand zu leisten", sagte Daniel mit einem ironischen Unterton.

„Die Gans auch?", knurrte Egmont.

Martina funkelte ihn an.

„Unterstehen Sie sich, es an Respekt gegenüber Martina fehlen zu lassen", bellte Wilbert, „im Übrigen sind bloß Ronnie, meine Frau und die Kinder bei Ihnen zum Essen gewesen und haben mir hinterher was davon vorgeschwärmt. Wäre ich mitgefahren, säße ich heute nicht hier."

„Warum sind Sie nicht eher gekommen?", warf Marion rasch ein, bevor Streit ausbrechen konnte. „Wir haben gewartet und gewartet und uns Geschichten erzählt …"

Egmont hinkte langsam herein und sprach zu Robert. „Ich hab sie alle gehört, diese Geschichten. Du glaubst gar nicht, was du auf einmal für scharfe Sinne hast, wenn du erst über die Grenze gelangt bist. Lügen und Schönfärberei, lass dich ja nicht davon einwickeln. Auf der anderen Seite kennst du die Wahrheit, ohne dass sie dir einer extra mitteilen muss. Der Kerl dahinten, dieser Harry, hat seinem Kumpel wegen des Geldes mit einem Stein den Schädel eingeschlagen …"

Roberts Augen leuchteten sanft auf. „Aber das ist ja gerade das Großartige! Sieh sie dir jetzt an. Diese Innigkeit, diese wiedergefundene Freundschaft!" Endlich holte er das Fläschchen mit dem Rattengift aus der Tasche seines Jacketts und leerte es feierlich in sein Weinglas mit der Drachenspucke. „Ich hab jetzt alles begriffen", sagte er weich.

„Tu's nicht", heulte Egmont auf, „ich will nicht noch die ganze Ewigkeit mit dir verbringen."

Robert hob sein Glas. „Du schuldest mir eine ganze Menge, weißt du das?", sagte er ruhig. „Du hast uns ruiniert."

Egmont lachte bitter auf. „Wie wär's mal mit einem Schimmer von Ehrlichkeit vor dir selbst? Den Herrschaften hier brauchst du eh nichts vorzumachen. Es war dein Luxusfimmel. Du hast all unsere Reserven für diese verdammten Öfen, die handgeschmiedeten Kupfertöpfe und das ganze Zeug, das ich nie brauchte, verpulvert."

„Da muss ich ihm recht geben", warf Harry ein, „ein guter Koch benötigt nur ein ordentliches Lagerfeuer und zwei Astgabeln, um eine Taube anständig zu braten."

Robert fuhr herum. „Du Penner hältst dich raus."

Eduard stand auf. „Hast du Penner gesagt, du Großkotz? Hast du jemals über den Rand deines Kupfertopfs hinausgeblickt, du kochender Einfaltspinsel?" Der kleine Eduard hatte überhaupt keine Mühe, den großen Egmont von oben herab abzukanzeln. Egmonts Unterkiefer klappte unschön herunter.

Draußen hatten sich noch mehr Leute versammelt, anscheinend war da bereits eine tolle Party in Gang, fremde Leute lugten herein und winkten fröhlich.

„Ich glaube", sagte Robert, „ich verstehe langsam. Heute ist Allerseelen. Allerseelen ist mir lieb, das passt zu meiner augenblicklichen Stimmung." Bedächtig schwenkte er den Wein im Glas. „Tut's eigentlich weh?", fragte er Johanna beiläufig.

„Das ist so schnell vorbei", antwortete sie heiter.

„Glaub ihnen kein Wort", murrte Egmont eingeschüchtert, „die flunkern dir alle was vor."

Ein Funken war aus dem Kamin gesprungen und hatte ein Geweihende in Brand gesetzt. Die Holzdielen begannen auch schon zu schwelen. Robert hätte aufstehen und die Funken austreten können, doch wozu? Mauritius sprang vom Kamin und schrie in hohen, angstvollen Tönen. Er setzte die Pfoten sehr vorsichtig auf, bis er an den Glutnestern vorbei bis zu Robert gelangt war.

„Mauritius", sagte Robert und strich ihm über das gesträubte Fell, „es wird höchste Zeit, dass du verschwindest. Du kennst den Weg durch die Katzenklappe nach draußen in den Wald. Sei weiter ein tapferer und mutiger Kater, und lass dir von keiner Maus den Schneid abkaufen."

Robert tat das Herz weh. Es war ein grausamer Schmerz, der ihm das Herz zusammenpresste, und er fragte sich, warum er nur so blöd gewesen war, die Drachenspucke mit Rattengift zu verwässern. Das wäre gar nicht nötig gewesen!

Er goss den Wein in den Kamin und schenkte sich ein frisches Glas ein.

Mauritius reckte sich empor und legte ihm bittend die Vorderpfoten aufs Knie. Fast wäre Robert weich geworden, hätte den Kater unter den Arm geklemmt und wäre mit ihm hinausgestürmt, nur um ihn zu retten. Aber da machte Martina sich bemerkbar. Mit langem Hals, den Schnabel weit aufgerissen, kam sie zischend und flügelschlagend durch den Rauch gewackelt. Mauritius spuckte entsetzt und stob wie angesengt zur Tür hinaus.

Robert sah ihm nach und hob sein Weinglas. „Alsdann!"

Jetzt hoben auch die anderen ihre Gläser, an denen sie bisher nur gerochen hatten, und strahlten ihn aufmunternd an. Ihre Gesichter verschwammen ein wenig im Rauch, er konnte jedoch deutlich erkennen, wie froh alle waren.

Robert trank, und der Wein lief ihm wie flüssiges Feuer die Kehle hinunter. Als er Egmonts Blick suchte, spürte er, wie ihm vor lauter Liebe das Herz stehen blieb. Egmont lächelte etwas gezwungen.

„Auf uns!“, schrien alle übrigen Geister ausgelassen im Chor, während die Uhr feierlicher als sonst die Stunde schlug. Genau zwölf Mal.

Topfen-Krokantknödl mit Orangencrème und rotem Beerensorbet

Topfenknödel

40 g Butter
40 g Zucker
Limonen-/Zitronenschale
2 Eigelb
1 Vollei
120 g Haselnussmehl
30 g Speisestärke
330 g Topfen/Quark
Krokant

Butter und Zucker schaumig schlagen und Eier unterheben. Limonen- und Zitronenschale hinzugeben. Anschließend langsam das Haselnussmehl unterheben und die Masse kalt stellen. Nach 15 Minuten den Topfen unterheben und zu einer schlanken Rolle formen.
Die Rolle erst in Klarsicht- dann in Alufolie stramm einwickeln. Im Wasserbad bei ca. 80-90 °C pochieren (ca. 30 min). Auswickeln und die noch warme Knödelmasse in 4 Portionen schneiden und in Krokant wälzen.

Orangencrème

400 ml Orangensaft
50 g Zucker
4 Eigelb
1 cl Grand Manier

Den Orangensaft reduzieren, bis noch ca. 250 ml übrig sind. Zucker, Eigelbe und Grand Manier unterrühren und in kleine Gläschen abfüllen.
Im Ofen bei ca. 95 °C garen, bis die Masse fest wird.

Beerensorbet

500 g gemischte rote Beeren
200 ml Zuckerwasser/
Läuterzucker
1 Zitrone
6 cl weißer Rum

Die Beeren mit dem Zuckerwasser mixen. Mit Zitronensaft und Rum abschmecken und entweder in eine Eismaschine füllen oder unter ständigem Rühren frieren lassen.